O ROSTO MATERNO DE DEUS

Dados Internacionais de Catalogação na Publicação
(CIP) (Câmara Brasileira do Livro, SP, Brasil)

Boff, Leonardo
  O rosto materno de Deus : ensaio interdisciplinar sobre o feminino e suas formas religiosas / Leonardo Boff. 11. ed. – Petrópolis, RJ : Vozes, 2012.

  Bibliografia.

  ISBN 978-85-326-1548-0

  1. Maria, Virgem, Santa – Teologia 2. Mulher (Teologia cristã) I. Título. II. Título: Ensaio interdisciplinar sobre o feminino e suas formas religiosas.

07-10423   CDD-248.843

Índices para catálogo sistemático:

1. Feminino : Formas religiosas : Vida cristã 248.843

LEONARDO BOFF

O ROSTO MATERNO DE DEUS

Ensaio interdisciplinar sobre o feminino e suas formas religiosas

1ª Reimpressão

EDITORA VOZES

Petrópolis

© by Animus / Anima Produções, 2003
Caixa Postal 92.144 – Itaipava
25741-970 Petrópolis, RJ

Direitos de publicação em língua portuguesa:
1979, Editora Vozes Ltda.
Rua Frei Luís, 100
25689-900 Petrópolis, RJ
www.vozes.com.br
Brasil

Nihil Obstat
Petrópolis, 15 de novembro de 1978
Frei Gentil Avelino Titton, O.F.M.
Censor ad hoc

Imprimatur
Dom Adriano Hypólito
Bispo de Nova Iguaçu, RJ
Nova Iguaçu 15-01-1979

Todos os direitos reservados. Nenhuma parte desta obra poderá ser reproduzida ou transmitida por qualquer forma e/ou quaisquer meios (eletrônico ou mecânico, incluindo fotocópia e gravação) ou arquivada em qualquer sistema ou banco de dados sem permissão escrita da editora.

ISBN 978-85-326-1548-0

Editado conforme o novo acordo ortográfico.

Este livro foi composto e impresso pela Editora Vozes Ltda.

Para meus irmãos

Maria Lina e Clodovis, membros

da Ordem dos Servos de Maria, porque

procuram viver o espírito do Magnificat!

"Deus é Pai

e, ainda mais, Mãe".

JOÃO PAULO I, Papa

SUMÁRIO

Introdução: O feminino e a teologia, 13
   1. Relevância social e religiosa do feminino, 13
   2. A pertinência teológica do feminino, 15

PARTE I: *O problema*, 21
O feminino e a mariologia, 21
I. O feminino como princípio organizador da mariologia, 23
   1. Os fatos de fé acerca de Maria, 23
   2. Há um sentido unitário nos fatos?, 24
   3. O núcleo unificador da mariologia, 26
   4. O feminino como princípio mariológico fundamental, 35

PARTE II: *A análise*, 41
O feminino no conflito das interpretações, 41
II. Obstáculos epistemológicos de base concernentes ao feminino, 43
   1. Nota epistemológica, 44
   2. Obstáculos na compreensão justa do feminino, 47
III. O feminino: uma aproximação analítica, 55
   1. A diferença varão-mulher, 57
   2. Reciprocidade varão-mulher, 63
   3. Formas históricas da reciprocidade varão-mulher, 65

IV. O feminino: uma reflexão filosófica, 69
   1. Pertinência do pensar filosófico, 70
   2. A sexualidade como estrutura ontológica do ser humano, 73
   3. A estrutura fundamental do humano, 76
   4. Masculino e feminino como dimensões diferentes do humano, 78
   5. O mito como linguagem do masculino e feminino, 82
   6. Conclusão: Seis proposições básicas sobre o feminino, 86

V. O feminino: uma meditação teológica, 89
   1. A pertinência da meditação teológica, 89
   2. O que dizem as Escrituras e a tradição da fé sobre o feminino, 91
      a) Judaísmo e antifeminismo, 92
      b) Jesus e a libertação da mulher, 94
      c) Igualdade e submissão: a ambiguidade do Novo Testamento, 97
      d) O antifeminismo da tradição cristã, 102
   3. Princípios para uma antropologia teológica do feminino, 107
      a) Igualdade criacional do varão e da mulher, 107
      b) Reciprocidade varão-mulher, 109
      c) O feminino: revelação de Deus, 109
      d) A mulher na Nova Aliança: a iniciativa da fé, 110
      e) Princípio feminino da salvação, 111
      f) A plenitude da mulher não está no varão, mas em Deus, 112
   4. Deus no feminino – o feminino em Deus, 113
      a) O feminino: caminho do ser humano para Deus, 113
      b) O feminino: caminho de Deus para o ser humano, 116
      c) Deus-Mãe: alguns testemunhos históricos, 119

d) Deus, princípio último de toda feminilidade: Deus, minha Mãe, 126
   e) Qual o sentido último do feminino?, 129
5. Maria, antecipação escatológica do feminino em sua absoluta realização: uma hipótese, 131
   a) Estabelecimento de alguns pressupostos, 133
   b) Alguns precursores da ideia, 135
   c) A espiritualização do Espírito Santo em Maria, 138

PARTE III: *A história*, 147
Míriam – Maria, 147
VI: Maria: a Míriam histórica de Nazaré, 149
   1. A exiguidade informativa dos evangelhos sinóticos, 150
   2. As narrativas da infância: o predomínio da teologia sobre a história, 152
   3. São João: a função sacramental de Maria, 158
   4. Traços históricos de Maria, 161
   5. A história antecipa a escatologia, 165

PARTE IV: *A teologia*, 169
Maria, a Nossa Senhora da Fé, 169
Introdução: A gramática divina, 171
VII. A Imaculada Conceição: a culminância da humanidade, 175
   1. Que significa estar livre do pecado original?, 176
   2. Que significa estar cheia de graça?, 180
VIII. A virgindade perpétua de Maria: o começo da humanidade divinizada, 182
1. A virgindade no conflito das interpretações, 182
   2. A virgindade de Maria: seu sentido originário, 186

3. A virgindade antes do parto: o novo começo do mundo, 189

4. A virgindade de Maria no parto: o nascimento foi conforme a natureza humano-divina de Jesus, 198

5. A virgindade depois do parto: dedicação total a Cristo e ao Espírito, 201

6. Sentido antropológico e teológico da virgindade, 203

IX. A maternidade humana e divina de Maria, 207

   1. A maternidade humana de Maria, 209

   2. A maternidade divina de Maria, 213

      a) Resposta a algumas objeções, 214

      b) As várias relações que a maternidade implica, 216

   3. A santidade humana e divina de Maria, 221

X. Ressurreição e Assunção de Maria, 224

   1. A morte como culminação e integração, 225

   2. Que significa a assunção para Maria?, 228

   3. Que significa a assunção para nós?, 230

   4. Que significa a assunção de Maria para Deus?, 232

XI. A solidariedade e mediação universal de Maria, 234

   1. O fundamento antropológico e ontológico da mediação, 235

   2. O único mistério cristológico e pneumático como base da mediação de Maria, 238

   3. Como Maria concretamente se solidarizou, 243

XII. Maria, mulher profética e libertadora, 247

   1. A situação opressora atual como lugar hermenêutico da libertação, 249

   2. Maria, modelo dos anelos de libertação dos oprimidos, 252

      a) Contexto espiritual do *Magnificat*, 254

      b) A dimensão libertadora do *Magnificat* de Maria, 258

   3. Mostra-te como mãe libertadora!, 264

PARTE V: *A mitologia*, 269

Maria, o templo do Espírito, a nova Eva, 269

XIII. O mito no conflito das interpretações, 271

   1. O símbolo refaz e rediz a realidade, 272

   2. Atualidade do mito, 275

      a) A recuperação do mito, 277

      b) O mito como acesso à realidade, 279

XIV. Maria na linguagem dos mitos, 284

   1. Mitologia pagã e Maria: a história comparada das religiões, 285

   2. Maria e a força instauradora do mito: a exegese, 288

   3. Maria e os arquétipos: a psicologia do profundo, 291

      a) O matriarcado: o pre-domínio da mulher, 291

      b) O arquétipo do feminino na história, 295

      aa) O feminino na psicologia de Freud, 296

      bb) O feminino na psicologia de Jung, 298

      cc) A valorização psicológico-cultural dos dogmas marianos por C.G. Jung, 310

   4. Conclusão: O feminino como revelação de Deus, 315

XV. O conteúdo simbólico-existencial dos dogmas marianos, 318

   1. A verdade dos símbolos, 318

   2. Símbolo e história, 325

CONCLUSÃO: O radical feminino, 331

LIVROS DE LEONARDO BOFF, 337

INTRODUÇÃO
O FEMININO E A TEOLOGIA

1. Relevância social e religiosa do feminino

A sociedade mundial no que afeta o relacionamento homem-mulher está sofrendo um deslocamento do seu eixo de gravidade. De uma sociedade patriarcal, assentada sobre o pre-domínio do varão e da racionalidade, está passando para uma sociedade pessoal, centrada sobre a força nucleadora da pessoa e do equilíbrio de suas qualidades. Esta evolução vem beneficiar a mulher, por séculos reduzida a uma determinação sexual (solteira, casada, viúva, disponível etc.). A sociedade do trabalho explorou a força da mulher e ao mesmo tempo propiciou a revelação de suas capacidades. Ela ensaiou novas práticas e se impôs por sua autoridade e competência em ramos onde o homem se considerava exclusivo. Não há praticamente campo onde a mulher não seja convocada a dar a sua contribuição.

Estas práticas novas da mulher provocaram a reflexão em todas as direções. Ela está ainda em processo com uma carga de crítica e revisão verdadeiramente revolucionárias, ameaçando os fundamentos da agonizante cultura patriarcal, com seus ideais. Por exemplo: a racionalidade constitui uma das palavras-força para se entender o mundo dos últimos quatro séculos. Racionalidade implica objetividade. Opõe-se à emoção, subjetividade, sentimento e intuição. O *ideal-typus* é a pura racionalidade com o mínimo de projeção da subjetividade do analista. Nesta cultura do império da racionalidade operou-se a identificação do varão com a racionalidade e da mulher com a irracionalidade, ou a emotividade. A apresentação da racionalidade como ideal a ser buscado implica um desprezo e menos-valia da feminilidade porque se deprecia o irracional, o intuitivo e emotivo.

Esta discriminação possui larga tradição dentro do pensamento ocidental e teológico. Santo Agostinho, por exemplo, argumentava: "É de ordem natural entre os humanos que as mulheres estejam submetidas aos homens e os filhos aos pais; porque é questão de justiça que a razão mais fraca se submeta à mais forte"[1]. Santo Tomás não pensava outra coisa: "A mulher é por natureza submissa ao homem, porque o homem, por natureza, possui maior discernimento de razão"[2].

Note-se que sempre se fala em termos de natureza. Em outras palavras, situações históricas, cambiáveis, são ontologizadas e feitas imutáveis. Acresce ainda o inconveniente (com as consequências nas legislações até os dias de hoje) de que, apresentada com uma deficiência da razão, a mulher seja equiparada com uma criança ou com os loucos.

Os últimos decênios têm significado uma crítica contundente à racionalidade e às suas pretensões. Começou-se a valorizar o "arracional" como realidade própria, não oposta à racionalidade, mas diferente dela. A cultura está operando uma grandiosa valorização da intuição, do feminino, de

---
1. *Quaestiones in Heptateucum* 2,152: *Corpus Christianorum Ecclesiasticorum Latinorum* 33,50.
2. *Summa Theologica* 1,92,1 ad 1.

tudo o que afeta e concerne à subjetividade. Presume-se que estamos entrando na era da *sofia* que, sendo um arquétipo feminino, apresenta características de integração do masculino.

O tema feminino pelos valores novos que encarna, pelas reivindicações da mulher no sentido de ser reconhecida como pessoa e de ser acolhida em sua diferença própria sem visar privilégios nem tolerar a dominação de um sobre o outro, pelo equilíbrio novo que propicia nos relacionamentos sociais se tornou tema da maior relevância. Em função disso provocou toda sorte de estudos e reflexões em todos os campos de pesquisa antropológica, histórica, sociológica, psicológica e religiosa. A grande maioria destas disquisições se orienta em reforçar a linha emergente do feminino; mas outras pretendem invalidar o tema no sentido de secundar o patriarcalismo ainda imperante na sociedade, mas já vastamente colocado em xeque.

Tudo parece indicar que estamos assistindo à emergência de um dos arquétipos mais decisivos do inconsciente coletivo da humanidade, o arquétipo da *Anima* em suas múltiplas manifestações. Somente em milhares e milhares de anos ocorre semelhante irrupção. Resulta uma virada no eixo histórico em termos universais. O homem (varão e mulher) se autointerpreta de novo; redefine suas relações para com os outros, o quadro institucional dos poderes e sua imagem de Deus.

2. A pertinência teológica do feminino

A teologia se entende como o discurso educado e regrado da fé. Fé é aquela maneira de viver e considerar pela qual se relacionam todas as coisas deste mundo e da experiência humana a Deus. Tudo é visto, interpretado e vivido à luz suprema de Deus.

O tema vertente – o feminino – também cai sob a pertinência teológica. Como o feminino, em primeiro lugar, revela Deus? Como Deus, em segundo lugar, se revela no feminino? Em outras palavras: como o feminino que conhecemos se constitui em caminho de conhecimento de Deus? E, depois, como Deus mesmo pode ser compreendido e se apresenta concretizado sob traços femininos? Podemos nos relacionar com Deus em termos de "Minha Mãe", como o fazemos em termos de "Meu Pai"?

A tradição da fé concentrou o feminino em Maria, mãe de Jesus. Ali viu realizadas todas as possibilidades numinosas e luminosas do feminino a ponto de ela ser simplesmente a *Nossa Senhora*: ela é virgem, é mãe, é esposa, é viúva, é rainha, é a sabedoria, o tabernáculo de Deus etc[3]. Quase não se explorou o feminino como acesso a Deus. Parece repugnar ao sentimento, dentro da cultura cristã vigente, a afirmação: Deus é minha Mãe. Entretanto, se quisermos tomar a sério a emergência do feminino dentro de nossa cultura, não podemos nos furtar a esta questão. Não é sintomático que o Papa João Paulo I tenha dito, com certa desenvoltura, numa audiência pública: "Deus é Pai e, mais ainda, é Mãe"? À teologia, bem como a outras ciências, cabe pensar os temas relevantes de seu tempo. Embora em

---

3. Esta exaltação do feminino em Maria funciona como mecanismo de compensação face à discriminação existente de forma generalizada na sociedade. Entretanto, esta polarização do feminino somente em Maria acaba redundando na re-afirmação daquilo que se quer exatamente superar: a supervalorização dos sexos. Cf. para isso HOYER, F.A. "Verachtung des Weiblichen". *Erdkreis* 19 (1969), p. 397-416. • PELLÉ-DOUÉL, Y. *Être femme*. Paris: [s.e.], 1967, p. 101s. • QUÉRÉ, F. *La femme avenir*. Paris: [s.e.], 1976, p. 83-120.

seu regime interno e na forma como articula seu discurso seja autônoma, ela, entretanto, depende, no repertório de seus temas relevantes, da cultura, da sociedade e das situações históricas que a desafiam e lhe impõem uma direção no seu olhar e refletir.

O que se impõe à teologia é de poder ler, a partir de seu enfoque (pertinência), o texto analítico apresentado pelas várias ciências. Neste campo, como em outros, a teologia ou possui uma consciência ingênua ou crítica. Ela possui consciência ingênua, quando aborda o tema (na ocorrência, o feminino) sem proceder a uma ruptura prévia com as ideias veiculadas desarticuladamente pela cultura. Assim, a ideologia vigente toma a mulher e o feminino na acepção comum, geralmente no horizonte da compreensão patriarcal que reprime o feminino ou o considera sempre dependente do varão. Sua reflexão pode ser epistemicamente correta (consoante a gramática e a sintaxe do discurso teológico), mas situada num lugar social equivocado ou engajado dentro da causa errada (é então conservadora ou meramente progressiva, ilustrada). Ou a teologia possui uma consciência crítica; aborda o tema em questão, considerando o que dizem as ciências analíticas sobre ele. O discurso teológico não é imediato, mas mediatizado pelas ciências do humano; não constitui palavra primeira, mas palavra segunda, proferida sobre a primeira das ciências. Assim, a teologia evita de dizer disparates, de mistificar a realidade e tem a oportunidade de dar a sua contribuição pertinente ao tema relevante.

Evidentemente, não é qualquer tipo de texto analítico que a teologia irá privilegiar. A ciência não produz resultados homogêneos. Há multiformes métodos, com resultados e interesses diferentes, todos presentes à investigação.

A fé serve de horizonte, de luz orientadora na escolha do tipo de texto que irá privilegiar. A fé respeita a autonomia da racionalidade. Mas ela não renuncia a sua identidade de fé, pois ela impõe certos valores, opta por certos métodos que melhor detectem e se coadunem com os valores intencionados pela fé ou denunciem desvalores e imposturas apontadas por ela[4]. Assim, por exemplo, a fé (teologia) irá preferir aquele texto científico que mostra a mulher como pessoa, como identidade própria, o feminino como estrutura autônoma por um lado e por outro recíproca àquela do masculino a outro texto qualquer que vem reafirmar os conhecidos preconceitos contra a mulher, fazendo-a apêndice do homem (*vir occasionatus* de Santo Tomás), dependente, inferior etc. O próprio estatuto da fé inclina o teólogo a assumir aqueles resultados e a aceitar aqueles métodos que se afinam com as intenções da fé, que são de respeito, libertação, fraternidade e contra toda sorte de discriminação e dominação.

Impõe-se, portanto, como tarefa primeira, uma apropriação dos resultados acessíveis sobre a mulher, num nível crítico e analítico e não mais ingênuo. Após esta operação, cabe, pertinentemente, fazer uma reflexão de ordem teológica sobre o feminino no varão, na mulher, em Maria e em Deus.

Tentaremos refundir o tratado sobre Maria a partir das reflexões acerca do feminino[5]. Pensamos que o feminino constitui um horizonte suficientemente amplo para situar o mistério de Maria em quem vemos realizado o feminino de forma absoluta, inclusive em seu quadro terminal em Deus.

---

4. Para toda esta questão que é muito complexa cf. a obra de BOFF, Clodovis. *Teologia e prática*. Petrópolis: Vozes, 1978, p. 112-130; 335-353.
5. Cf. BERTOLA, M. "Dimensione antropológica del culto mariano". *Marianum* 39 (1977), p. 69-82.

A tarefa que nos propomos é ousada e cheia de percalços teóricos e práticos. Por isso, as reflexões possuem um caráter nítido de ensaio. Não pretendemos forçar nossa posição que sempre está sob o juízo melhor dos críticos e da própria Igreja. Os conhecimentos novos que dispomos e a mudança que se verifica na sociedade no tocante ao feminino constituem um convite para repensarmos e refundirmos as perspectivas tradicionais e consagradas da fé com respeito a Maria.

Se a teologia não assigna a si semelhante tarefa, quem irá cumpri-la em seu lugar? Aceitamos, pois, o desafio e nos armamos de coragem para dar-lhe uma resposta à altura de nossas forças.

Declaramos e reconhecemos, outrossim, que quem escreve sobre o feminino é um varão e um religioso. Nisso há um limite intrínseco. Não é frequente que um varão reconheça que escreve como varão. A maioria das produções teóricas dão a entender que seu autor é um homem *tout court* e assim se escondem os limites inerentes ao fato de alguém ser varão e não mulher ou vice-versa. A visão do feminino construída pelo varão será sempre do varão e não da mulher, embora o feminino não seja exclusivo da mulher, mas também realidade do próprio varão. Não estarão distantes os dias em que as mulheres elaborarão uma reflexão sistemática de Maria à luz do feminino como se realiza nelas e de forma eminente na mãe de Deus e nossa. Não duvidamos que a imagem de Maria ganharia contornos bem diversos daqueles que herdamos e que aqui desenhamos. Enquanto isso não ocorrer, perdurarão os fragmentos como este que apresentamos ao leitor.

Parte I
O PROBLEMA

O FEMININO E A MARIOLOGIA

I. O feminino como princípio organizador da mariologia

Capítulo I
O feminino como princípio organizador da mariologia

1. Os fatos de fé acerca de Maria

A fé cristã confere a Maria Santíssima uma importância ímpar e transcendente. Sua dignidade eminente reside no fato de ser a mãe do Deus encarnado; não apenas num sentido físico-biológico, mas principalmente num sentido de engajamento pessoal e livre. A maternidade foi virginal, perfeita e plena. Também aqui a virgindade não deve ser compreendida apenas como um dado físico-biológico, mas antes como expressão da liberdade que se consagra inteiramente a Deus. A virgindade e a maternidade – expressões de um compromisso inteiro com Deus – supõem uma existência livre, desde o seu cerne e princípio, de toda contaminação do pecado original e pessoal que dramatizam e cindem a existência humana: ela é venerada como a imaculada conceição. Destarte ela encarna a nova criação que Deus está gestando dentro da velha; corporifica também o que deve ser a Igreja como comunidade dos redimidos; somente em Maria a Igreja realiza seu arquétipo e sua utopia; em Maria a Igreja é totalmente Igreja. Sendo por isso o membro mais eminente da Igreja, ela também ocupa um lugar correspondente nos laços de mediação salvífica que envolvem a todos; ela é venerada como a medianeira de todas as graças, porque, unida ao Espírito Santo, ao seu Filho, é cheia de graça. Maria encontra-se de tal maneira associada ao seu Filho, ao Espírito Santo e ao próprio Deus que é exaltada como a corredentora. A morte coroou a perfeição de tal vida. Ela foi assunta ao céu em corpo e alma; antecipa assim o destino de todos os justos e concretiza o que deverá ser a transfiguração universal de todo o universo no Reino de Deus.

2. Há um sentido unitário nos fatos?

Tais e tantos são os fatos que a fé testemunha acerca de Maria. O povo de Deus guarda a memória deles no culto e na devoção profundamente arraigada no coração do catolicismo. Mas não só se mantém viva a memória daquilo que Deus fez em Maria. Procura-se também traduzir para a vida humana a salvação operada em Maria, mediante um caminho de seguimento e de imitação. A grandeza de nossa Mãe se operou numa senda estreita na qual sempre esteve presente o sofrimento, a pequenez e o anonimato.

Esta mesma piedade em seu momento de retrospecção e de lucidez se pergunta a si mesma: todos estes acontecimentos marianos estão soltos uns dos outros ou se encontram concatenados entre si formando uma graciosa urdidura? Porventura realizam eles uma unidade de sentido? Não corporificam um único desígnio de Deus? Pode-se identificar este sentido e perfilar este desígnio?

Pertence à reflexão sistemática da fé (teologia) tentar descobrir a unidade que conecta os fatos salvíficos mais díspares. O pressuposto da fé é a convicção de que nada acontece fortuitamente porque nada escapa a Deus. Em outras palavras: Deus não é apenas uma vontade absolutamente livre – por isso, não precisa dar suas razões a ninguém –, mas é também a suprema sabedoria e a suma racionalidade. E a racionalidade sempre está vinculada à unidade, à harmonia e ao sentido. Pode ser que as razões de Deus não sejam nossas razões – por isso Paulo nos fala da lógica da cruz (1Cor 1,18) –, mas elas nunca são de um absurdo absoluto. O coração humano jamais se entregaria ao sem-sentido do arbítrio e a fé nunca adoraria o mistério tenebroso que não fosse habitado pelo sol. Portanto, tudo é portador de um sentido secreto nem sempre detectável à primeira vista, mas passível de ser desvelado pela reflexão que se unge de unção e pelo perguntar humano que se despe de todo instinto possessivo e violador. A teologia, como discurso educado e gramaticado da fé, se dá a si mesma a tarefa de desentranhar a estrutura de sentido subjacente aos fatos e eruir o sistema invisível do qual os acontecimentos históricos constituem corporificações visíveis.

Então cabe perguntar: Qual é a ideia-mestra que a Divina Sabedoria teve acerca de Maria? Qual é o núcleo a partir do qual todos os fatos marianos se explicam e se compreendem? O que Deus nos quer comunicar de si mesmo mediante Maria Santíssima? O que Deus revela acerca do ser humano e de seu destino nas maravilhas operadas em Maria? Assim, Maria revelaria o ser humano ao próprio ser humano e revelaria também uma faceta nova de Deus para o ser humano.

Não é indiferente o fato de Maria ter sido uma mulher. Então a pergunta se especifica: Que rosto Deus nos quer mostrar mediante o feminino? Como o feminino nos leva a Deus? Qual é o sentido último do feminino para a salvação, para a humanidade e para Deus mesmo? Todas estas questões que a fé inteligente suscita desafiam a reflexão e deverão ser abordadas por nós ao largo de nosso estudo mariológico.

Exatamente no feminino vemos o princípio mariológico fundamental, vale dizer: a partir do feminino como categoria antropológica fundamental podemos sistematizar todos os fatos que a fé testemunha acerca de Maria, e outros que a razão teológica detectar. Queremos, logo a seguir, fundamentar nossa opção. Ela é nova e ainda não foi, na tradição mariológica, tomada como eixo articulador da meditação sobre Maria e do mistério que ela evoca. Mas antes queremos referir, rapidamente, as possíveis totalizações dos dados mariológicos, correntes na teologia atual.

3. O núcleo unificador da mariologia

Persiste ainda uma longa e complexa discussão teológica acerca do princípio unitário revelador do desígnio secreto de Deus sobre Maria e por Maria sobre todos os homens[1]. Identifiquemos algumas estações do caminho:

Uma *primeira posição* se recusa, por respeito religioso e santo diante do mistério, a perguntar pelo desígnio secreto

---

1. Para um detalhamento desta questão cf. MÜLLER, A. Um princípio mariológico fundamental? *Mysterium Salutis* III/7, p. 84-98. • LAURENTIN, R. *Breve tratado de teologia mariana*. Petrópolis: Vozes, 1965, p. 111-117; 173-176. SCHILLEBEECKX, E. *Maria, Mãe da redenção*. Petrópolis: Vozes, 1968, p. 73-90. • DILLENSCHNEIDER, C. *Le principe premier d'une théologie mariale organique* – Orientations. Paris: [s.e.], 1956. De BROGLIE, G."Le 'príncipe fondamental' de la théologie mariale". *Maria VI*, Paris, 1961, p. 297-365. • VOLLERT, C. *A Theology of Mary*. Nova York: [s.e.], 1965, p. 49-112. • MARSHNER, W.H. "Criteria for Doctrinal Development in Marian Dogmas". *Marian Studies* 28 (1977), p. 47-100.

de Deus. Quem é o homem para ousar penetrar nos pensamentos de Deus? A teologia com seu muito perguntar corre o risco, e não raro cai nele, de transformar-se numa forma refinada de dessacralização e profanização do pensamento sobre Deus, esquecido que só pode pensar *a partir* de Deus. Uma forma de negar a divindade de Deus é afirmá-la de forma orgulhosa e onipotente. Segundo esta postura, cabe à teologia a humilde tarefa de constatar os fatos salvíficos assim como ocorreram no tempo e foram comunicados por Deus. Assim, por exemplo, constata-se que Maria pertence aos dois testamentos e é a ponte entre eles; na medida em que a história foi se desenrolando foram se sucedendo os fatos concretizadores de sua função na salvação dos homens; estes acontecimentos historificam o desígnio de Deus. Assim a imaculada conceição, depois a virgindade, a maternidade divina e humana de Maria, sua discreta participação na vida de Jesus, sua morte e assunção e, por fim, sua presença misteriosa e crescente na veneração do povo de Deus[2].

Esta atitude é necessária e também útil porque conserva a tarefa da teologia na consciência de seu tateamento e do caráter de construção de todas as suas sistematizações. Se a nossa construção teológica da realidade se adequa ao desígnio de Deus, não é nada seguro nem existem instâncias que no-lo possam garantir. Efetivamente Maria está ligada ao tempo; viveu a condição de peregrina, na fé e na esperança, era virgem, tornou-se Mãe de Deus, fez-se junto da cruz corredentora de todos os homens, teve que esperar até ser glorificada. Entretanto, não fazemos justiça a tais

---

2. O melhor expoente desta opção é certamente R. Laurentin com seu livro clássico *Breve tratado de teologia mariana*. Petrópolis: Vozes, 1965.

fatos se apenas os constatamos. Eles demandam reflexão. Estão a serviço de um sentido. E a inteligência não descansa nem o amor fica seguro se não identificar a urdidura da qual estes fatos são os pontos salientes. A teologia tem que pensar o que sabe; cumpre ultrapassar o positivismo histórico porque ele só constata e elenca sem produzir luz. E a teologia tem a ver com a produção de luz que é a construção de conhecimentos e de sentido.

Um *segundo caminho* teológico argumenta que a pergunta pela unidade de sentido nos acontecimentos marianos é legítima, mas que não se deveria, apesar disso, elaborar um tratado específico de mariologia. Maria jamais viveu em si e para si. Ela foi uma mulher sempre a serviço dos outros, ou de Deus ou de Cristo ou da redenção ou da Igreja ou do sentido último da história. Nesta perspectiva, Maria não seria jamais considerada à parte, mas sempre inserida dentro dos distintos segmentos da teologia: quando se fala de Deus e de seu desígnio aparece Maria como aquela que pertence ao desígnio anterior ao pecado, ao lado do Filho encarnado, o primeiro pensado e querido por Deus; quando se fala de Cristo, ela surge como sua mãe, a corredentora, a comediadora, aquela na qual se realizou plenamente a obra da libertação do homem; quando se aborda a Igreja, Maria se apresenta como o protótipo daquilo que a Igreja deve sempre buscar ser; quando se trata da graça, ela irrompe como a cheia de graça e, depois de Cristo, como o sacramento perfeito e pleno da presença de Deus no mundo; quando se estuda a antropologia teológica, Maria se afigura como o primeiro ser novo da criação renovada por Deus, encabeçando a história escatológica inaugurada por Cristo; quando se reflete sobre a escatologia, Maria configura a antecipação da realidade definitiva no Reino de Deus quando matéria e espírito serão, finalmente, transfigurados. E assim por diante. Os medievais refletiram desta forma sobre Maria; o Vaticano II reassumiu este método (LG 8) que foi consagrado na produção teológica da América Latina: em todos os temas principais que a teologia é convidada a refletir sempre aparece um inciso sobre Nossa Senhora como aquela que eminentemente realizou em sua vida os valores discutidos ou meditados.

Este tratamento possui inegáveis vantagens e respeita o sentido histórico do serviço humilde de Maria. Ela está presente em tudo, sempre de forma discreta, mas cada vez plenamente.

Entretanto, este modo de tratamento, por não ser sistemático, pode correr o risco de não dizer o que a fé pode dizer de Maria; pode empobrecer-se, não dar-se conta da riqueza de revelação que existe em Maria. Ela não entra apenas nem responde a questões teológicas que surgem. Ela mesma é uma questão fundamental que deve ser refletida porque nela Deus é encontrado numa densidade apenas comparável com Jesus Cristo.

Um *terceiro caminho* ousa fazer uma reflexão sistemática sobre Maria e positivamente elabora um tratado mariológico. Estatui a maternidade divina, livre e pessoal de Maria como o princípio unificador dos fatos marianos[3]. A maternidade divina e humana, concreta, livremente aceita na fé (concebeu crendo) é indiscutivelmente o cerne do mistério de Maria. Ao redor deste ponto central se enu-

---

3. Cf. BARTOLOMEI, T.M. "La maternità divina di Maria in se stessa e come primo e supremo principio della Mariologia". *Divus Thomas* 60 (1957), p. 160-193.

cleiam os diferentes mistérios de Maria. Assim a virgindade e a maternidade não são realidades justapostas, porquanto a maternidade é virginal. A virgindade está a serviço de sua maternidade livremente acolhida e totalmente voltada para o Messias. Em função desta suprema dignidade de ser a Mãe do Deus encarnado, Maria foi feita imaculada na conceição, cheia de graça; a maternidade a insere de tal maneira na vida e no destino de seu Filho que ela participa maximamente da redenção por Ele trazida: ela é a sublime redimida; da maternidade concreta decorre a maternidade espiritual para com todos os filhos no Filho, sua coparticipação na redenção, sua mediação comeritória em todas as graças e enfim como mãe que participa da glória do Filho é assunta de corpo e alma no céu. Assim, Maria emerge como o Esplendor de Cristo.

Esta perspectiva é riquíssima; vem desposada por quase todos os mariólogos atuais e antigos. Mas quase não se reflete sobre o fato de Maria ser mulher e como virgem-mãe ter sido associada à salvação da humanidade. A salvação e a intervenção libertadora de Deus no mundo possui traços femininos e maternos. A razão da escolha de Maria, como veremos, deve-se ao desígnio de Deus de associar o feminino como fator decisivo à economia da redenção e da divinização da humanidade.

Um *quarto caminho* na harmonização dos mistérios marianos à luz de único princípio sistematizador parte de Cristo como o centro do desígnio eterno de Deus sobre todas as coisas. A mariologia segue o caminho da cristologia[4].

---

4. Cf. SÁNCHEZ-CÉSPEDES, P. *El mistério de Maria* – Mariologia bíblica: El principio fundamental: Cristo y Maria un solo principio redentor. Santander: [s.e.], 1955. • KOSER, C. "A teologia da Imaculada em Duns Scotus". *REB* 14 (1954), p. 610-676.

Cristo, Deus-Homem, participa maximamente de Deus e da glória divina. Maria em união com Cristo é a segunda e somente superada por Ele. A maneira como se associa de forma íntima e completa a Cristo é fazer-se sua mãe. Assim tudo o que salvificamente acontece com Cristo, acontece também, de modo participado e derivado (Maria não seria assumida hipostaticamente como é o caso de Jesus), com Maria; assim é corredentora, comedianeira, transfigurada no céu etc.

Esta estruturação não deixa de ser grandiosa. Entretanto, ela também não explora o fato iniludível do elemento feminino, virginal, esponsorial e maternal da salvação divina.

Um *quinto caminho* coloca Maria dentro da Igreja, pois aí ela aparece como o protótipo da Igreja[5]. Nela a Igreja realiza todos os seus ideais. A Igreja deve ser santa e imaculada: Maria o é de forma acabada. A Igreja é chamada a viver tão unida a Cristo que forme com Ele um só corpo e uma só vida: Maria era com Cristo um só corpo, uma só vida e um só amor. A Igreja é convidada a participar da obra redentora de Cristo, porquanto ela é o sacramento universal da salvação: Maria foi a corredentora por excelência e fez-se sacramento pleno porque era cheia de graça e carregou em seu seio o sacramento radical da salvação que é Jesus. A Igreja deve continuamente participar do destino de Jesus, morrer e ressuscitar: Maria participa da cruz de seu Filho e com Ele ressuscita para a glória. A Igreja é o sacramento do Espírito Santo que inabita nela: Maria foi a Esposa do Espírito Santo. Existe, portanto, uma potenciação da realidade teológica da Igreja historizada em Maria.

Entretanto, por maior que seja a mútua interpretação da *Virgo Maria* com a *Virgo Ecclesia*, da *Mater Dei* com a

---

5. Cf. SEMMELROTH, O. *Urbild der Kirche*. Würzburg: [s.e.], 1950.

Mater Ecclesia não se deve descurar as profundas diferenças. A Igreja não é apenas aquela que traz Cristo ressuscitado e seu Espírito em seu seio; é também aquela que os pode ofender com seu pecado e lentidão no converter-se, o que não ocorreu jamais com Maria. A identificação exorbitante de Maria com a Igreja ou idealiza e desistoriza a Igreja ou empana a função crítica de Maria face à Igreja que é santa e pecadora ou não aprecia devidamente sua posição única na história da salvação.

Um *sexto caminho*, com preocupações interdisciplinares e ecumênicas, insere a reflexão mariológica no quadro no Credo, símbolo de fé comum a todos os cristãos (católicos, ortodoxos e protestantes)[6]. Na primeira palavra *Creio,* pela qual se cria o horizonte de fé, sem o qual qualquer conteúdo perderia sua especificidade, Maria é apresentada como o protótipo da fé da Igreja. Foi crendo que se tornou mãe de Deus (Lc 1,28-38).

No primeiro artigo do Credo – um só Deus, criador do céu e da terra – pode-se tratar do lugar de Maria no plano da salvação e de sua predestinação.

No segundo – Jesus Cristo que por nós homens e pela nossa salvação desceu dos céus e se encarnou por obra do Espírito Santo, de Maria virgem e se fez homem – se coloca Maria explicitamente em relação com a salvação dos homens, com o Espírito Santo que a fecundou, com Cristo, "Filho unigênito de Deus" do qual é mãe.

O terceiro – paixão e ressurreição de Jesus – permite refletir sobre a corredenção de Maria, sua comunhão com Jesus, seu Filho, participando de seu destino (cf. Jo 19,25-27).

---

6. Cf. LAURENTIN, R. "Maria nel Dogma". *Dizionario Teológico Interdisciplinare* 2. Marietti, 1977, p. 465-468.

No quarto artigo do Credo – creio no Espírito Santo – pode-se mostrar como Maria jamais foi abandonada pelo Espírito senão que Ele a associa no dinamismo de redenção e união que suscita pelos séculos na humanidade.

No quinto – creio na Santa Igreja Católica – Maria é apresentada como o protótipo da Igreja, o novo começo da humanidade redimida e seu membro mais excelente.

O sexto – sobre a comunhão dos santos – permite tratar Maria em sua maternidade espiritual, corredenção, mediação, intercessão e tipo da Igreja como comunhão e menos como autoridade e instituição.

O sétimo que professa a remissão dos pecados propicia o lugar adequado para se abordar o tema da imaculada conceição, de sua preservação de todo pecado em vista dos méritos de Cristo. Esta graça não deve tanto ser compreendida como um privilégio que separaria Maria de todos os demais, mas antes como antecipação em Maria da obra perfeita de Deus que será para nós realizada somente na escatologia.

No oitavo sobre a ressurreição da carne se pode tratar a assunção de Maria em corpo e alma ao céu e seu significado escatológico como entronização da criação na glória terminal em Deus.

No nono e último que professa a vida eterna se vê Maria como rainha do universo junto com seu Filho, reinando, sobre a criação reconciliada, não como a prepotência dos senhores deste mundo, mas como serviço (cf. Lc 12,37) de união com todos.

Esta perspectiva obedece aos interesses do ecumenismo que busca uma base comum a partir da qual se pode dialogar e integrar as perspectivas. Mas, teologicamente, é pouco rica porque não se preocupa pela organicidade da compreensão. É antes um esquema didático, exterior e não atende, especificamente, aos conteúdos mariológicos e às exigências próprias que eles propõem à reflexão da fé.

Um *sétimo e último caminho* pensa a mariologia em chave histórico-salvífica[7]. Nesta perspectiva a salvação vem compreendida como um processo histórico acionado, em última instância, por Deus, no qual vai se operando a libertação do homem dentro de uma pedagogia divina com antecipações, promessas e realizações cada vez mais plenas. O Vaticano II pensa a missão de Maria dentro de semelhante economia da salvação (LG 8, n. 55-60). Assim, já no AT se prenunciava o mistério da Virgem Maria quando no Gênesis se fala da vitória sobre a serpente mediante a mulher (Gn 3,15) ou quando se refere à Virgem que conceberá um Filho chamado Emanuel (Is 7,14; Mt 1,22-23) ou quando se anuncia que os humildes e pobres do Senhor serão os portadores das promessas messiânicas e neles vão se cumprir. Na plenitude dos tempos se realizou a proximidade máxima de Deus na carne humana; mas a encarnação foi precedida pela aceitação livre de Maria. Estuda-se depois a presença de Maria junto a Jesus em sua infância, em seu ministério público, junto à cruz, na ressurreição, no nascimento da Igreja, na vinda do Espírito e ao largo da história da fé. Destarte se põe em luz adequada a importância de Maria junto à obra redentora e libertadora de Deus dentro da história humana.

Entretanto, esta perspectiva histórico-salvífica não é isenta de problemas. A história da salvação não se identi-

---

7. Cf. A mariologia e o Concílio Vaticano II. In: *Mysterium Salutis* III/7, p. 82-83 (A. Müller). • SARTORI, L. "A posição da mariologia na teologia contemporânea". *Nova Aurora* 3 (1977), p. 35-38 (revista trimestral de espiritualidade e pastoral marianas. Belo Horizonte). • BERTETTO, D. *Maria Madre universale nella storia delia salvezza*. Firenze: [s.e.], 1969.

fica com a história testemunhada pelas Escrituras cristãs. Ela cobre, realmente, toda a história dos homens, também daqueles que se encontram fora das referências judeu-cristãs. Como pensar Maria dentro deste vasto horizonte? Aí a paisagem se esfuma e perde contornos definidos. Como as religiões do mundo entram na compreensão de Maria? Como a evolução psicossocial, penetrada pelo Espírito, as mariofanias contribuem para se apreender o significado histórico-salvífico de Maria? As questões são desafiantes e comprometem um tratamento sistemático da mariologia. Mas ele se mostra frutífero se assumirmos uma categoria histórico-salvífica universal como aquela que postulamos, o feminino.

Como se depreende, tocamos aqui numa questão fundamental; o método não é indiferente na determinação dos conteúdos concretos. Afinal qual é o objeto da reflexão teológica atinente a Maria? É a pessoa de Maria? É o projeto histórico de Deus dentro do qual se insere Maria? É o feminino como forma de autorrevelação do próprio Deus? Realizar-se-á porventura este feminino de forma exaustiva em Maria? Cremos que esta linha se mostra suficientemente rica para sustentar uma reflexão sistemática, até hoje pouco tentada pela teologia. Queremos transitar por ela.

4. O feminino como princípio mariológico fundamental

Cada um dos princípios acima elencados pelos quais a teologia organiza de forma sistemática seus conhecimentos acerca do mistério de Maria possui suas boas razões e, como vimos, também seus limites intrínsecos. Nenhum sistema é de tal forma fechado e harmonioso que consiga fazer justiça a todos os dados. Pertence à finitude da razão a impossibilidade de construir uma totalização perfeita; todas as sínteses são *construções* que tendencialmente procuram colher todo o real visado, mas que, efetivamente, não logram realizar seu intento. Em todo sistema existe pelo menos um elemento não sistematizável; os pressupostos de cada sistema não entram no sistema. Daí ser toda síntese certamente uma operação altamente racional, mas também uma opção voluntária. Cabe lembrar, neste contexto, que as razões começam com a razão; a razão mesma não tem razões. Uma vez tomada a opção, entra em operação a razão que passa a *construir* o sistema da realidade.

Nós optamos pelo feminino como núcleo a partir do qual pretendemos fazer justiça às verdades de fé marianas. Feita a opção, pode-se apresentar as razões para isso; não com a intenção de tornar necessitante a opção, mas de justificá-la e dar-lhe o suporte de razoabilidade necessário para a honestidade do pensamento.

Primeiramente uma razão exterior e rudimentar: o feminino não foi ainda, na tradição mariológica, assumido como um foco centralizador dos dados marianos. Precisamos experimentar a riqueza que ele permite. E como veremos ao longo de todo nosso estudo, suas possibilidades são de grande alcance.

Em segundo lugar, o feminino ocupa hoje um lugar preponderante na reflexão antropológica e cultural. No campo ideológico dos últimos anos ele ressalta como tema relevante teórica e praticamente. A pesquisa se orienta decididamente na afirmação de que com o feminino estamos diante de uma das estruturas ônticas e ontológicas mais originárias do ser humano. O fato de Nossa Senhora ter sido uma mulher e Deus ter querido ser filho desta mulher não é irrelevante. À teologia cabe buscar nisso um sentido. Com suas perquirições, a teologia pode colaborar no aprofundamento do tema do feminino, objeto teórico de tantas outras ciências.

Em terceiro lugar existe uma razão de ordem eminentemente interna à teologia. Ela se formula assim: não basta fazer mariologia, vale dizer, sistematizar as verdades sobre Maria. Importa que a mariologia seja teologia. Em outras palavras: ao se falar de Maria deve-se falar de Deus; a reflexão sobre Maria deve revelar algo de Deus. Pode-se perguntar: qual é o desígnio de Deus sobre Maria, sobre o feminino, sobre a história? A pergunta é verdadeira e também teológica porque invoca a vontade de Deus que se revela mediante tais realidades. Entretanto, a pergunta não é suficientemente radical. Radical é a pergunta quando vai à raiz. E vai à raiz quando ela se apresenta como interrogação última, além da qual não se poderá mais ir. Então a questão surge, verdadeiramente, como teológica: tem Deus como centro e não mais Maria, ou o homem, ou o feminino ou mesmo Cristo. Não se pergunta mais o que Deus quer para Maria, mas o que Deus quer para si mesmo a propósito de Maria. A pergunta radical soa: que significa Maria para Deus? Alargando ainda mais o horizonte: que significa o feminino para Deus? O que Deus intenciona para Ele mesmo mediante o feminino? Porventura Deus não criou o feminino para poder se comunicar totalmente a ele e assim "realizar-se" a si mesmo sob esta forma determinada? Se Maria for considerada a expressão suprema do feminino, não se poderá então dizer que Deus "se realizou" a si mesmo maximamente em Maria? Mediante que pessoa divina Deus se "realiza" no feminino?

Estas perguntas secundam nossa opção pelo feminino como princípio fundamental da mariologia, abrindo-nos o horizonte não apenas para sabermos mais e de forma harmoniosa sobre Maria, mas também para descobrirmos uma maneira nova de Deus se autocomunicar e "se autorrealizar".

Ademais, em nosso tratamento, queremos fazer frutificar a perspectiva escatológica tão fundamental para a reflexão teológica que se quer radical. A escatologia não é apenas um tema da teologia entre outros; é antes de tudo uma característica ou um colorido de todos os temas teológicos. Toda verdade teológica possui uma conotação escatológica, isto é, encerra uma dimensão presente e histórica e ao mesmo tempo contém uma dimensão futura e terminal no Reino de Deus. É o que escatológico significa: é um *já* presente, mas *ainda não* totalmente realizado, concretizando-se de forma cabal só na plenitude definitiva em Deus. Iremos considerar o feminino não apenas como uma categoria analítica, extraída da antropologia (com suas principais vertentes), mas principalmente como uma categoria teológica que deverá ser adequadamente construída. E, por ser teológica, ela assume um caráter escatológico. O que Deus intenciona, definitivamente (escatologicamente), com o feminino? Esta será a grande pergunta que tentaremos responder. Em Maria identificamos já na história a antecipação do escatológico em sua constituição plena.

Não se diga que incorremos em *hybris* e ousamos desmedidamente. O orgulho e a desmedida ambição não residem no perguntar, mas no estabelecimento das respostas prepotentes. O perguntar não padece limites; a faculdade de perguntar vem habitada por um "demônio" indômito; é o divino no homem. Toda dominação começa pela proibição de fazer perguntas. Quem nega perguntar, tolhe a verdade de se manifestar. Quem se recusa perguntar até o fim priva-se da luz benfazeja que o encontro com a Verdade suprema gera. Nossa resposta ao incansado perguntar não pretende mais que ser um balbucio sobre o Mistério supremo que se revela com traços femininos.

Assumimos a postura de nossos predecessores, os mestres franciscanos medievais que diziam: com referência a Cristo e à sua e nossa Mãe, prefiro antes exceder-me a faltar no louvor que eles sempre merecem[8].

Com esta afirmação corremos o risco – e o aceitamos – de sermos logo enquadrados dentro dos conhecidos esquemas mariológicos, fruto de uma preocupação estética e acadêmica: aquele do maximalismo. Efetivamente, somos maximalistas; não por uma evasão pietista que inunda e contamina o discurso rigoroso da fé (teologia), mas por uma exigência de radicalidade. Como se poderá ver ao largo de nossas reflexões, tentaremos pensar até o fim a dimensão escatológica do feminino e sua realização particular e plena em Maria. Em nível escatológico podemos e devemos ser maximalistas. É aqui que se define o quadro final do feminino em Deus.

---

8. Cf. William of Ware († 1298): "Si debeam deficere... magis volo deficere per superabundantiam dando Mariae aliquam praero-gativam, quam per defectum, diminuendo vel subtrahendo ab ea aliquam praerogativam quam habuit": In: III Sent. q. 25 em Fr. Gulielmi Guaerrae, Fr. Joannis Duns Scoti, Fr. Petri Aureoli, *Quaestiones disputatae de Immaculata Conceptione* B.V.M. (Ed. ad Claras Aquas, 1904), 4. Ou então a famosa frase de Duns Scotus concernindo a Cristo e que pode ser aplicada também a Maria: "In commendando enim Christum malo excedere quam deficere a laude sibi debita si propter ignorantiam oportet in alterutrum incidere": *Ordinatio* III, d. 12, q. 4 ed. Vives XIV, 463.

Parte II

A ANÁLISE

O FEMININO NO CONFLITO DAS INTERPRETAÇÕES

II: Obstáculos epistemológicos de base concernentes ao feminino.

III: O feminino: uma aproximação analítica.

IV: O feminino: uma reflexão filosófica.

V: O feminino: uma meditação teológica.

Capítulo II
Obstáculos epistemológicos de base concernentes ao feminino

Temos elegido o feminino como categoria-chave para entender, radicalmente, o significado transcendente de Maria. Cumpre construir com mais precisão esta categoria do feminino para que possa ser utilizada com certo rigor pela teologia. Para tanto faz-se mister rastrear seu sentido analítico pelos meandros dos distintos saberes e no conflito das interpretações visto que o feminino, ultimamente, tem sido objeto de intensa reflexão por parte de distintas ciências.

Nossa estratégia teórica percorrerá o seguinte percurso:

– conscientização dos principais obstáculos epistemológicos de base concernentes ao feminino;

– o feminino: uma aproximação analítica;

– o feminino: uma reflexão filosófica;

– o feminino: uma meditação teológica.

Nosso interesse é teológico. Entretanto, o teológico do feminino não se dá pura e simplesmente como um dado primeiro e evidente em si mesmo. Ele tem que ser resgatado de dentro de outras leituras (científica e filosófica) e, por isso, possui a estrutura de uma construção. Importa, portanto, atravessar os outros discursos para, com justeza, utilizar um conceito que contenha conteúdo crítico e assegurado analiticamente. Caso contrário, corremos o risco de utilizar a categoria do feminino ingenuamente e com as conotações ideológicas veiculadas por nossa cultura.

Antes de mais nada importa estabelecer, rapidamente, nosso *modus procedendi*.

1. Nota epistemológica

Como se trata de um discurso interdisciplinar, cumpre esclarecer a gramática de nossa reflexão. Trata-se de articular as várias ordens do saber e reconhecer o alcance e o limite de cada uma. Damos por pressupostos os vários procedimentos estabelecidos pela hermenêutica. Assim, resumidamente, reconhecemos:

1. *Conhecer é sempre representar o real.* Acedemos ao real – na ocorrência ao feminino – não com o olho descoberto, mas com os óculos que herdamos do passado e da cultura. Já possuímos conceitos e preconceitos prévios a qualquer conhecimento novo. Por isso, conhecer é também sempre interpretar contra ou a favor dos conhecimentos anteriores. Não se trata, portanto, de fazer uma leitura do real ou de reduplicar a realidade. Tal pretensão é fruto do ingenuísmo. Faz-se uma representação do feminino a partir dos condicionamentos materiais e teóricos do lugar e do tempo.

2. *Conhecer é sempre construir o objeto do conhecimento.* É uma consequência da afirmação anterior. O que é o feminino em sua objetividade em si não o sabemos. Sabemos somente o que construirmos sobre ele. Por isso, faz-se mister

distinguir entre o objeto real (a coisa em si: o feminino) e o objeto do conhecimento (as ideias e teorias que possuímos sobre o feminino). Nosso conhecimento se processa sempre por modelos, paradigmas, fórmulas, construções mentais e ideias pelas quais captamos o real, nos sensibilizamos face à influência que ele exerce sobre nossa capacidade intelectiva. Conhecer é assim construir o objeto do conhecimento.

3. *Nosso conhecimento é sempre aproximativo*. Se jamais acedemos ao feminino a olho nu, mas sempre dentro de construções, significa que nosso conhecimento é sempre aproximativo. Jamais se trata de um conhecimento absoluto. O objeto (no caso o feminino) é sempre inatingível. Cada abordagem o formula, como o seu objeto, segundo seus pressupostos, as perguntas próprias que lhe dirige e segundo a postura que assume diante dele. A origem meramente sensorial do conhecimento é o mito da ingenuidade epistemológica: nossas percepções do fenômeno são organizadas, desde o início, reorganizadas pelas novas experiências e sempre possuem um caráter de construção.

4. *O conhecimento é sempre histórico*. O conhecimento é um ato vital. Por isso se insere num determinado tempo, lugar, interesse de classe e construído com determinados instrumentos de conhecimento, próprios de uma determinada fase da história. Por mais este motivo nosso conhecimento de feminino é aproximativo e aberto a novas aportações que nascem de novas perguntas, novos interesses e novos instrumentos de produção de conhecimento.

5. *A tendência do conhecimento é transcender a ideia* (construção teórica) e chegar ao real em si, sem, entretanto, jamais consegui-lo plenamente. Isso é feito mediante a expe-

riência e a experimentação. Toda experiência vem orientada pela teoria; entretanto, ela rompe o campo da teoria, pois deixa emergir elementos novos que, por sua vez, demandam uma reformulação dos quadros teóricos. Todo verdadeiro conhecimento se realiza dentro do duplo movimento do racional ao real e do real ao racional. "Um deles triunfa ao dar razão ao outro: o empirismo tem necessidade de ser compreendido; o racionalismo tem necessidade de ser aplicado"[1]. A tendência do conhecimento não é permanecer na mediação (ideia, teoria), mas propiciar um encontro com o real. Por isso, é lançado permanentemente à experimentação e reclama uma experiência. Esta nunca se dá pura e nua, senão já vem enquadrada nos laços de uma construção, mas também se liberta deles e permite um acesso mais rico ao real *mediante* novas construções.

6. *Importa pensar o que conhecemos*. As ciências nos dão os modos do ser. Mostram-nos, por exemplo, que o feminino é uma forma de se concretizar o ser humano. Há um momento da razão que é aquele filosofante. Pergunta-se: que é o ser humano? Como se relaciona este modo de ser com o ser enquanto tal? Que se revela com o feminino? Tais questões constituem a preocupação da filosofia. Ela pretende pensar até o fim o que conhecemos.

7. *Pode-se pensar todos os conhecimentos a partir do absoluto mistério*, chamado Deus. É a tarefa da teologia. Ela supõe a ruptura da fé. A partir da fé pode-se perguntar: que significa o feminino à luz da revelação de Deus? Como ele revela Deus? Como Deus se revela a si mesmo no feminino? Não terá o feminino sua última fundamentação e sentido em Deus?

---

1. BACHELARD, G. *La philosophie du non* – Essai d'une philosophie du nouvel esprit scientifique. 5. ed. Paris: [s.e.], 1970, p. 4-5.

Todos estes passos deverão ser percorridos em nossa trajetória.

2. Obstáculos na compreensão justa do feminino

Poucos temas apresentam-se tão carregados de preconceitos como este do feminino. Por isso faríamos bem em suspeitarmos de todas as opiniões correntes acerca dele. O grande epistemólogo moderno Gaston Bachelard nos ensinou que os obstáculos mais árduos para se ultrapassar na direção do conhecimento (aproximativo) da verdade são precisamente os preconceitos, chamados por ele de obstáculos epistemológicos de base[2]. É contra eles que, geralmente, se elabora a ciência. Conscientizemos alguns deles para obviá-los o mais possível.

1. *Racionalismo cientifista*

O primeiro grande obstáculo é o próprio conceito de saber científico moderno. A Modernidade parte do pressuposto iluminista de que a razão analítica pode estabelecer uma compreensão objetiva da realidade humana, traduzível numa arquitetônica conceptual. O que seja ser-homem e ser-mulher seria captável pela única mediação racional. Assim se chega a um reducionismo da experiência concreta que permanentemente nos dá conta do caráter irredutível do face a face sexual. Isso não significa que nossos modelos sejam falsos e que as classificações científicas sejam arbitrá-

---

2. Cf. BACHELARD, G. *La formation de l'esprit scientifique* – Contribution à une psychoanalyse de la connaissance scientifique, Paris 1938, 16: "É impossível fazer, de repente, tábua rasa dos conhecimentos usuais. Frente ao real, o que se acredita saber claramente ofusca o que se devia saber. Quando se apresenta ante a cultura científica, o espírito jamais é jovem. É até muito velho, pois tem a idade de seus preconceitos. Ter acesso à ciência é rejuvenescer espiritualmente, aceitar uma mutação brusca que há de contradizer um passado".

rias e que toda exaltação vivencialista tenha cidadania assegurada. Trata-se apenas de questionar nossas afirmações científicas e perguntar, honestamente, até que ponto elas são fiéis ao fenômeno do encontro profundo dos sexos e se submetem ao crivo purificador da experiência. Importa debelar o orgulho da razão em sua vontade de poder, superar o falso saber e desfazer aparência de saber. O feminino bem como o masculino não é algo fixado para sempre. É um feixe de relações que ultrapassa a vontade domesticadora do Logos. É antes um Eros que se perde na zona do insondável. O símbolo mais do que conceito se mostra apto para captar o ser-feminino. Por isso, precisamos estar abertos a outras formas de acesso a esta realidade humana, diversa daquela da racionalidade instrumental analítica[3].

2. *Absentismo sexual*

A tradição ocidental costuma definir o homem como um ser vivente dotado de razão (*animal rationale*). Nesta determinação essencial não se considera o fato da diferença dos sexos. O sexo é acidental e vem tributado na conta da animalidade humana e não também à sua racionalidade. Não é, pois, compreendido como um dado da totalidade humana; favorece assim uma representação monista e indiferenciada do ser humano. A Bíblia, por exemplo, parte, conscientemente, da diversidade sexual como primeira determinação interna do ser humano (Gn 1,27), mas isso ficou sem consequências posteriores no pensamento e na prática

---

3. Cf. IRIGARAY, L. *Speculum*. Milão: L'altra donna, 1975, que faz, pertinentemente, a crítica ao logocentrismo típico de nossa cultura, especialmente deletério na abordagem da mulher (Freud, Hegel, Platão). Cf. EVDOKIMOV, P. *La femme et le salut du monde*. Paris, 1958, que denuncia um transfundo masculinizante e antifeminista em todo o ateísmo moderno, no desespero e angústia deste século e das doutrinas rigoristas (jansenismo, doutrina da predestinação eterna etc.) da tradição cristã (p. 148-151).

da fé judeu-cristã. Ainda hoje este absentismo da realidade sexual se encontra vastamente na filosofia, na hermenêutica e nas ciências humanas em geral. As práticas científicas ou políticas são entendidas independentemente do caráter sexuado de seus agentes. A própria psicologia, de si tão sensível às diferenças sexuais, parece não ter dado ainda suficiente atenção ao fenômeno. O próprio Freud com sua teoria da "inveja do pênis", individuando na mulher "um estado de impotência e de dependência infantil", acabou por reforçar velhos preconceitos antifeministas além de secundar o machismo imperante em nossa cultura[4]. Pode-se alimentar a suspeita de que na base deste monismo sexual haja uma pressuposição antropológica pobre e uma esquematização simplista da estrutura do ser humano. Não é de se admirar se tal reducionismo já apareça no próprio nível da linguagem: identifica-se ser humano com *homem* simplesmente como se o varão realizasse em si toda a humanidade e a mulher lhe fosse uma derivação decadente ou um momento de sua grandeza já previamente constituída.

3. *Monismo sexual*

Se é um defeito a ausência do momento sexual na compreensão do ser humano, sua presença, entretanto, não constitui nenhuma garantia de uma adequada sanidade teórica. Os últimos milênios conheceram a dominação do sexo feminino por parte do masculino. A maioria de nossas criações culturais possui uma linguagem sexista. A sociedade a partir do neolítico não criou condições históricas para uma realização autônoma da mulher. Ela depende do

---

4. Cf. CHASSEGUET-SMIRGEL, J. As opiniões de Freud sobre a sexualidade feminina. In: *A sexualidade feminina* (ensaios de vários autores coordenados pela autora). Petrópolis, 1975, p. 11-23, especialmente p. 20-23, onde se aborda a famosa conferência de Freud sobre a feminilidade (1932).

varão em tudo, especialmente na família. Nela a mulher desenvolve um trabalho que não lhe fornece os meios de subsistência. Ela produz a força-trabalho da qual não é proprietária (os filhos como nova força de trabalho) além de manter os membros da família que trabalham. A atividade doméstica não é computada economicamente, nem valorizada socialmente. É algo secundário com um caráter sexual (é coisa para as mulheres!). Esta situação infraestrutural repercutiu no nível supraestrutural, aparecendo uma compreensão da mulher como apêndice do varão ou uma manifestação diminuída dele. Embora atualmente mais e mais se esteja superando, ao nível teórico, este monismo sexual, seus sulcos práticos na história, nos hábitos e nas atitudes permanecem ainda profundamente arraigados. No interior da Igreja persiste um antifeminismo que, de certa forma, já foi superado pela sociedade. Existe, no nível inconsciente, mas com consequências no nível consciente, uma verdadeira teologia política do sexo que se articula no seguinte silogismo: Deus e Jesus Cristo são masculinos. Eles têm o direito de impor e mandar. Ora, masculino é o varão que representa Deus e Cristo. Logo, ele herda o direito de impor e mandar[5]. Em outros termos, só no varão se realiza, plenamente, a natureza humana; a mulher na medida em que se associa a ele.

4. *Regionalização genital do sexo*

Um dos mais nefastos obstáculos epistemológicos é a redução da determinação sexual a um dado meramente genital e biológico. O ser humano não é sexuado apenas ao nível genital, nos órgãos responsáveis pela reprodução e

---

5. Cf. VV.AA. *Crisi dell'antifeminismo*. Milão, 1973, especialmente MOORE & BUYSSERET. La donna in una Chiesa mascolinizzata, p. 197-218.

nas zonas erógenas. Ele não é apenas Bios. É uma pessoa que se relaciona de uma maneira própria seja como mulher seja como varão. Assim, por exemplo, a maternidade para a mulher é um acontecimento biológico da maior transcendência. Mas não se esgota nesta realização biológica. Se uma mulher não se torna mãe ou até decide não ser mãe, sua capacidade de conceber e de gerar não se perde; ela é investida em outras dimensões da vida conferindo cuidado e proteção a tudo o que empreende[6]. As estruturas anatômicas e psicológicas da mulher são incluídas como momentos do projeto global de ser-mulher; dele ganham a significação evitando reducionismos que deturpam a imagem adequada que devemos fazer da realidade feminina se quisermos ser fiéis à sua riqueza antropológica. O reducionismo do sexo ao mero genitalismo é um dos vícios mais perniciosos de nossa cultura unidimensional que, facilmente, converte a mulher em objeto de desfrute para a cama e a mesa do varão[7].

5. *Ontologização de manifestações históricas*

Outras vezes, ao acolher a realidade feminina, se decai num naturismo ingênuo. Considera-se que realizações históricas, como a dominação da mulher pelo varão, sua dependência, sua submissão etc., sejam atributos da própria natureza feminina. Atribui-se à natureza aquilo que é produto da história, resultado das práticas humanas e do jogo dos interesses. Assim, a atual desvantagem cultural da mulher não se deve a um defeito de sua natureza, mas à desigual luta que se verificou secularmente entre os sexos. O varão subjugou a mulher e explorou, em seu benefício,

---

6. Cf. BUYTENDIJK. *La femme* – Ses modes d'etre, de paraítre, d'exister. [s.l.]: Desclée de Brouwer, 1967, p. 239-245: la vocation maternelle.
7. STUDART, H. *Mulher, objeto de cama e mesa*. Petrópolis: Vozes, 1974, onde se faz a crítica mordaz aos preconceitos masculinos contra a mulher.

suas forças. Aqui aponta um problema de ordem teológica, pois se trata da manifestação da situação decadente e injusta em que se encontra mergulhado o gênero humano. O reconhecimento do caráter histórico (e por isso não necessário e fatal) do atual submetimento da mulher liberta a inteligência para soluções alternativas menos dissimétricas e desbloqueia as energias recalcadas das mulheres, porquanto deverão ser elas as fautoras principais de sua própria libertação.

6. *Polarização dos sexos*

Um outro percalço na compreensão do feminino surge com o paralelismo dos sexos. Aceita-se o dimorfismo sexual como pertencendo à essência humana; entretanto, não se dá conta de que não se trata de realidades paralelas, mas recíprocas. Varão e mulher não se encontram um ao lado do outro, mas um face ao outro; conhecem-se a si mesmos e mutuamente na medida em que estabelecem uma relação concreta de reciprocidade. Constitui um obstáculo básico a ignorância desta relacionalidade sexual. O erro consiste na polarização dos sexos, cada um com características próprias – irredutíveis[8]. Aí então surgem os catálogos das características de cada sexo, sistematizadas a partir de distintos critérios que podem ser o biológico, o psicológico ou metafísico. Existe toda uma literatura romântica e pseudocientífica que estabelece as simetrias sexuais: ao varão cabe exclusivamente a racionalidade, a objetividade, a

---

8. Não se negam características de cada um dos sexos, mas sua polarização irredutível a ponto de não tornar compreensível o fenômeno-base que é a reciprocidade. Por exemplo, como Schiller o intuiu muito bem, a forma como a mulher se entrega é diferente daquela do homem: "Pouco importa o que você dá, é sempre você toda inteira que você dá"; ou como disse Rilke em suas *Cartas a um jovem poeta*: "na mulher a vida mora e habita de forma mais imediata, fecunda e confiante".

agressividade, o trabalho, a criatividade, a exteriorização etc., e à mulher, a emotividade, a subjetividade, o cuidado, a submissão, a irracionalidade etc. A justa compreensão dos sexos se torna impossível dentro de tal repertório de qualidades e vícios, simetricamente distribuídos aos dois polos opostos. Desta forma coisificam-se e mecanizam as relações entre os sexos. Há de se compreender que a reciprocidade essencial varão-mulher implica aceitar que cada um participa da totalidade da realidade humana e de todas as qualidades em densidades diferentes. O feminino e o masculino não são acidentes da natureza humana, mas determinações essenciais a ponto de cada um ser, de um modo próprio, masculino e simultaneamente feminino. As relações varão-mulher são sempre pessoais e, por isso, irredutíveis à simetria preestabelecida.

7. *Exaltação do feminino: a mulher eterna*

Há duas formas de não acolher a mulher: ou considerá-la infantil e por isso colocá-la sob a tutela do varão ou magnificá-la de tal ordem que des-realiza e des-concretiza sua posição e suas tarefas neste mundo. Como dizia Balzac: "A mulher é uma escrava que se deve saber colocá-la num trono". Neste contexto se fala da mulher eterna, como uma essência intemporal, a-histórica, enclausurada em algumas características femininas que são então absolutizadas, impedindo a mulher de descobrir sua verdadeira vocação e suas possibilidades históricas[9]. Evidentemente não se quer aqui negar o valor da linguagem simbólica, da qual faremos uma vigorosa apologia mais à frente; mas cumpre advertir contra uma idealização feita pelos varões como forma

---

9. Cf. AUBERT, J.M. *La mujer* – Antifeminismo y cristianismo. Barcelona: [s.e.], 1976, p. 125-128.

velada de discriminação e dominação. Neste sentido, houve uma exploração mariológica no sentido que interessava ao poder machista: apresentar Maria apenas como aquela mulher que diz *sim* (fiat), que se resigna a fazer a vontade de Deus, que se esconde nos afazeres caseiros, na modéstia e anonimato. Esquece-se toda a outra dimensão recordada pela encíclica de Paulo VI (*Marialis Cultus*, n. 37): "longe de ser uma mulher passivamente submissa ou de uma religiosidade alienante, foi, sim, uma mulher que não duvidou em afirmar que Deus é vingador dos humildes e dos oprimidos e derruba dos seus tronos os poderosos do mundo (Lc 1,51-53)". Maria não emerge apenas como modelo para as mulheres, mas de todo o discípulo e discípula do Senhor, inclusive no empenho pela libertação e pela realização da justiça (n. 37).

Em conclusão, dever-se-á evitar dois obstáculos básicos, um antigo e outro moderno: aquele antigo falava do ser humano sem falar do sexo, este moderno fala do sexo sem falar do ser humano. Trata-se, pois, de falar do ser humano sexuado (varão e mulher) e do sexo hominizado, do sexo como algo que o ser humano é, e não como algo que ele tem, do sexo como uma realidade essencial e que coloca um face a face do outro.

Conscientizados estes obstáculos, vamos tentar elaborar algumas perspectivas básicas que se destinam a abrir o campo para uma reflexão teológica, que, por sua vez, visa compreender o sentido último do feminino em Deus e antecipado na história de Maria.

Capítulo III
O feminino: uma aproximação analítica

Não pretendemos, nesta parte, sequer resumir os grandes passos da pesquisa interdisciplinar acerca do feminino[1]. Dada a mole imensa de informações a ser sistematizada, toda súmula teria de ser, inevitavelmente, superficial. Não obstante esta dificuldade objetiva, não podemos nos furtar à formulação de algumas proposições fundamentais que sustentam uma compreensão do feminino menos flutuante e menos exposta à utilização ideológica, secundando os preconceitos ainda vigentes. Mais do que em outros campos, nosso conhecimento acerca da diferença sexual feminina possui um nítido caráter aproximativo e hipotético.

Em linhas gerais, desenham-se três grandes correntes na pesquisa sobre o fato feminino:

A primeira sustenta que as diferenças sexuais, de personalidade, de estatuto, de funções e poderes são determinações culturais. Segundo esta posição, no nascimento vigora

---

1. A bibliografia é imensa. Renunciamos a dar os textos principais, apenas referiremos as resenhas bibliográficas: BELLENZIER, M.T. "Panorama bibliográfico sulla 'questione feminile'". *Rassegna di Teologia* 16 (1975), p. 552-565; 17 (1976), p. 81-91; todo o número 106 (1972) de *Lumière et Vie:* Masculin et Féminin. • O'NEILL, M.A. "Toward a renewed Anthropology". *Theological Studies* 36 (1975), p. 725-736; um dos mais lúcidos ensaios até hoje publicados é de METZKE, E. "Anthropologie des sexes". *Lumière et Vie,* n. 43 (1959), p. 27-52. • VV.AA. (org. por Evelyne Sullerot). *Le Fait Féminin.* Paris: Fayard, 1978, que é a obra mais completa existente e que servirá como obra de referência por algum tempo.

uma neutralidade psicossexual. Por isso, a fisiologia e a psicologia são insuficientes para dar razão à divisão política e econômica entre os sexos (Mead, Brown, Williams, Sanday, Beauvoir). A sexualidade constitui um dado de tal maneira plasmável que mediante a socialização pode ser moldado em qualquer direção. Nega-se que existam traços masculinos e femininos definidos; varões e mulheres podem ser plasmados igualmente em seres agressivos, dependentes, passivos etc.

A segunda corrente afirma que o varão e a mulher possuem seu equipamento sexual próprio à base de fatores biológicos dando origem a comportamentos distintos com características psicológicas próprias. Concede-se importância à aprendizagem e à socialização, mas são realidades já moldadas por matrizes prévias. As principais diferenciações seja entre os humanos seja entre os mamíferos superiores se articulam sobre fatos biológicos da diferença de sexo e idade.

A terceira posição intenta acolher a verdade de cada uma das posições anteriores e dialetizá-la. O homem não é apenas a espécie mais alta do gênero dos mamíferos. É um ser essencialmente cultural e forjador de história. Por isso, há que dar-se conta da profunda e complexa interação dos fatores biológicos e socioculturais. Trata-se de ver como se elaboram socialmente os dados biológicos, ao invés de mantê-los como causa paralela. Certamente, as relações causais entre socialização e biologia não são evidentes nem claras, mas deve-se procurar superar uma dicotomização arbitrária. Destarte pode-se superar o duplo determinismo, seja por parte da biologia seja por parte da cultura. As diferenças sexuais são por um lado inatas e por outro são, simultaneamente, adquiridas. Mas importa dialetizar semelhante afirmação, para não decair numa mera posição irênica. O comportamento sexual se forma e desenvolve na medida em que um organismo, dotado de tais e tais características genéticas, entra em interação com um meio também dotado de tais e tais estímulos específicos. Alguns comportamentos se instauram porque existe uma sintonia entre equipamento genético e ativações do meio, outros são mais difíceis devido à pouca complementaridade e, por fim, outros se mostram totalmente impossíveis de ocorrerem.

Nossa posição se filia a esta terceira. Nossa hipótese que iremos sustentar sempre ao longo de nossas reflexões insistirá em que as diferenças entre os sexos são mais quantitativas do que qualitativas. Afirmaremos a diferença entre os sexos e, ao mesmo tempo, sua fundamental reciprocidade.

1. A diferença varão-mulher

A espécie humana apresenta um dimorfismo básico, o varão e a mulher. Estamos diante de um dado, de certa forma, intransponível, constituindo um enriquecimento inegável do projeto da vida. Qual é o fundamento para a diferença varão-mulher? Em nível biológico[2] os limites se esfumam quando se toma como referência o indivíduo; perfilam-se melhor quando se visa a espécie[3].

Biologicamente existe o *sexo genético* que responde pela estrutura feminina, respectivamente, masculina do núcleo celular de cada célula do organismo humano. Cada núcleo possui 22 pares de cromossomos somáticos e 2 sexuais. De

---
2. BISHOF, N. "De la signification biologique du bisexualisme". *Le Fait Féminin*. Op. cit., p. 34-49.
3. OHNO, S. "La base biologique des differences sexuelles". *Le Fait Féminin*. Op. cit., p. 57-68.

cada par, 1 cromossomo é de origem materna e outro de origem paterna. O equipamento cromossomático da mulher se caracteriza por 22 pares de cromossomos somáticos mais 2 cromossomos X(XX), ao passo que aquele do varão é também de 22 pares mais 1 cromossomo X e outro Y (XY). Como se depreende, o sexo-base é feminino (XX); o masculino (XY) é induzido a partir daquele feminino, fato este que desautoriza o mitológico "princípio de Adão". A "primazia genética do sexo feminino é neutra e não justifica nenhuma derivação de superioridade[4].

Além do sexo genético-celular, existe também o *sexo genital* (gonadal), responsável pelos órgãos genitais próprios ao varão e à mulher, determinando diretamente o tipo de glândula genital (ovário para a mulher e testículo para o varão). A pré-gônada surge por volta do 37º dia da vida embrionária, mas se diferencia mesmo a partir da nona semana. Com referência aos órgãos genitais cada sexo (masculino e feminino) possui o esboço embrionário do outro: o esboço masculino (ou o canal de Wolff) e o esboço feminino (o canal de Müller). A partir desta bipotencialidade embrionária o desenvolvimento se orienta na preferência de um dos sexos – sem anular totalmente o outro, apenas atrofia-o – mediante dois indutores básicos, um de ordem genética e outro de ordem hormonal. Geralmente o sexo genital corresponde

---

4. Este fato da derivação do varão a partir da mulher poderia justificar a ideologização masculinizante, dizendo-se: o varão tem tudo o que a mulher tem e algo mais (mulher = homem + algo mais). Por outro lado pode-se inverter a pretensão e argumentar que o varão é uma excrescência da mulher, segundo a assim chamada "lei da galinha castrada". Se se tira o ovário esquerdo de uma galinha que é o ovário funcional, aquele direito se desenvolve num testículo funcional e a galinha se transforma em galo. O galo não seria, segundo esta compreensão, nada mais do que uma galinha castrada; assim toda a masculinidade se derivaria de uma excrescência coletiva a partir da base feminina. Como se depreende já nos encontramos no inferno dos significantes ideologizados.

àquele genético. Mas se verificam também inversões, embora devamos admitir que a distribuição bimodal dos sexos predomina na esmagadora maioria dos indivíduos.

Por fim, existe ainda o *sexo hormonal*. Todas as glândulas genitais, comandadas pela hipófise que é sexualmente neutra e pelo hipotálamo (estrutura nervosa, vizinha à hipófise) que é sexuado, secretam simultaneamente hormônios masculinos (androgênio) e feminino (estrogênio), mas em proporções diferentes, dando origem às características secundárias da sexualidade. Conforme a impregnação de hormônios masculinos ou femininos nas estrutras nervosas (do hipotálamo), estas farão funcionar a hipófise sobre o modo masculino (estável) ou sobre o modo feminino (cíclico), determinando também um comportamento masculino ou feminino. O próprio cérebro é configurado diferentemente no varão e na mulher[5]. Verifica-se um dimorfismo no nível do funcionamento fisiológico e do comportamento correspondendo a modalidades estruturais precisas no sistema nervoso central, diferente em cada sexo.

Quando se fala destas determinações sexuais biológicas próprias do varão ou da mulher, pensa-se em determinações mais da espécie do que dos indivíduos.

Ainda neste nível biológico cumpre não olvidar que a sexualidade humana possui um enraizamento dentro do quadro mais vasto da sexualidade dos seres vivos superiores. Ela é anterior ao ser humano e se continua para dentro dele. Manifesta-se como instinto, desejo profundo, pulsão para o orgiástico e dionisíaco, cujo controle pela regra social é sempre difícil fazendo com que a "lei do dia" seja con-

---

[5]. RAISMAN, G. "La difference de structure entre les cerveaux mâle et femme chez le rat". *Le Fait Féminin*. Op. cit., p. 93-96; cf. o comentário de THIBAULT, O. Op. cit., p. 97-98.

tinuamente quebrada pela "lei da noite" (Hegel). Mas não existe somente continuidade; vigora também ruptura com a sexualidade vital. Há no ser humano uma instância capaz de se impor aos determinismos vitais. Pertence ao humano enquanto humano posicionar-se (mediante a natureza) contra a natureza; é possível impor um ritmo ao impulso vital e ordená-lo dentro de um projeto de liberdade. O eu precisa apropriar-se daquilo que lhe pertence, porquanto somente desta forma ele se faz autônomo e livre. É nesta luta do eu que pode nascer o amor como entrega e dom livre de uma pessoa a outra. Somente nesta ultrapassagem da natureza em direção ao reino da liberdade o amor pode expandir-se dentro da sexualidade, fazê-la expressão de carinho e linguagem de comunhão.

Apesar da ruptura do *continuum* biológico, abrindo caminho para o especificamente antropológico, devemos reconhecer a inegável importância do biológico na determinação das diferenças comportamentais dos dois sexos[6]. Sabe-se que os hormônios, especificamente andrógenos pré-natais, operam uma diferenciação masculina e feminina de algumas porções do sistema nervoso central. Mulheres que sofreram, por exemplo, uma androgenização fetal parecem resistir a uma socialização (considerada) feminina

---

6. Sobre o tema existe vasta literatura de conteúdo científico: CONNOR, R.L. "Hormonal Influences on Aggressive Behavior". *Aggressive Behavior.* Amsterdam, 1969. • D'ANDRADE, R.G. "Sex differences and Cultural Institutions". *Development of sex differences.* Stanford, 1966. • DIAMOND, M. "A Critical Evaluation of the Ontogeny of Human Sexual Behavior". *Quart. Review Biol.* 40 (1965), p. 147-175. • ERHARDT, A. & BAKER, S. "Fetal Androgens, Human Central Nervous System Differentiation and Behavior Sex Difference". *Sex Differences in Behavior.* Nova York, 1974. • MACCOBY, E.E. "The development of sex Differences". *Human Behavior.* Stanford, 1966. • SANDAY, P.R. "Toward a Theory of the Status of Woman". *American Antropologist* 75 (1973), p. 1.683-1.700. • LARSE, R. "Les fondements évolutionnistes des différences entre les sexes". *Le Fait Féminin.* Paris, 1978, p. 337-358 [com muita bibliografia].

e mostram interesses e níveis de atividade reputados como adequados aos varões. Homens que sofrem de uma insensibilidade congênita aos andrógenos pré-natais assumem características comportamentais nitidamente femininas e se opõem a uma socialização masculina. É próprio do androgênio incentivar a agressão, enquanto o estrogênio a inibe. Os varões, produtores em maior quantidade de androgênio, são, por isso, muito mais predispostos à agressão, possuem uma massa muscular maior, e um coração e pulmões de proporções maiores. A elaboração social desta diferença fez com que, por exemplo, se assinalasse aos varões tarefas mais ligadas ao perigo físico, à conquista territorial, à dominação e ao jogo do poder. Estudos transculturais têm-no mostrado com certa probabilidade. Da mesma forma, a estrutura biológico-hormonal da mulher propendeu-a a tarefas ligadas à produção, conservação e desenvolvimento da vida. Seu investimento parental é muito maior do que aquele do varão. Esta diferença levou, ao nível sociocultural, a outras formas de diferença na competição masculina e feminina. Evidentemente não se trata nunca, convém repeti-lo, de uma dicotomia de comportamentos, mas de diferença de frequência e de intensidade nos comportamentos que podem se encontrar nos dois sexos. Neste aspecto a variável do meio cultural é de se considerar atentamente. Não se pode falar, propriamente, de uma programação genética fixa, própria para cada sexo, mas de matrizes diferentes no varão e na mulher, segundo as quais se opera a síntese com o meio sócio-histórico. Tanto este meio quanto as matrizes agem como cocausas. Pode-se agir sobre cada um dos polos, especialmente aquele do meio. Assim, por exemplo, se um meio sócio-histórico favorece a competitividade aberta, pode-se supor que nela o homem domine em quase todos os campos, reprimindo a mulher. Nossa sociedade, em moldes capitalistas e altamente competitiva, estruturalmente recalca a mulher. Em outras sociedades nas quais se reduz a competitividade e se favorece a cooperação existem as condições de gratificar mais a mulher. Num meio igualitário, os papéis sexuais são igualmente muito mais igualitários e fraternos. Uma divisão social do trabalho menos binária produz também menores diferenças entre os sexos: os varões possuem comportamentos mais femininos e as mulheres mais masculinos. Dados transculturais vêm confirmar este tipo de hipótese baseada na interação entre o biológico e o cultural.

As diferenciações varão-mulher aparecem em todos os níveis em que orientarmos a análise. Os estudos de fenomenologia sexual[7], antropologia cultural, psicologia diferencial[8] e outros levantaram um sem-número de dados. Não é conveniente, nos limites deste trabalho, sequer nomeá-los. Baste-nos a consciência da realidade e de seus problemas. Sempre o ser humano emerge sexuado masculino e femininamente seja em seu corpo que jamais é uma coisa, mas uma situação no mundo diante de outros, seja fenomenologicamente emergindo então o ser-varão e ser-mulher como duas maneiras não exclusivas de ser dentro da realidade, como trabalho, agressão e transformação do meio (varão), como cuidado, coexistência, simpatia para com a realidade (mulher). Todas as diferenças comportam sempre uma constante antropológica e uma elaboração cultural. Jamais

---

7. Cf. a clássica obra de BUYTENDIJK, F.Z.J. *La femme* – Ses modes d'etre, de paraitre, d'exister. [s.l.]: Desclée de Brouwer, 1967.
8. Cf. LEIBL, M. *Psicologia de la mujer*. Buenos Aires: [s.e.], 1955, além da obra conhecida de DEUTSCH, H. *La Psychologie des femmes*. 2 vols. Paris: [s.e.], 1953.

o ser humano sexuado apresenta-se isolado de seu meio sócio-histórico. Sua natureza é histórica; a história lhe é natural. Em consequência disto, todo esforço de dicotomizar a complexa realidade humana, em seus segmentos, só se justifica como imperativo da análise, mas jamais como projeção da verdade antropológica. Esta deverá continuamente mostrar que a existência humana se articula sob duas formas, aquela feminina e aquela masculina. Tanto o varão quanto a mulher projetam, a seu modo, a existência, têm suas maneiras de tecer suas relações e costurar suas rupturas existenciais e sociais.

2. Reciprocidade varão-mulher

Não basta, porém, reconhecer as diferenças sexuais; importa considerar a outra dimensão do fenômeno humano, talvez mais profundo e verdadeiro do que aquele que acabamos de refletir: a radical reciprocidade que envolucra o varão e a mulher. A sexualidade, propriamente, não é um objeto que cada um possui a seu modo, mas traduz exatamente este face a face do varão e da mulher, na mediação imediata do corpo pelo qual se dá a situação no mundo. Simone de Beauvoir cunhou a expressão que, mantida em sua circularidade dialética, encerra a verdade da reciprocidade sexual: a mulher se torna mulher sob o olhar do varão; mas não só; o varão também se torna varão sob o olhar da mulher. Nesta reciprocidade cada um se descobre a si mesmo pelo outro e se experimenta a si mesmo como um ser sexuado em todos os níveis em que se desdobra e realiza a existência humana. O ser humano não tem sexo, é um ser sexuado; sendo sexuado, sente-se para além dele mesmo, dimensionado para a alteridade, referido ao outro até nos determinismos corporais. Este encontrar-se face a face é um dado irredutível, originário, constituindo uma estrutura antropológica de base e se realiza sempre, seja na forma de encontro ou de recusa, de amor ou de ódio.

O varão e a mulher existem *realmente* só na sua alteridade; querer tomá-los separadamente (por causa das diferenças apontadas acima) é perdê-los em sua compreensão e em sua realidade. "Primeiro é o encontro, e este encontro não é o de duas consciências neutras e desencarnadas; nem o de dois temperamentos; não é nem o de dois corpos nem o de dois espíritos, mas o do varão com a mulher, um encontro humano que se realiza numa história e numa cultura, e que se baseia, por sua vez, a história e a cultura necessária ao seu aparecimento"[9].

Esta ordenação dos sexos um ao outro desautoriza toda e qualquer hierarquia sexual, fundada pretensamente na natureza. A relação que vigora entre ambos não é de autoridade, mas de responsabilidade. Atente-se ao fato de que não temos usado a palavra complementaridade, mas reciprocidade. A complementaridade supõe que cada qual existe em si e para si mesmo, sendo incompleto; somente na relação ambos se complementariam mutuamente. Esta visão não apreendeu ainda a estrutura dialogal da existência humana que não existe fora da relação e o face a face; a realidade interpessoal não é consequência, dado segundo, senão que é o originário permitindo a descoberta do feminino e do masculino. Caso contrário, deveríamos compreender o varão e a mulher como complementos que vêm preencher uma falta; o outro seria um complemento ao meu eu;

---

9. JEANNIÈRE, A. *Antropologia sexual*. São Paulo: [s.e.], 1965, p. 154.

com isso degradar-se-ia a verdadeira alteridade enquanto alteridade. A expressão reciprocidade tem a vantagem de desvelar, desde o início, a mútua abertura de um ao outro. Entretanto, cremos que pela expressão complementaridade se quer, sob uma representação imperfeita, acenar para um problema real: como se realiza, finalmente, o encontro do varão e da mulher? Cremos que podemos representá-lo assim: cada um está aberto ao outro; experimentam-se como estranhos e semelhantes; aceitam-se como pessoas em suas próprias diferenças; vai surgindo uma história que os entrelaça e os faz responsáveis uns pelos outros; nesta história há enfrentamentos; há sins e há nãos, há reticências, há confiança, há recusa, há entrega, construção conjunta do caminho imprevisível da vida humana. Apesar dos encontros, mal-entendidos, diálogos e fechamentos, faz-se a experiência de algo que é sempre anterior, que não é objeto de escolha, que não é a subjetividade de um eu ou de um tu, mas que é algo transpessoal, vale dizer, o modo originário do ser humano que existe sempre como varão e mulher, como um pelo outro, com o outro, contra o outro, no outro e para o outro[10]. No momento filosofante de nossa reflexão tentaremos mostrar melhor como deparamos aqui com um dado ontológico, algo criado e não a criar, envolvendo o varão e a mulher.

3. Formas históricas da reciprocidade varão-mulher

Afirmamos acima que a sexualidade humana possui sempre um componente sociocultural; a reciprocidade como encontro de duas alteridades tem uma essencial dimensão histórica. Ademais deve-se tomar em conta que, do lado biológico, existe no ser humano, à diferença do animal, um

---
10. Cf. METZKE, E. *Anthropologic des sexes*. Op. cit., p. 50.

excedente de energia sexual. Não há periodicidade, mas presença constante do impulso. Esta situação ou gera um pansexualismo ou exige uma orientação do excedente energético para formas transfiguradas não diretamente sexuais. Neste nível surgem formas históricas, instituições e normas que ordenam as relações entre homem e mulher. Disto se origina a grande plasticidade e diferenciações nos vários papéis que o varão e a mulher irão desempenhar. Existe, outrossim, na esfera humana, a possibilidade de separar o prazer sexual de outras dimensões presentes no relacionamento sexual. O sexo pode ser instrumento de dominação. Mais do que em qualquer outro campo da antropologia, entram neste os fatores sociais e ambientais. A relação entre os sexos nunca é natural; é sempre humana, vale dizer, cultural, conflitual, dentro de certa maneira de distribuir os papéis e o poder social. Aqui abre-se a possibilidade e também a realidade histórica da luta dos sexos[11], da mútua dominação (patriarcalismo ou matriarcalismo) bem como da emergência de formas superiores de colaboração e fraternidade.

Coube a C.L. Strauss mostrar, por exemplo, que a mulher aparece ligada fundamentalmente ao primeiro momento da passagem da natureza à cultura[12]. A proibição do incesto consiste, positivamente, em estabelecer, entre os homens, um vínculo sem o qual não poderiam elevar-se acima da organização biológica para atingir a organização social. As mulheres – os bens mais excelentes do grupo social – entram num circuito de circulação total e contínua[13].

---

11. Cf. a obra clássica de BEAUVOIR, S. *Le deuxième sexe*. 2 vols. Paris: [s.e.], 1949.
12. LÉVI-STRAUSS, C. *As estruturas elementares do parentesco*. Petrópolis: Vozes, 1976.
13. Ibid., 520.

Elas são o dom por excelência, mediante o qual se realiza a troca que garante a subsistência do grupo como grupo. A mulher funciona, na regra social, como um sinal, semelhante a linguagem, sinal que realiza a sociabilidade. Embora fosse instrumentalizada e objetivada para fins superiores aos individuais, ela continuava a manter, como pessoa, seu valor; é sinal, mas também um produtor de sinais; há a percepção de que a mulher de certa forma além de objeto é sujeito e que, feita objeto, é diminuída. Daí se entendem os muitos mitos segundo os quais no céu as mulheres não seriam mais trocadas e instrumentalizadas, porque já se vive "a doçura, eternamente negada ao homem social, de um mundo no qual se poderia viver *entre si*"[14].

É inegável, historicamente, que nos últimos milênios o mundo pertenceu ao varão; é difícil determinar as causas que levaram o varão à dominação da natureza e, com ela, da mulher. O pior é que os varões conseguiram interiorizar seu domínio para dentro das mulheres a ponto de elas aceitarem tal situação e quererem agradá-los. Simone de Beauvoir fez a tal acontecimento histórico-cultural a mais radical crítica. A mulher representa um caso particular da dialética senhor-escravo, impedindo que ela se expressasse de forma original[15]. O varão fez dela a encarnação do outro, no qual ele se permite descobrir, confirmar e projetar o seu próprio eu. Todas as formas de antifeminismo antigas e modernas se baseiam nesta dominação do varão sobre a mulher, encontrando expressão em todos os níveis sociais, também aquele religioso e cristão.

---
14. Ibid., 537.
15. Cf. a crítica da posição de S. Beauvoir em JEANNIÈRE, A. *Antropofagia sexual*. Op. cit., p. 94-99.

Para aqueles pesquisadores que admitem a existência do matriarcado, teria havido também por parte da mulher seu momento de dominação sobre os varões. O relacionamento varão-mulher ao nível do processo histórico coloca a questão sobre a possibilidade de se construir formas sociais que não decaiam numa dialética negativa. O que organiza a história? É a infraestrutura? São valores? São os interesses de força? Evidentemente, não se trata de introduzir simplificações impertinentes, mas de discernir qual seja a instância determinante. Neste campo abre-se uma discussão que desborda do caráter científico e penetra no campo da filosofia e, por fim, se transforma num problema teológico. Por que a história se mostra incapaz de se realizar sem sombras e sem a taxa de iniquidade social que constitui um ingrediente sempre presente? Neste quadro insere-se a constatação das formas de dominação histórica de um sexo sobre o outro com um empobrecimento lastimável para ambos.

Coube ao nosso tempo tomar consciência aguda de tais distorções e ensaiar práticas que se orientam na valorização das diferenças do homem e da mulher, acolhê-las, fazê-las dom de um ao outro e talvez inaugurar uma nova era nas relações sexuais, menos conflitivas e mais enriquecedoras.

Capítulo IV
O feminino: uma reflexão filosófica

A filosofia não prolonga apenas as questões científicas; ela possui outra ordem de indagações. Por isso entre a ciência e a filosofia existe uma ruptura epistemológica. A filosofia arranca, como a poesia, da estarrecedora admiração de que algo existe[1]. A existência da filosofia como atitude e como disciplina revela a capacidade do espírito humano de poder alçar-se acima das determinações concretas da realidade, os entes, e perguntar pelo ser simplesmente. A partir do ser contempla os entes como revelações e velações do ser. Assim, na ocorrência masculino/feminino, interroga em que medida o biformismo sexual é concretização do ser, manifestação da suprema realidade. Ao elaborar esta questão, a filosofia conscientiza sua diferença em face da aproximação científica. Ela parte reconhecendo o inestimável valor dos conhecimentos científicos. São eles que nos descodificam as estruturas dos entes (masculino/feminino) e sistematizam tudo o que podemos, analiticamente, conhecer. Prescindindo da ciência nos situamos no vago, navegamos ao sabor das ilusões e corremos o risco de confundir saber (discurso da realidade) com ideologia (discurso do interesse).

---
1. Cf. a famosa sentença de Tomás de Aquino em seu *Comentário à Metafísica de Aristóteles*, 1,3: "O filósofo se parece com o poeta porque ambos se ocupam com o maravilhoso (mirandum)".

1. Pertinência do pensar filosófico

Entretanto, o espírito não se extenua na tarefa científica; ele pode romper com a ordem das perguntas científicas (*como* são construídas as coisas, *como* funcionam, *como* podemos modificá-las) e levantar outras questões (sobre o fato da existência gratuita das coisas, seu por quê). Emerge assim a atitude filosofante. Ela conscientiza o fato de que no conhecido da ciência há sempre um desconhecido, que no dito persiste um não dito e que no sabido existe um ignorado. Em outras palavras: a ciência não transfigura o real, fazendo-o transparente. Como dizíamos em nossa nota metodológica introdutória, nosso conhecimento, especialmente aquele científico, é sempre representativo, modelar e aproximativo. Ele desvela, inegavelmente, dimensões profundas do real (feminino/ masculino), mas também deixa veladas outras dimensões que não cabem dentro do modelo científico de conhecimento. Conhecemos o feminino na medida em que ele responde às perguntas que fazemos sobre ele. Mas nos damos conta de que ele é mais vasto que nossas perguntas. Estas selecionam e encobrem dimensões que, ou não cabem nas perguntas, ou sobre as quais nada ainda se perguntou.

As ciências antropológicas nos falam do varão e da mulher como dois modos diferentes e relacionados de ser homem. Que é o homem? É a pergunta que o espírito faz e que ocupa a filosofia. O espírito não se dá por satisfeito com saber sobre o varão e a mulher; quer saber que é o homem. Como se depreende, esta interrogação transcende o âmbito das ciências analíticas. O homem não constitui o objeto das ciências experimentais. O saber científico não nos responde pelo homem, mas sempre pelas duas concretizações dele que é o varão e a mulher. O homem não existe como o varão e a mulher existem. Ninguém jamais viu um homem andar por aí; o que anda não é o homem, mas um varão ou uma mulher concretos. E contudo dizemos com razão: varão e mulher são dois modos diferentes e relacionados de se realizar o homem; o homem existe *como* varão e mulher. Como é esse *como*? Eis o interesse da filosofia à diferença do interesse da ciência. Responder ao como do "como" é balbuciar a resposta à pergunta: que é o homem?

Que ser é o homem e como devemos pensá-lo se, como dissemos acima, no conhecimento dele sempre permanece algo desconhecido, se na luz que arrancamos de sua realidade continuam as trevas? A partir das reflexões feitas podemos responder: não sabemos. Esta nesciência não é preguiça mental, porquanto já se percorreu toda a trajetória científica; é testemunho de que nosso acesso ao real mediante o instrumentário científico não decifra todo o real; faz um corte no real, elabora-o em conhecimento, deixando em aberto o real não abrangido pelo conhecimento como mistério que sempre fica para além de outras achegas cognitivas. O que sabemos sempre termina num ignoto, possível de ser interrogado, permanentemente em aberto. O varão e a mulher não se esgotam com a ciência que deles temos. Continuam como pergunta e interrogação para o pensamento. Eles mostram uma transcendência viva sobre todos os dados científicos; são sempre mais do que deles podemos dizer e sistematizar; no seu limite, vigora um mistério que sempre se subtrai ao conhecimento humano; há uma escuridão que não se deixa iluminar pelas luzes do saber científico, mas que alimenta continuamente o saber científico. O mistério não significa o resíduo do saber, mas o ilimitado do saber, o permanente desafio ao conhecer. Em outras palavras, "não é o conhecimento que esclarece o mistério, mas é o mistério que esclarece o conhecimento. Nós conhecemos, graças às coisas que jamais conheceremos"[2].

Quando dizemos homem, referimo-nos ao não dito e ao mistério que se mostra no varão e na mulher. Homem é mais do que varão e mulher, tomados separadamente. Homem se concretiza no varão *e* na mulher. É, pois, uma identidade que se dá numa diferença[3].

A filosofia como ontologia é a reflexão que se ocupa com a pergunta levantada pelas ciências, mas que não pode ser, adequadamente, respondida pelas ciências. A ontologia não se ocupa tanto do varão e da mulher, mas especialmente do homem, isto é: aborda diretamente o mistério do varão e da mulher, aquilo que escapa continuamente ao poder do saber e constitui o não dito das ciências antropológicas. Ontologia é, pois, uma reflexão (logos – logia) sobre o homem considerado como ente (onto) enquanto, ao se concretizar em varão e mulher, permanece sempre em aberto como uma interrogação e um mistério.

A reflexão ontológica não dispõe de mais dados que as ciências; nem tem acesso a um saber que se subtrai às ciências. Constitui apenas o esforço do pensamento de manter sempre consciente o mistério do varão e da mulher; esforça-se para impedir as fossilizações científicas sobre o varão e a mulher; tenta recordar ao estudioso que não deve jamais parar no estudo sobre o varão e a mulher, como se já pudesse enquadrá-los dentro das malhas de um esquema

---

2. EVDOKIMOV, P. *La femme et le salut du monde*. Paris: [s.e.], 1958, p. 7.
3. Seguimos aqui, com pequenas variações, as reflexões por nós feitas sob o título: Masculino e feminino: o que é? Fragmentos de uma ontologia. Revista *Vozes* 68 (1974), p. 677-690.

científico; assume a incômoda posição de permanentemente lembrar: o mais importante do varão e da mulher é invisível; não é o dito, mas o não dito; não é o pesquisado, mas aquilo que ainda e sempre falta por pesquisar. A reflexão ontológica levanta a pretensão de pensar até o fim o que conhecemos, pois o importante não é só conhecer; mais importante, parece-nos, é pensar o que conhecemos.

Respondendo à pergunta inicial: como devemos entender o conhecimento científico sobre o varão e a mulher? podemos dizer: o conhecimento científico nos informa acerca dos *modos* concretos como o homem se realiza no mundo, isto é, como varão e mulher. Ele revela o homem, mas não diz quem é o homem de forma definitiva e total. Esta pergunta fica sempre em aberto. Refletir sobre ela é a tarefa que se propõe a filosofia como ontologia.

2. A sexualidade como estrutura ontológica do ser humano

A partir de uma compreensão ontológica confirmada pelo conhecimento científico observamos que a sexualidade não é uma qualidade meramente regional e genital do homem. Por isso, ela não possui apenas uma dimensão biológica. Pervade todas as camadas existenciais do ser humano. Tudo o que o homem faz vem marcado pela sexualidade, porque o faz sempre como um ser sexuado. O sexo não é algo que o homem *tem*, mas simplesmente *é*. Em outros termos: o homem é sempre ou varão ou mulher. Ser varão e ser mulher são dois modos de ser diferentes no mundo[4].

---
4. Cf. DELVALLE, B. "Versão masculina e versão feminina do humano". *Filosofia do homem*. São Paulo, 1975, p. 172: "O ser humano se dá em situação sexuada. Não confundamos o sexual com o sexuado. Enquanto o sexual se exerce durante uma época da vida, o sexuado nos acompanha do berço à tumba. Ou se nasce homem ou se nasce mulher".

Tudo o que o varão empreende, pensa, projeta e exprime, expressa seu ser varão e sua virilidade. De forma igual ocorre com a mulher. Ambos podem fazer o mesmo trabalho mecânico e articular os mesmos movimentos: contudo fá-los-ão de modo diferente porque cada um é diferente do outro. Embora diferentes, relacionam-se numa profunda reciprocidade e complementaridade: o varão é para a mulher e a mulher é para o varão[5].

Que significa isso? Significa que cada um, tomado em si, é incompleto e que para ser completo precisa ser completado pelo outro? Seria como a fechadura que para ser fechadura completa precisa da chave? E a chave para ser completa precisa de uma fechadura, porque chave sem fechadura para fechar não tem sentido. O modo comum de falarmos sobre varão e mulher parece sugerir-nos semelhante compreensão. Mas o modo de ser do homem é como o modo de ser das coisas? Como homem-espírito, possui um modo de ser próprio, impossível de ser reduzido a outros modos de ser, como o da fechadura-chave.

A essa diferença está atenta a reflexão ontológica. Talvez ela nos impeça de cairmos em representações ilusórias, que, no fundo, falseiam a adequada compreensão da realidade varão-mulher e de seu recíproco relacionamento. Como nos devemos representar a reciprocidade varão-mulher? Um diante do outro, cada um incompleto e juntos completos? É como o um diante do dois, como se fossem realidades separadas, mas que se abrem profundamente uma

---

5. Cf. o clássico livro de BUYTENDIJK, F.J.J. *La femme* – Ses modes d'etre, de paraítre, d'exister. [s.l.]: Desclée de Brouwer, 1967. Este autor caracteriza o varão mais pelo trabalho (travail) a mulher mais pelo cuidado (souci); trabalho e cuidado são relações do ser humano para com o mundo e conferem perfeição à existência.

à outra? Ou será que não estão um dentro do outro, de tal forma que o varão tem dentro de si mesmo a mulher e a mulher tem dentro de si mesma o varão? Se assim for, modifica-se muitíssimo o relacionamento varão-mulher. Ele não se estabelece primeiramente de fora para dentro, mas de dentro para fora. A mulher dialoga, acolhe, relaciona-se com o varão dentro dela e a partir daí com o varão concreto e histórico que encontra diante de si. Da mesma forma, passar-se-ia com o varão.

Em consequência desta compreensão deveríamos então afirmar: cada um é varão e mulher simultaneamente. Isto significa que todos são hermafroditas? Não significa que todos são hermafroditas porque cada um não é da mesma forma varão e mulher simultaneamente. O varão possui a mulher dentro de si, mas é varão e não mulher; a mulher possui o varão dentro de si, mas é mulher e não varão. Isto significa que ser varão e ser mulher não são simplesmente realidades objetiváveis, circunscritas física-fisiológica-psiquicamente. O varão não esgota em sua concreção a virilidade. Esta se encontra também na mulher. A mulher não exaure em sua realidade concreta a feminilidade. Esta se realiza também no varão. Mas ambos se manifestam de forma diferente: no varão predomina a virilidade, por isso é varão; na mulher prevalece a feminilidade, por isso é mulher. Por causa disto, ao invés de falarmos que são mutuamente incompletos, preferimos dizer que são relativamente completos. Cada um possui tudo, mas não da mesma forma e na mesma proporção. Por isso, ninguém se basta a si mesmo e pode encaramujar-se sobre sua própria concreção. Porque é relativamente completo, está dimensionado à relação, à reciprocidade e à complementação com o outro.

Que é então ser varão? Que é ser mulher? Talvez a introdução de uma outra categoria, já acenada em nossa reflexão, nos ajude a compreender melhor o problema: masculinidade e feminilidade. Masculino não é sinônimo de varão, porque pode haver masculinidade de fora do varão, isto é, na mulher. Feminino não é o mesmo que mulher, porque pode existir feminilidade no varão. Esta observação nos parece de extrema importância, pois dela resultam consequências graves para o relacionamento varão-mulher. A identificação masculino-varão e feminino-mulher acarretou discriminações sem conta e uma compreensão das relações e da complementaridade varão-mulher num sentido exterior, objetivante e quase coisístico.

Para esclarecermos o que é ser varão e ser mulher, devemos previamente aprofundar o que seja masculinidade e feminilidade. Como a masculinidade e a feminilidade não são entidades em si mesmas, mas dimensões do ser-homem ou traços da personalidade, devemos considerar antes de tudo a estrutura fundamental do ser-homem ou da personalidade.

3. A estrutura fundamental do humano

O humano articulado em varão e mulher revela-se dentro de uma estrutura profundamente dialética. O ser humano como se nos dá a conhecer é, por um lado, aquilo que as ciências antropológicas no-lo descrevem, por outro, é também aquilo que não vem ainda descrito nem foi pesquisado e que está como possibilidade. É ser e poder ser. É o conhecido e o desconhecido. É o decifrado e o misterioso. O ser humano é o claro, o estudado, o pensamento, a palavra, a ordem, o sistema. Mas não só. É também e simultaneamente o silêncio que contém a palavra, o escuro do qual brota a luz, o caos donde tudo pode emergir, o mistério que sempre pode ser esquadrinhado, sem contudo perder seu caráter de mistério. A unidade dialética e difícil destas dimensões todas constitui o homem, no modo de varão e mulher.

O ser humano é uma identidade que se realiza em múltiplas diferenças. Ele é essencialmente polar e múltiplo. É ele *e* sua circunstância psicológica, sociológica, histórica, religiosa, cultural, interior, exterior etc. Experimentar o humano, em qualquer nível, é experimentar a pluralidade sustentada por uma identidade fundamental, porquanto todas as circunstâncias podem ser relacionadas com o ser humano e ele não se perde nelas, mas conserva sua identidade.

O ser humano nunca se encontra diretamente consigo mesmo numa identidade perfeita, mas sempre numa diferença. Ele se encontra com a imagem e a ideia que se faz de si mesmo; encontra-se com o trabalho e a obra que produz. A identidade sempre se retrai, mas se revela em tudo o que vem dela. A pessoa então sempre con-vive com sua circunstância, con-pensa com suas representações, con-age com suas obras. Vive permanentemente numa comunidade, a comunidade da identidade com as diferenças.

A comunidade, numa primeira instância, não é algo que se constrói, mas algo que se des-cobre. Num segundo momento ela pode ser construída, enquanto o ser humano em sua identidade aceita con-viver com as diferenças e não as recalca.

O ser humano apresenta-se, pois, essencialmente como comunhão e comunidade. A comunidade é o convívio da identidade com as diferenças. Quanto mais alguém for capaz de acolher e de con-viver com o diferente dele e com o outro, tanto mais é comunitário e solidário.

A estrutura fundamental do humano consiste no *e*. Ser ele *e* mais o diferente dele com o qual comunga. Homem como varão *e* mulher, homem *e* mundo, homem-eu *e* o não eu dentro de mim; homem-eu *e* tu; homem *e* sociedade, homem *e* Deus etc.

No diálogo com aquilo que não é ele, o ser humano se constrói e se enriquece a si mesmo. A capacidade de aceitar, suportar e comungar a diferença constitui o vigor da personalidade humana ou da identidade pessoal. Essa tarefa obriga o homem a estar constantemente aberto para o diferente e o novo, a desinstalar-se e a arriscar-se. Por isso, sua estrutura fundamental é dialética, cheia de tensões e permanentemente ameaçada de vulnerar-se a si mesma enquanto pode cerrar-se sobre seu mundo domesticado e rejeitar a diferença. Sua síntese nunca é uma síntese completa; ser homem é ser um mundo sempre por fazer-se, porque por mais que construa, saiba e projete nunca chega a exaurir a profundidade misteriosa de si mesmo. O homem é sempre "esse conhecido desconhecido".

4. Masculino e feminino como dimensões diferentes do humano

À luz das reflexões acima vertebradas, podemos tentar compreender melhor o que seja o masculino e o feminino no homem. Eles são manifestações dessa dialética existencial. O feminino que existe como dimensão *em cada homem-varão* e *em cada homem-mulher* exprime um polo de obscuridade, de mistério, de profundidade, de noite, de morte, de interioridade, de terra, de sentimento, de receptividade, de poder gerador, de vitalidade do humano.

O masculino no homem-varão e mulher exprime o outro polo do humano que é de luz, de sol, de tempo, de impulso, de poder suscitador, de ordem, de exterioridade, de objetividade e de razão. Pertence à dimensão masculina do homem-varão e mulher o movimento para a transformação, para a agressividade, para a transcendência, a clareza que distingue e separa, a capacidade de ordenar e de projetar para o futuro. Pertence ao traço feminino do homem-varão e mulher o repouso, a imobilidade, a obscuridade que desafia a curiosidade e a pesquisa, a imanência e a saudade do passado.

O feminino constitui a fonte originante da vida; o masculino, a vida já emergida e evoluída; no feminino reside o poder de plenitude vital, no masculino, o poder de organização e dominação; no feminino, o repouso e a conservação; no masculino, a conquista e a aquisição; no feminino, o combate defensivo; no masculino, o combate ofensivo.

Observe-se atentamente: não se diz que o varão realiza tudo o que significa o masculino e a mulher tudo o que expressa o feminino. Essa identificação do masculino com o varão e do feminino com a mulher, mesmo na literatura técnica em psicologia, antropologia e em geral nas ciências humanas, tolheu a possibilidade para uma formulação teórica clara do problema e levou a graves consequências sociais. A usurpação da dimensão masculina pelo varão fez com que ele se julgasse o único detentor da racionalidade, do mando e da presença na sociedade, relegando para a privacidade e para tarefas de dependência a mulher, não raro, considerada apenas como apêndice, objeto de adorno e de satisfação. A superação deste obstáculo cultural, às vezes sustentado até teologicamente, como se observa nas atuais discussões intraeclesiásticas sobre os novos ministérios das mulheres, é a primeira condição para um relacionamento mais humano e adequado entre varão e mulher.

Tarefa de cada pessoa humana, no horizonte de sua condição biológica própria e sexuada, é integrar a masculinidade e a feminilidade dentro de seu projeto de ser. O processo de individualização se instaura no diálogo entre o opaco, o obscuro, o passional, as sombras, a vida profunda e o misterioso com o claro, o racional, o objetivo, o organizatório, com o princípio de ordem da vida humana. Cada um é tudo isso formando o mundo dramático da interioridade humana. Cada um é chamado a realizar sua humanidade masculina e feminina do melhor modo possível.

Podem dar-se exacerbações em ambos os polos. Alguém pode tematizar desproporcionalmente o masculino de sua personalidade. Torna-se racionalista, frio, objetivista; é luz, mas sem calor. Como pode também exacerbadamente desenvolver a feminilidade a ponto de exasperar o irracional, o passional e o caótico; é calor, mas sem luz. Só na combinação de ambos aparece a vida em sua harmonia. Não porque se dissolveram as tensões, senão porque se conseguiu uma síntese cheia de tensões que se sustenta, renova-se e se aprofunda cada vez mais. Em toda caminhada de personalização entra o diálogo destas duas dimensões. Caso contrário, resulta um homem afeminado ou uma mulher masculinizada, machismo ou feminismo, violência ou excessiva fragilidade.

Masculino e feminino não são apenas propriedades biológicas, características fisiológicas dos sexos (elas também, culturalmente, serão identificadas assim), mas traços profundos e dimensões ontológicas de cada pessoa humana.

Como já relevamos na parte analítica, se verificaram na história manifestações culturais das mais diferentes do masculino e feminino, como foi mostrado magistralmente por M. Mead[6].

Os estudos de antropologia a partir da psicologia das profundezas, especialmente realizados por Erich Neumann[7], têm mostrado mediante a análise minuciosa dos grandes mitos o caráter ambivalente da dimensão masculino-feminino. O feminino encarnado na mulher pode ser para o homem mãe e amante, irmã e filha, escrava e rainha, santa e diabólica, anjo e bruxa, donzela e vidente, companheira e inimiga; pode ser símbolo diurno e noturno, de realidade e de sonho, de céu e de terra. Bem dizia Simone de Beauvoir: "o homem busca na mulher a natureza, com suas forças fecundas e seus elementos tenebrosos e destrutivos". O feminino para o varão pode resultar num influxo de forças positivas e benignas que lhe abrirá o caminho para horizontes insuspeitados ou então um influxo de forças negativas e sinistras que o converterão em escravo.

As mitologias que conservam a sabedoria das realidades profundas do humano referem sempre esta dualidade seja do masculino seja do feminino. A face positiva da *Mag-*

---

6. MEAD, M. *Macho e fêmea*. Petrópolis: Vozes, 1973. • MEAD, M. *Sexo e temperamento em três sociedades primitivas*. São Paulo: [s.e.], 1969; cf. o clássico BACHOFEN, J.J. *Das Mutterrecht*. Vol. 3. Basel: [s.e.], 1948.
7. NEUMANN, E. *Die grosse Mutter* – Der Archetyp des grossen Weiblichen. Zurique: [s.e.], 1965. • NEUMANN, E.. *Ursprungsgeschichte des Bewusstseins*. Munique: [s.e.], 1968. • NEUMANN, E. *Ein Beitrag zur seelischen Entwicklung des Weiblichen* • Ein Kommentar zum Apuleius Amor und Psyche. Zurique: [s.e.], 1952.

na Mater é representada por Ísis, Demeter, Maria. A face negativa por Gorgo, Hécate e Kali. O feminino que dá, eleva, transforma, introduz à visão do insuspeitado e inicia no mistério é representado por Vênus-Urânia, Sofia e Maria. O feminino que seduz, prende, cega, enlouquece vem corporificado pela Vênus-Ctônica, Circe, Astarte, Lilith.

A conscientização por parte das mulheres levada a efeito nos últimos decênios acerca de sua situação de dependência, numa civilização eminentemente patriarcal, e as transformações sociais no relacionamento entre os sexos deixam entrever os albores de uma virada no eixo cultural da humanidade. Esboça-se a emergência de um novo tipo de manifestação do feminino e do masculino no qual varão e mulher se compreenderão no horizonte de uma profunda igualdade pessoal, de origem e de destino, de tarefa e compromisso na construção de uma sociedade mais fraterna e menos dominadora, mais democrática e menos discriminadora.

5. O mito como linguagem do masculino e feminino

Talvez pareça estranho que num fragmento de ensaio ontológico sobre o masculino e feminino renunciemos à linguagem abstrata e dissecada da ontologia para recorrermos ao mito. Com efeito, as últimas reflexões insinuaram um horizonte onde se situa o masculino e feminino, para além das determinações biológicas, que somente a linguagem figurada e representativa do mito pode adequadamente traduzir. Paul Ricoeur notava: "A sexualidade em seu fundo permanece talvez impermeável à reflexão e inacessível ao domínio humano; talvez seja esta opacidade que faz [...] com que ela não possa ser reabsorvida nem em uma ética, nem em uma técnica, porém, somente representada simbolicamente, graças ao que de mítico resta em nós"[8].

O mítico em nós não é uma categoria do passado histórico do homem; é uma categoria de seu presente psíquico. A humanidade primitiva, a era matriarcal ou patriarcal não são apenas grandezas arqueológicas do tempo histórico, mas são realidades psíquicas de nossa arqueologia interior ainda vivas e atuantes hoje em dia, como no-lo atestam os psicanalistas. A realização pessoal e a saúde humana dependem muitíssimo do modo como nos relacionamos com estas realidades e como o consciente reage face aos conteúdos de seu inconsciente, seja acolhendo-os e integrando-os seja inimizando-se com eles e recalcando-os.

O universo masculino e feminino radicado nas profundezas da personalidade humana não é acessível à simplicidade da razão discursiva, mas à exegese sábia dos velhos mitos. Em sua linguagem figurativa e representativa exprimem melhor a riqueza do mistério humano concretizado em varão e mulher do que o discurso conceptual que sempre procede por definições, limitações e cortes epistemológicos da realidade.

Assim a unidade polar do masculino-feminino em cada homem-varão ou homem-mulher vem representada em quase todas as antigas mitologias e cosmogonias religiosas. O pensamento chinês representava o feminino e o masculino como um círculo composto de duas partes iguais de luz e de sombra (Yang-Yin) ; as civilizações babilônica e egípcia pelo caráter hermafrodita de toda a realidade, originada de

---
8. "A maravilha, o descaminho e o enigma". *Paz e Terra*, n. 5, 36; cf. tb. GUILLUY, P. "Filosofia de la sexualidad". *Estúdios de sexologia*. Barcelona, 1968, p. 107-134. • LERSCH, P. *Vom Wesen der Geschlechter*. Munique: [s.e.], 1947.

um mesmo princípio simultaneamente masculino e feminino, Ischtar. O caos, a terra e a noite são referidos ao princípio feminino; a ordem, o dia e o ar aproximados ao princípio masculino. Platão no Simpósio narra o mito do surgimento do varão e da mulher. Nas origens Zeus criara seres andróginos, com dois rostos, quatro orelhas, quatro mãos, dois sexos. Como, com sua força, quisessem se medir com os deuses, Zeus os cortou em dois, "como se divide uma fruta ou um ovo com uma crina de cavalo". Separados, o masculino e o feminino buscam insaciavelmente reencontrar a unidade primitiva através do Eros e assim vencer a mútua incomplementaridade. Há um midrash hebreu que diz: originalmente o varão e a mulher tinham um só corpo, mas dois rostos. Deus os separou, dando a cada um as costas, mas eles buscam, por uma força inata, ser novamente uma só carne. O Gn 1,27 representa a humanidade una e única como varão e mulher. A ideia da unidade plural e polar de cada homem como masculino e feminino é tão velha como a própria hominização. Os estudos da psicologia dos complexos de C.G. Jung e de sua escola vêm confirmar a verdade dos antigos mitos.

A verdade representada pitorescamente nestes mitos é a mesma surpreendida pela ontologia: o homem é sempre masculino *e* feminino; ele não é simples como os deuses; nele há uma unidade plural e uma identidade que se realiza continuamente em diferenças, num contínuo processo que vai da identidade para a diferença e da diferença para a identidade. O masculino e feminino em cada varão e mulher dão conta desta unidade dual do ser humano.

Que é, em sua última radicalidade, o feminino e o masculino? Não sabemos. É um mistério desafiador. O que sabemos é aquilo que se mostrou concretizado culturalmente na história da hominização, que sobrevive atuante no imenso receptáculo das experiências bem ou malsucedidas da humanidade, isto é: no inconsciente pessoal e coletivo e aquilo que hoje se revela em nossa sociedade. Estas formas existentes não esgotam, assim podemos crer, as possibilidades e virtualidades do masculino e feminino. A história não é nunca repetitiva e repristinadora, mas criadora e efetivadora do ainda-não-experimentado. O masculino e o feminino se abrem assim para a dimensão obscura do futuro, cujas corporificações podemos, quem sabe, entrever, mas que escapam à nossa manipulação. Precisamos, contudo, preparar seu advento e assim sempre antecipá-lo.

Nesta expectação não podemos ser utopistas, alimentando visões de uma total e plena reconciliação dos sexos[9]. Vigora, historicamente, tensão entre eles; houve guerra de sexos que deixaram cicatrizes na história de ambos. Já neste nível se levanta a angustiante questão: Por que o feminino e o masculino se apresentam sempre em realizações decadentes? É verdade que o ser humano é, intrinsecamente, *faillible*, como o mostrou, em finas análises, Paul Ricoeur[10]. Há nele uma fragilidade congênita que, se não causa, pelo menos torna compreensível a queda. A última explicação da perversão escapa ao horizonte da filosofia; possivelmente cabe a uma teologia, pois sua tarefa é colocar o problema do sentido de todos os sentidos, plantear

---

9. Cf. a frase utópico-profética dos saint-simonistas (1760-1825): "Creio numa próxima regeneração do gênero humano pela igualdade do varão e da mulher. Creio que uma mulher chegará e fará esta regeneração": citação de THIBERT, M. *Le féminisme dans le socialisme français de 1830-1850*. Paris, 1926, p. 53; cf. LION, A. "Hommes et femmes en utopie". *Lumière et Vie*, n. 106 (1972), p. 33-45.
10. *Finite et Culpabilité* I. L'homme faillible. Aubier,1960, p. 97-148.

e buscar uma resposta mais adequada a esta interrogação metafísica.

De todas as formas, a reflexão filosófica se dá conta de que o masculino e feminino, pela intrínseca reciprocidade que os comanda, encontram-se envolvidos por uma realidade misteriosa que os transcende[11] e abre a possibilidade do face a face e da comunhão recíproca. Que realidade é esta? Esta interrogação alimentou ontem, alimenta hoje e alimentará sempre o pensar filosófico. O masculino e o feminino representam uma versão antropológica da questão fundamental de toda ontologia: por que existe a unidade e a pluralidade? Por que o ser se diferencia internamente? Por que ao lado do ser existem os entes? Por que o humano se dá como varão e como mulher?

Aqui silencia o *logos* em sua discursividade; irrompe o puro contemplar a realidade assim como é, sem precisar responder por que assim é, pois já não se pergunta mais.

6. Conclusão: Seis proposições básicas sobre o feminino

Após esta incursão analítica e filosófica pelo vasto continente que é o feminino convém reter alguns conceitos básicos com os quais se articula a correta gramática do discurso sobre o ser humano enquanto feminino. Deve-se reter:

– a *diferença* dos sexos: Um não é o outro; o ser humano não é simples; ele se concretiza e se deixa apreender sempre na diferença de varão e mulher.

– a *inclusividade*: Embora diferentes, masculino e feminino se interpenetram. Cada ser humano é simultanea-

---

11. O *Tao Te King* expressava assim este mistério: "O Espírito do Vazio nunca morre; nele reside a mulher escura e à porta da mulher escura encontra-se a raiz do universo" (VI, Editora de Brasília, [s.d.]., p. 40).

mente masculino e feminino em densidades e proporções próprias a cada um.

– a *reciprocidade*: Pelo fato de se incluírem mutuamente, varão e mulher não se encontram um ao lado do outro, mas um em face do outro, num *vis-à-vis* existencial recobrindo todas as manifestações da vida. Um se descobre no outro; é à luz da mulher que o varão se encontra como varão; e é à luz do varão que a mulher se percebe mulher. A reciprocidade constitui a experiência de base do ser humano enquanto varão e mulher.

– a *historicidade*: o face a face de um para com o outro se realiza historicamente dentro de formas as mais diversas. Não existe uma mecanização preestabelecida das formas do relacionamento; estas se constroem, destroem, refazem e se inventam dentro dos distintos condicionamentos históricos. Vigora uma dialética difícil entre varão e mulher; não raro se manifesta como dialética negativa em termos de luta dos sexos com a subjugação de um pelo outro; neste campo jogam fatores de ordem anatômica, psicológica, econômica, social, cultural; noutras vezes a dialética apresenta relações mais equilibradas e simétricas propiciando formas de convivência que permite uma humanização mais fecunda de cada um dos sexos.

– a *originalidade histórica*: Pelo fato de serem diferentes, inclusivos e recíprocos cada um dos sexos pode, à base das realizações históricas, ser descrito em suas grandes expressões, à condição de não se conferir caráter de exclusividade às expressões, pois todas elas pertencem à natureza humana que é masculina e feminina. Assim, por exemplo, se diz que tudo o que concerne à dimensão de vida, de profundidade, de interioridade, de misteriosidade, de religiosidade, de ternura etc., vai por conta do feminino que existe no varão e na mulher, encontrando, entretanto, expressão mais precisa na mulher.

– a *unidade na diferença*: O que percebemos e pode ser objeto de análise é sempre a diferença varão-mulher. Entretanto, esta diferença remete a uma unidade de fundo que é o ser humano. Este ser humano, contudo, jamais se deixa captar diretamente; sobre ele não existe um conceito simples e direto. Captamo-lo obliquamente mediante as diferenças. Destarte o ser humano emerge como uma profundidade misteriosa e desafiadora como uma unidade plural e uma pluralidade una. A percepção desta realidade complexa permite entrever o limite do discurso da razão e abre espaço para o discurso do *pathos* que se articula pelos símbolos e pelos mitos. Estes são outros acessos legítimos à realidade do ser humano masculino e feminino.

Capítulo V
O feminino: uma meditação teológica

Após a aproximação analítica e a reflexão filosófica nos capacitamos articular uma meditação teológica. Na verdade é somente nesta altura do trabalho que ela pode, a justo título, reivindicar audiência.

1. A pertinência da meditação teológica

Pertence à teologia radicalizar até à exaustão as questões. Sua pretensão é pensar o Sentido dos sentidos, vale dizer, a última e incondicional Realidade. A teologia, como a palavra o sugere, reflexiona a partir de Deus. Interroga o feminino sob duas modalidades: até que ponto o feminino constitui um caminho do homem para Deus e até que ponto o feminino se apresenta como um caminho de Deus para o homem. Em outros termos: até que ponto o feminino revela Deus e até que ponto Deus se revela no feminino.

Em primeiro lugar, pode-se abordar esta questão num nível, meramente, filosófico, porque Deus também é objeto de sua reflexão. A filosofia, em sua mais alta expressão, coloca também o problema de Deus como Ente Supremo do qual todos os demais entes dependem (*theologiké epistéme* de Aristóteles). Se o feminino, como vimos, emerge como uma perfeição, então pode-se dizer que ele encontra sua última raiz em Deus que se espelha no feminino. Destarte Deus teria uma dimensão feminina e o feminino possuiria uma profundidade divina. Esta afirmação conserva sua consistência, mesmo que não definamos nada acerca dos conteúdos concretos dela. Nem queremos nos adentrar nesta questão filosófica porque ela, de certa forma, é recuperada dentro do discurso teológico cristão.

Em segundo lugar podemos colocar o problema teológico acerca do feminino assim como ele se instaura a partir da ruptura existencial da fé num Deus encarnado em Jesus Cristo (Filho) e "espiritualizado" na vida dos justos (Espírito Santo). Neste nível a meditação teológica implica um corte epistemológico instaurando um discurso próprio (diferença teológica), diverso daquele das ciências e da filosofia. A pergunta fundamental, própria da teologia, se planteia assim: Como o feminino – assim como nos foi descodificado pela análise científica e refletido pela filosofia – é revelador da Santíssima Trindade, Pai, Filho e Espírito Santo? Como a Trindade Santíssima se revela a si mesma no feminino?

É neste nível de fé (cristã) que se situa nosso discurso teológico que quer ser uma gramática racional da experiência de fé. Pretende-se, portanto, ler o feminino a partir dos princípios teológicos. Estes devem ser elaborados, pois somente assim se garante a teologicidade da leitura teológica. E eles são elaborados a partir das fontes da fé que são as Escrituras cristãs e a Tradição. Precisamos, por conseguinte, nos ocupar com estas fontes, pois são elas que contêm a revelação oficial de Deus. A revelação de Deus atinge o feminino, manifestando o desígnio do Altíssimo sobre ele. Entretanto, esta revelação não é simples nem diáfana. Ela é histórica; usa o veículo sócio-histórico para se comunicar; sofre as influências das representações do tempo. Por isso, cumpre sempre discernir no evento revelador o que é dado histórico passageiro e o que é comunicação permanente de Deus. Embora história e revelação se apresentem sempre amalgamadas, importa manter este discernimento para não atribuirmos a Deus aquilo que é só do homem nem adjudicarmos ao homem aquilo que é unicamente de Deus. Deste esforço de lucidez ninguém está dispensado, nem o magistério, nem os teólogos, nem o crente que queira dar as razões de sua fé e de sua esperança.

Cabe-nos, pois, cumprir três tarefas: ver, rapidamente, o que dizem as Escrituras sobre o feminino e a mulher; em seguida considerar como a Tradição recepcionou a mensagem bíblica; por fim importa ler, realmente, de forma teológica, o texto analítico e filosófico acerca do feminino.

2. O que dizem as Escrituras e a tradição da fé sobre o feminino

Numa constatação primeira e fundamental deve-se dizer que o judeu-cristianismo se apresenta como sendo uma expressão religiosa eminentemente masculinizante: Deus é Pai que tem um Filho eterno, que no tempo nasceu de uma mulher, mas virgem; em sua forma institucional o judeu-cristianismo aparece como uma religião de varões, porquanto, são eles que detêm todos os meios de produção simbólica, organizam e presidem a comunidade cristã. A mulher ocupa um lugar marginal. O masculino em Jesus Cristo alcançou a divinização enquanto o feminino, segundo a doutrina comum, continuou em seu estatuto criacional.

Tal constatação não nos deve causar estranheza. A revelação se processou dentro da era patriarcal onde o feminino desempenha uma função secundária. Como é sempre histórica e obedece à lei da encarnação, a revelação assumiu os condicionamentos socioculturais do predomínio do varão. O Antigo Testamento e o Novo Testamento são livros de varões numa sociedade de varões onde a mulher aparece como ajudante ou no contexto da atividade do varão[1].

A consciência de semelhante amálgama histórica e ideológica nos obriga, hermeneuticamente, a despatriarcalizar as Escrituras[2] e manter permanente vigilância sobre os vasamentos de ideologia masculinizante que poderá ter se filtrado nas expressões religiosas da Bíblia e da Tradição. Entretanto, não devemos também exacerbar tal procedimento. Se é verdade que o feminino constitui uma dimensão estrutural do *humanum*, então ele deverá também ter se revelado como tal, apesar da ideologia, e ter sido consignado nas Escrituras cristãs e nos testemunhos da história da fé. Cabe-nos hoje descontar a inflação do masculino em nossas fontes da fé e relevar as dimensões femininas presentes nelas.

a) *Judaísmo e antifeminismo*

Concernindo ao que as Escrituras[3] dizem do feminino, percebe-se nos textos toda a dialética histórica da luta dos sexos e da marginalização a que foi submetida a mulher. O judaísmo antigo, embora centrado no varão, permitia

---

1. Cf. BIRD, P. "Images of Women in the Old Testament". *Religion and Sexism*. Nova York: [s.e.], 1974, p. 41 [Publicado por Rosemary R. Ruether].
2. Cf. TRIBLE, P. "Depatriarchalizing in Biblical Interpretation". *Journal of American Academy of Religion* 41 (1973), p. 31-34.
3. A bibliografia é imensa; apontamos apenas alguns títulos mais significativos, como aquele na nota 1 e ainda: LEIPOLDT, J. *Die Frau in der antiken Welt und im Urchristentum*. Leipzig: [s.e.], 1954, p. 49-80. • RUSCHE, H. *Femmes de la Bible, témoins de la foi*. Paris: [s.e.], 1964. • AUBERT, J.M. *La mujer –* Antifeminismo y cristianismo. Barcelona: [s.e.], 1976, p. 15-20.

contudo, uma presença significativa da mulher na vida do povo. Os textos falam da importância política de Míriam, Ester, Judite, Débora; realçam o papel das antigas profetisas e das anti-heroínas Dalila e Jezabel; há descrições de comovedor encanto como o encontro e o diálogo do servo de Abraão com Rebeca (Gn 24,15-67); não deixam de marcar profundamente as figuras de Ana, Sara ou Rute e mesmo todo o idílio que cerca o amor entre o homem e a mulher no Cântico dos Cânticos.

Com a sedentarização do povo e a constituição das cidades, o varão foi assumindo mais e mais todos os instrumentos do poder social; emerge um antifeminismo generalizado, especialmente na época pós-exílica. O Eclesiástico que, de um lado, tantas loas tece à mulher diligente (26,1-24), manifesta, por outro, um aberto antifeminismo: "a malícia da mulher é uma malícia consumada" (25,17); a malícia do varão vem da mulher; vale mais a malícia de um homem do que a bondade de uma mulher (42,14); é preferível viver com um leão e com um dragão do que viver com uma mulher perversa (25,23); semelhante juízo é justificado pelo autor porque "foi pela mulher que começou o pecado e é por causa dela que morremos todos" (25,33).

Um quadro antifeminista se nota também no relato já vista da criação de Eva (Gn 2,18-25) e da queda original (Gn 3,1-19: literariamente o relato é tardio, por volta dos séculos X-IX), o que teve como consequência reforçar uma exegese masculinizante através de todos os séculos. A mulher é formada da costela tirada de Adão. Este ao vê-la diz: Eis os ossos de meus ossos e a carne de minha carne; chamar-se-á, pois, varoa (*ishá*) porque foi tirada do varão (*ish*); por isso, o varão deixará pai e mãe para se unir a sua varoa;

e os dois serão dois numa só carne" (2,23-25). O sentido intencionado pelo autor sagrado é mostrar a unidade do varão e da mulher e fundamentar a monogamia[4]. Entretanto, esta doutrina, que em si deveria superar a discriminação da mulher, acabou por secundá-la. A anterioridade de Adão e a formação a partir da costela de Adão foram interpretadas como superioridade masculina pela teologia rabínica posterior. Mais claramente emerge o antifeminismo no relato da queda: "Viu, pois, a mulher que o fruto daquela árvore era bom para comer [...] tomou do fruto e o comeu; deu-o também a seu marido e comeu. Imediatamente se lhes abriram os olhos e se deram conta de que estavam nus" (Gn 3,6-7). O relato mítico quer etiologicamente mostrar como o mal está do lado da humanidade e não do lado de Deus. Mas reflexiona de tal maneira que trai o antifeminismo vigente na cultura de então: a mulher é o sexo fraco, por isso é que ela caiu e seduziu o varão[5]. Esta debilidade primordial da mulher irá ideologicamente justificar seu submetimento histórico: "Estarás sob o poder de teu marido e ele te dominará" (Gn 3,16). Veremos, mais abaixo, como este texto serviu para discriminar profundamente a mulher e atirar-lhe a pecha de grande sedutora.

b) *Jesus e a libertação da mulher*

É neste quadro de antifeminismo que devemos situar a mensagem libertária de Jesus. Em seu tempo a mulher

---

4. Cf. PATAI, R. *L'amour et le couple aux temps bibliques*. Paris: [s.e.], 1967.
5. Num fragmento atribuído a Santo Ireneu (frag. XIV) que é citado no *Anagogicarum Contemplationum* de Anastásio, o Sinaíta (PG 89: 1.013-1.014) se afirma, contrariamente à tradição, que a mulher, no relato da queda, se mostrou muito mais forte, ativa, inteligente e decisiva do que o varão. A serpente atacou o lado mais forte (cf. *Adversus Haereses*: PG 7, 1.235-1.238). Uma análise do fragmento é feita por HIGGINS, J.M. "Anastasius Sinaita and the Superiority of the Woman". *Journal of Biblical Literature* 97 (1978), p. 253-256.

era social e religiosamente discriminada, primeiro, por não ser circuncidada e, por isso, não pertencer propriamente à aliança com Deus, depois pelos rigorosos preceitos de purificação a que estava obrigada devido à sua condição biológica de mulher e, finalmente, porque personificava Eva com toda a carga pejorativa que se lhe agregava. Um rabino chegou a escrever que devemos dar graças a Deus, todos os dias, por três coisas: por não ter nascido gentio, por não ser mulher e por não pertencer aos ignorantes da Lei[6].

Face a este campo ideológico, Jesus pode ser considerado, por suas palavras e práticas, um feminista[7]. Não que tivesse feito uma pregação explícita de libertação da mulher; mas colocou um princípio libertador geral que incidiu sobre a situação de dominação feminina. O Reino de Deus – mensagem central do Jesus histórico – tem como destinatários primeiros os pobres, marginalizados e oprimidos. As mulheres, mais do que outros, se incluem nesta classe de gente. Elas logo o entenderam: contra toda regra do tempo, há um grupo de mulheres que o segue (Lc 8,1-3; 23,49; 24,6-10). A revolução ética de Jesus consistiu, fundamentalmente, em ter superado a ética da norma pela ética da responsabilidade e do amor que se expressa pelo reconhecimento da pessoa, e pela busca de relações fraternas entre todos os homens. Jesus quebra, em função de seu projeto libertador, vários tabus do tempo concernidos à mulher: mantém uma profunda amizade com Marta e

---

6. Cf. OEPKE, Gyné. *TWNT*, p. 776.
7. STAGG, E.F. *Woman in the world of Jesus*. Filadélfia: [s.e.], 1978. • MAERTENS, T. *La promotion de la femme dans la Bible*. Paris: [s.e.], 1966, p. 123s. • KETTER, P. *Christus und die Frauen*. 2 vol. Stuttgart: [s.e.], 1950, e uma infinidade de estudos em quase todas as revistas que têm dedicado reflexões sobre o feminismo, como p. ex.: MERODE, M. "Une théologie primitive de la femme". *Revue Théologique de Louvain* 9 (1978), p. 176-189 [com rica bibliografia].

Maria (Lc 10,38); contra o *ethos* do tempo, conversa publicamente e a sós com a samaritana junto ao poço de Jacó, causando admiração até dos discípulos (Jo 4,27); defende a adúltera contra a explícita legislação vigente, discricionária para a mulher (Jo 7,53–8,10) ; deixa-se tocar e ungir os pés por uma conhecida prostituta, Madalena (Lc 7,36-50); são várias as mulheres que Jesus curou como a sogra de Pedro (Lc 4,38-39), a mãe do jovem de Naim, reanimado por Jesus (Lc 7,11-17), a filhinha morta de Jairo (Mt 9,18-29), a mulher encurvada (Lc 13,10-17), a pagã siro-fenícia e a mulher que sofria há doze anos de fluxo de sangue (Mt 9,20-22).

Em suas parábolas ocorrem muitas mulheres, especialmente as mais pobres (como por exemplo aquela que perdeu a moeda: Lc 15,8-10 e a viúva que enfrenta o juiz: Lc 18,1-8). Em todas elas jamais aparece como discriminada[8], antes pelo contrário, em relações simétricas com os homens. A crítica que faz à prática social do divórcio e a defesa do laço indissolúvel representam intervenções, nitidamente, em defesa da dignidade da mulher.

Em suma, as atitudes e a mensagem de Jesus significaram uma ruptura com a situação imperante e uma grande novidade nos quadros daquele tempo. A mulher emerge como pessoa e filha de Deus, destinatária também da boa-nova e convidada a ser, como o varão, membro da nova comunidade do Reino de Deus. Entretanto, precisamos reconhecer que Jesus apenas introduziu um princípio libertador, testemunhado pessoalmente com práticas consequen-

---

8. Há um ágrafo de Jesus citado por Clemente de Alexandria (Strom. 3,9) que diz: "Eu vim para destruir as obras femininas". O sentido não é discriminatório, pois o significado é: eu vim para destruir o pecado. O pecado era considerado, a partir de Gn 3, como obra que a mulher introduziu no mundo.

tes. As consequências históricas não foram imediatas. As instâncias econômica, política e cultural não haviam sofrido ainda aquelas transformações que permitissem a assimilação da revolução antropológica (ideológica) inaugurada por Jesus. Como é sabido, não existe uma passagem direta do princípio para a sua implementação histórica. Todas as mudanças possuem seu entrelaçamento social e dependem de modificações de dados mais infraestruturais[9]. Até que isso não aconteça, o princípio libertário fica como uma semente, um elemento cheio de vida potencial, animador da crítica e polo de referência para ideais transformadores. Somente nos últimos dois séculos se criou historicamente a viabilidade para a concretização da igualdade da mulher.

c) *Igualdade e submissão: a ambiguidade do Novo Testamento*

O cristianismo posterior não conseguiu manter a ruptura instauradora de Jesus Cristo[10]. É verdade que, inicialmente, na comunidade cristã as mulheres desempenharam atividades de destaque no anúncio e na prática da fé[11]. Muitas são as mulheres que, na linguagem paulina, "se fatigaram no Senhor" (Rm 16,12); conhecemos Priscila, Febe, diaconisa da Igreja de Cencreia (Rm 16,1), Maria, Pérside, Júlia, Trifena e Trifosa, a irmã de Nereu e de Rufo. Os Atos dos Apóstolos falam de Lídia (16,14-15), negociante de púrpuras, rica e ativa na comunidade; de Dâmaris, convertida em Atenas (17,34); das profetisas como as quatro filhas virgens de Filipe (21,9); outras que confeccionavam

---

9. Cf. as boas reflexões nesta linha em AUBERT, J.M. *La mujer*. Op. cit., p. 26-32; 91-94.
10. Cf. HICK, L *Die Stellung des hl. Paulus zur Frau im Rahmen seiner Zeit*. Colônia: [s.e.], 1967. • FIORENZA, E. "O papel da mulher no movimento cristão primitivo". *Concilium*, n. 111 (1976), p. 6-17.
11. GIBSON, E. *Femmes et ministères dans L'Eglise*. Casterman: [s.e.], 1971, p. 40-46. • PARVEY, C.F. The Theology and Leadership of Women in the New Testament. In: *Religion and Sexism*. Op. cit., p. 117-149.

roupas para os pobres (9,36s.). Paulo cita ainda Síntique e Evódia que o assistiam na luta pelo evangelho (Fl 4,2).

Apesar desta inovação (facilitada pelo fato de que a discriminação da mulher no Império era consideravelmente menor do que no judaísmo), os textos neotestamentários retificam a imagem da mulher da cultura ambiental. Pedro, por exemplo, apesar da compreensão e da ternura que pede para as mulheres, aceita a ideologia vigente de que "são o sexo mais fraco" (1Pd 3,7); ou então se retém a submissão da mulher ao homem (1Pd 3,1; Tt 2,5; 1Cor 14,34; Ef 5,22-24; Cl 3,18). Na 1Tm 2,12 o autor diz de forma contundente: "Não permito que a mulher ensine nem se arrogue autoridade sobre o marido, mas permaneça em silêncio, pois o primeiro a ser criado foi Adão, depois Eva, e não foi Adão que se deixou iludir e sim a mulher [...]" Este tipo de argumentação será repetido, à saciedade, em ambientes eclesiásticos até recente data. Textos mitológicos, cujo sentido não era o de justificar a discriminação da mulher, são brandidos para legitimar uma situação de dominação por parte do varão contra a mulher.

Pela influência que desempenhou na história posterior, Paulo ocupa um lugar de destaque[12]. Nele encontramos dois dados em tensão, aquele libertário jesuânico e o outro discricionário cultural. Por um lado assume a novidade introduzida por Jesus acerca da igualdade da mulher, por outro, não consegue fazê-la valer em sua cultura e passa a refletir a submissão da mulher. A mensagem cristã está nele claramente formulada: "não há varão, nem mulher, todos são um em Cristo" (Gl 3,28). Esta igualdade lhe per-

---

12. Cf. nota 10 e ainda: KAELER, E. *Die Stellung der Frau in den paulinischen und deuteropaulinischen Briefen*. Zurique: [s.e.], 1960.

mite conferir à mulher uma paridade com o homem no culto, o que dificilmente se admitia naquele tempo. Em função disto podia dizer: todo varão ora e profetiza, toda mulher ora e profetiza (1Cor 11,4-5). Mas, ao mesmo tempo, "guarda as tradições" (1Cor 11,2), restringe este direito da mulher, atirando-o para o lado da discriminação tradicional. Paulo pede que a mulher na assembleia cubra a cabeça (1Cor 11,4-5), símbolo da submissão (1Cor 11,10). Para justificar esta medida, o apóstolo argumenta de forma (para nós) ideológica: lança mão da teologia rabínica, divulgada especialmente por Filo (filósofo judeu em Alexandria), segundo a qual se demarcavam os degraus da semelhança com Deus. Paulo estabelece os seguintes graus: Deus →Cristo→varão→mulher. Cristo é a cabeça do varão, o varão é a cabeça da mulher (1Cor 11,3). O varão é a imagem e a glória de Deus; a mulher é a glória do varão (1Cor 11,7). E aqui aponta o recurso ideológico, tirado da cultura ambiental: "pois o homem não procede da mulher e sim a mulher do homem; nem o homem foi criado para a mulher, senão a mulher para o homem; deve, pois, a mulher usar o sinal da submissão" (1Cor 11,10). Mas logo em seguida Paulo como que se recorda da igualdade evangélica dos sexos e faz uma afirmação que esvazia a força argumentativa de seu recurso ideoteológico: "Não há mulher sem varão nem varão sem mulher, no Senhor; como é verdade que a mulher procede do homem, é também verdade que o homem procede da mulher e tudo vem de Deus" (1Cor 11,12). Restabelece-se o equilíbrio, mas permanece a ambiguidade entre o elemento cultural e o jesuânico.

Outro texto importante é o de 1Cor 14,34-35 onde manda as mulheres calarem nas assembleias porque não lhes compete falar mas viver sujeitas. A exegese atual pende em favor da teoria de que este texto representa uma interpelação posterior por parte de cristãos vindos do judaísmo. Em outro lugar ponderamos os argumentos[13]. À base de uma exegese consistente não se poderia justificar a discriminação da mulher em nome da revelação paulina.

A mesma tensão entre mensagem cristã de igualdade e cultura ambiental de submissão encontramos no famoso texto de Ef 5,21-33 onde Paulo traça a relação entre homem e mulher dentro do matrimônio[14]. Inicialmente se afirmam relações dissimétricas: "As mulheres casadas sejam submissas aos maridos como o são ao Senhor. Pois o marido é a cabeça da mulher como Cristo é a cabeça da Igreja, seu corpo de quem é o salvador. Ora, assim como a Igreja é submissa a Cristo, assim também o sejam as mulheres submissas em tudo a seus maridos" (5,22-24). O sentido da passagem é realçar o significado religioso-sacramental (simbólico) do matrimônio feito entre cristãos. Paulo o chama de "grande mistério" (5,32), vale dizer, um fato revelador do desígnio de Deus. Este desígnio atingiu sua culminância em Jesus Cristo no qual Deus mostrou o amor que tem para com a humanidade. Este amor divino havia sido na tradição judaica, especialmente profética, simbolizado pelo matrimônio. Paulo liga-se a esta tradição e toma o matrimônio cristão como um fato menor, revelador do fato maior: o amor de Deus para com a humanidade ou a parte crente dela que é a Igreja. Mas para expressar esta

---

13. Cf. BOFF, L. O sacerdócio da mulher e suas possibilidades. In: *Eclesiogênese*. Petrópolis: Vozes, 1977, p. 93-95.
14. BORRESEN, K.E. "Fundamentos antropológicos da relação entre homem e mulher na teologia clássica". *Concilium*, n. 111 (1976) p. 18-29. • Cf. AUBERT, J.M. *La mujer*. Op. cit., p. 99-116: A tipologia conjugal ou a mulher corpo do varão.

verdade faz uso da compreensão cultural do matrimônio judaico, como era compreendido e vivido naquele tempo: as relações entre marido e mulher são como aquelas entre cabeça e corpo. A cabeça comanda sobre o corpo; ela é o chefe; assim o marido é cabeça (chefe) e a mulher (corpo) é sujeita a ele.

Paulo toma *este* matrimônio e o faz tipo da relação entre Cristo e a Igreja. Cristo é a cabeça (o chefe) da Igreja (que é o corpo), assim como o marido é a cabeça da mulher. Atente-se para o sentido da tipologia; não se quer definir as relações entre marido e mulher. Parte-se já de uma definição cultural – aquela da submissão da mulher ao marido –, sem questioná-la, muito menos purificá-la. A intenção é mostrar a relação Cristo-Igreja que ilumina, simbolicamente, a relação marido-mulher. Assim como a relação Cristo-Igreja é por natureza desigual, desigual também é a relação marido-mulher, de fato, *naquele tempo*, e não em si mesma e para sempre. Paulo, portanto, não quer ensinar este tipo de relação que para nós parece discricionária; ele assume um fato existente e o vê como tipo da relação semelhante que existe entre Cristo e a Igreja. Aqui, entre Cristo e a Igreja, as relações são, por natureza, dissimétricas, porque Cristo é Deus e a Igreja humana, Cristo é o Salvador e a Igreja o instrumento-sinal da salvação etc., mas isso não justifica relações também dissimétricas entre o varão e a mulher.

Após refletir sobre a submissão da mulher ao marido, Paulo como que recupera a novidade cristã e passa a admoestar o marido a que "ame a sua mulher e a ame como a si mesmo" (5,33), pois são uma só carne (5,25-33). Apesar das ambiguidades, procura-se restabelecer o equilíbrio.

Mas este compromisso difícil não foi suficiente para impedir que na história posterior os textos de Paulo, que refletem a cultura imperante discricionária, fossem invocados como palavra de revelação e assim legitimassem a dominação do varão sobre a mulher.

d) *O antifeminismo da tradição cristã*

Como a tradição da fé, ao largo dos séculos, recepcionou a mensagem de Jesus e as ambiguidades que encontramos nos textos do Novo Testamento?

De um modo geral, podemos dizer que na tradição[15] nos deparamos com o conflito já articulado em São Paulo: em princípio deve existir igualdade entre os sexos; na realidade continua a subordinação da mulher ao varão. Como ocorreu com a escravidão, assim também aqui: percebe-se uma incapacidade histórica de passar da teoria à prática, Como já o acenamos acima, a história não se faz por atos voluntarísticos; para que revoluções ideológicas cheguem a se historificar, faz-se mister que antes ocorram transformações na instância infraestrutural, econômica, e nos poderes sócio-históricos. "O princípio evangélico da igualdade entre homem e mulher cedeu ante obstáculos de fato que pareciam insuperáveis e sobretudo inevitáveis, acreditando-se que expressavam a ordem natural das coisas querida por Deus. Ao largo dos séculos, teólogos e canonistas se encarniçaram na absolutização de tais obstáculos; ao fazê-lo, sem dúvida, os movia o desejo de explicar a ambiguidade existente (novidade evangélica e submissão histórica) de

---

15. Cf. RUETHER, R.R. Misogynism and Virginal Feminism in the Fathers of the Church. In: *Religion and Sexism*. Op. cit., p. 150-184 [com farta bibliografia]. • BORRESEN, K.E. *Subordination et equivalence* – Nature et role de la femme d'apres Augustin et Thomas d'Aquin. Oslo/Paris: [s.e.], 1968. • TAVARD, G.H. *Woman in Christian Tradition*. Notre Dame: [s.e.], 1973.

reduzir a contradição flagrante entre doutrina e prática"[16]. É aqui que entra a ideologia como mecanismo justificador da realidade imperante, ideologia montada sobre uma interpretação masculinizante e unilateral dos textos bíblicos e das próprias tradições sócio-históricas interpretadas como lei natural (quando hoje sabemos serem meramente históricas). Seria idealismo cobrar da Igreja aquilo que ela ou qualquer outra instância não tinha condições de realizar. O que se poderia esperar e dever-se-á sempre exigir da Igreja é que ela viva mais profeticamente sua própria verdade e em nome dela conteste mais do que se deixe assimilar pela cultura circundante. Como, neste contexto, dizia uma grande especialista sobre o feminismo na Igreja: "Quando os cristãos esquecem o espírito do qual devem viver, a Igreja tem a tendência de não ser mais do que um mero reflexo da cultura dominante e a velha oposição entre os sexos começa a reaparecer. As mulheres são consideradas criaturas inferiores que ameaçam a integridade do homem; eliminá-las das estruturas eclesiais se revela mais cômodo do que a procura onerosa de uma compreensão e de uma cooperação mútua no serviço de Deus"[17].

Não queremos sequer traçar os grandes passos do antifeminismo da Igreja; este trabalho já foi feito com muitos pormenores. Demos apenas um exemplo de como textos bíblicos são invocados para legitimar uma situação de fato, a dominação da mulher. Segundo o relato de Gn 2,21-25 a mulher foi tirada da costela de Adão e por isso depende dele; Paulo, à luz disto, dirá que não é o varão que procede da mulher, mas a mulher do varão, sendo por conseguin-

---
16. AUBERT, J.M. *La mujer*. Op. cit., p. 54.
17 GIBSON, E. *Femmes et ministères dans l'Eglise*. Op. cit., p. 47.

te submissa a ele (1Cor 11,7-9). Deste relato se deduziu que a mulher não é propriamente imagem e semelhança de Deus, mas somente o varão (Paulo o acena em 1Cor 11,7). Graciano, no século XII, em seu famoso Decreto[18], principal fonte jurídica para o Direito Canônico até os dias de hoje, citando frases atribuídas a Santo Agostinho e a Santo Ambrósio (Ambrosiaster) escreve: "Esta imagem (de Deus) está no varão como criação única, origem dos demais seres humanos; ele recebeu de Deus o poder de governar como seu substituto porque é a imagem de um Deus único. Por esta razão, a mulher não foi feita à imagem de Deus"[19]. Depois fundamenta a subordinação histórica da mulher ao varão pelo fato de ela ter sido criada da costela de Adão para servi-lo. E cita um famoso texto de Santo Agostinho: "É de ordem natural entre os humanos que as mulheres estejam submetidas aos homens e os filhos aos pais; porque é questão de justiça que a razão mais fraca se submeta à mais forte"[20]. Esta canonização antifeminista repercutiu enormemente na vida da Igreja, fazendo com que as coisas da fé, da comunidade, da ordenação ministerial fosse assunto exclusivo dos varões. A Declaração sobre a questão da admissão das mulheres ao sacerdócio emanada da Sagrada Congregação para a Doutrina da fé (15 de outubro de 1976)[21] recende muito à argumentação machista dos séculos passados, como se nada houvesse acontecido na história depois das fixações canônicas a partir do século XII. Segundo o Código de Direito Canônico ainda vigente

---

18. *Decreto de Graciano,* questão 5, causa 33 [edição de Friedberg I, 1.254].
19. Ibid., 1.256. • Cf. RAMING, I. "A posição de inferioridade da mulher segundo o direito canônico vigente". *Concilium,* n. 111 (1976), p. 50-57.
20. *Pseudo-Augustini quaestiones Veteri et Novi Testamenti* (CSEL 50,83).
21. Cf. *Sedoc,* março de 1977, p. 872-884.

(codificado em 1917) a mulher é, eclesiasticamente, equiparada às crianças e aos loucos.

A esta ideologização de transfundo bíblico-teológico se acrescentava ainda uma outra de ordem biológica. Admitia-se, antigamente, e de forma sistematizada na Alta Escolástica, que o princípio ativo no processo de geração de uma nova vida dependia totalmente do princípio masculino. Este virocentrismo se colocava o seguinte problema: se tudo depende do varão, por que então nascem as mulheres e não são todos varões? A resposta, reputada como científica, era de que a mulher é um desvio, uma aberração e uma frustração do único sexo masculino. Santo Tomás, repetindo Aristóteles, considera a mulher um, *mas occasionatus,* um varão deficiente[22], destinado a ser mero receptáculo da força generativa única do varão. Esta deficiência biológica irá explicar a *imbecillitas naturae* da mulher, sua dependência em tudo do homem. Como ensinava Santo Tomás: "A mulher necessita do varão não somente para engendrar, como o fazem os animais, senão também para governar, porquanto o varão é mais perfeito por sua razão e mais forte por sua virtude"[23]. Semelhante preconceito da insuficiência da mulher a fazia, efetivamente, incapaz para as responsabilidades públicas, seja civis, seja eclesiásticas.

Importa prestar atenção ao mecanismo ideológico: não é a argumentação teórica que irá ter como consequência a marginalização da mulher; é a marginalização concreta e histórica da mulher que dá origem a este tipo de argumentação que, por sua vez, tem a função de tornar plausível e até natural a dominação existente. Assim se sedimenta o

---
22. *Summa Theol.* I, q. 92, a. 1 ad 1.
23. *Contra Gentiles* III, 123.

bloco histórico, sendo socializado pelas mulheres, que acabarão por aceitar como natural e correspondendo à vontade de Deus tal situação marginal e submissa. Ademais interpretavam-se as grandes figuras bíblicas femininas, especialmente Maria, dentro do mesmo quadro ideológico. Não aparece a mulher libertadora que invoca a ira divina sobre os ricos em favor dos pobres, que ousa erguer sua voz corajosa denunciando os conflitos deste mundo, mas a mulher que vive totalmente à sombra do varão Jesus, modelo de mulher que tece, cozinha, busca água do poço, alimenta o fogo e vive sepultada no anonimato familiar[24].

Entretanto, a força da natureza é maior do que a força da superestrutura ideológica. Jamais faltaram, aqui e acolá, mulheres fortes nas quais aparecia o feminino em sua independência e nascividade. Basta lembrar Blandina, Águeda, Luzia, Inês, mártires que confirmavam os irmãos na fé; a abadessa inglesa Hilda (†680) que presidiu o sínodo de Whitby no qual se decidiu a aceitação da datação romana da páscoa com todas as consequências ligadas a isto; Santa Catarina de Sena, conselheira dos papas Gregório XI e Urbano VI no século XIV; Teresa d'Avila, a grande mística, teóloga e reformadora do catolicismo espanhol do século XVI; Santa Joana d'Arc, a guerreira e mártir pela verdade e coragem demasiadamente "varonil" para os cânones do tempo; Joana Angélica no Brasil, que soube enfrentar a soldadesca, e outras tantas que constituem marcos na recuperação da figura feminina libertada.

Ao nível teológico (ideológico) também não faltaram manifestações que resguardaram a dignidade da mulher.

---

24. Cf. LAURENTIN, R. "Marie et la anthropologie chrétienne de la femme". *NRTh* 89 (1967), p. 486.

Importa recolher os dados positivos que venham reforçar nossa leitura personalística e libertadora da mulher[25]. Nossa leitura não quer ser ingênua, no sentido de repristinar o vício do passado, apenas numa direção inversa (antigamente para sublinhar a submissão, hoje para secundar a igualdade da mulher). Damo-nos conta da profunda ambiguidade das fontes da fé, as Escrituras e a tradição. Por isso, ao nível dos textos, se podem tirar argumentos tanto para a dominação quanto para a libertação. Aqui declaramos nossa postura básica: iremos favorecer a linha positiva que eleva a mulher à igual dignidade do varão. Nisso nos situamos na melhor tradição do Jesus histórico. Daremos, como tributo pago à encarnação da revelação na era patriarcal, os textos discricionários antifeministas. Eles pertencem às fontes *históricas* da revelação, mas não nos ligam teologicamente, porque não podemos admitir que Deus queira a dominação de um sobre o outro.

3. Princípios para uma antropologia teológica do feminino

a) *Igualdade criacional do varão e da mulher*

Este é o primeiro princípio da antropologia judeu-cristã atestado na primeira página da Bíblia, no relato sacerdotal (*Priesterkodex*, escrito por volta dos séculos VI-V a.C.)

---

25. A bibliografia é imensa; citamos alguns títulos como aquele da nota anterior (24) que é um dos melhores; ainda: RONDET, H. "Elements pour une théologie de la femme". *NRTh* 79 (1957), p. 915-940. • EVDOKIMOV, P. *La femme et le salut du monde* – Étude d'anthropologie chrétienne sur les charismes de la femme. Casterman: [s.e.], 1958. • PELLÉ-DOÜEL, Y. *Etre femme*. Paris: [s.e.], 1967. • VINATIER, J. *La femme, parole de Dieu et avenir de L'homme*. Paris: [s.e.], 1972; todo o número de dezembro de 1975 de *Theological Studies*, p. 577-765; todo o número 106 de *Lumière et Vie* (1972): Masculin et Féminin.

do Gênesis. Contra o espírito antifeminista do tempo, o autor sagrado afirma de forma contundente: "Deus criou o ser humano (humanidade) à sua imagem [...] criou-os varão e mulher" (Gn 1,27). Aqui se mostra a fundamental igualdade de ambos; tanto um quanto outro são igualmente imagem de Deus. Esta imagem de Deus só é completa quando refletida nos dois sexos. Este aspecto é vigorosamente reafirmado em Gn 5,1-2: "No dia em que Deus criou a humanidade (Adam), Ele a fez à sua semelhança; criou-os varão e mulher e abençoou-os e deu-lhes o nome de humanidade (Adam)". Não há resquício nenhum de inferioridade da mulher; é igual ao varão em dignidade e direitos diante de Deus e dos homens. O Jesus histórico não assumiu nunca o relato javista da criação da mulher a partir da costela de Adão. Na disputa sobre a indissolubilidade do matrimônio (Mt 19,3-6) se reporta ao relato sacerdotal (Gn 1,27) e do relato javista só aproveita a ideia que realça a unidade: os dois serão uma só carne (Gn 2,24). Sua intervenção em favor da mulher adúltera (Jo 8,1-11; Lc 7,36-50) visa estabelecer a igualdade do varão e da mulher diante do pecado e da sanção. Paulo encontrou a formulação clássica da igual dignidade de todos: "não há homem nem mulher, pois todos são um em Cristo Jesus" (Gl 3,28). Pedro insiste na veneração que o varão deve devotar à mulher, pois que "é co-herdeira da graça da Vida" (1Pd 3,7); trata-se de uma expressão jurídica para manifestar a igualdade diante da mesma herança.

Por outro lado, os textos escriturísticos se dão conta que esta igualdade criacional encontra-se, historicamente, comprometida pelo pecado. O pecado, desde os seus primórdios, afetou a ambos, como se reconhece em Gn 3,16-

20: vigoram relações de dependência. Invoca-se um princípio de redenção.

b) *Reciprocidade varão-mulher*

O próprio relato mais arcaico do Gênesis (2,18-23), apesar de sua conotação masculinizante, deixa claramente entrever a diferença e também a reciprocidade varão-mulher. Quando a mulher criada é apresentada ao varão, este diz: "Eis alguém que é osso de meus ossos e carne de minha carne [...] o homem deixará, por isso, seu pai e sua mãe para se unir à sua esposa e serão dois numa só carne" (Gn 2,24). As expressões são diáfanas embora diferentes: um existe para o outro, formando uma unidade. Quando Deus decide criar a mulher diz, num modismo tipicamente hebraico: vou dar ao varão alguém que lhe será um *vis-à-vis* e semelhante a ele (Gn 2,18). Originalmente a mulher não foi criada para ser nem escrava nem senhora do varão, mas companheira, com a mesma natureza e dignidade. Esta reciprocidade se traduz no Cântico dos Cânticos numa formulação clássica: "o meu amado é para mim e eu sou para o meu amado" (2,16). Paulo, descontada a ambiguidade que atravessa todo o seu pensamento, pôde dizer corretamente: "não há mulher sem varão, nem varão sem mulher, no Senhor" (1Cor 11,11) ou então: "sujeitai-vos uns aos outros no temor de Cristo" (Ef 5,21), "o marido cumpra o dever conjugal para com a mulher e, igualmente, a mulher em relação ao marido" (1Cor 7,4).

c) *O feminino: revelação de Deus*

Na tradição bíblica, Deus não aparece unicamente sob a linguagem masculina. O feminino é também veículo da revelação de Deus. Deus e Cristo são personificados na temática feminina da Sabedoria (Pr 8,22-26; Si 24,9; 1Cor 24,30). Esta Sabedoria, é uma hipostatização do próprio Deus. Mulher e Sabedoria estabelecem entre si uma estreita correlação (Pr 31,10.26.30), ocorrendo uma transmutação simbólica entre uma e outra (Pr 19,14; 40,12; Sb 3,12; 7,28). Ou Deus é comparado como a mãe que consola (Is 66,13), mãe incapaz de esquecer o filho de suas entranhas (Is 49,15; Sl 25,6; 116,5); Jesus se compara com a mãe que quer reunir os filhos sob a sua proteção (Lc 13,34). E, no termo da história, Deus terá o gesto da grande e bondosa mãe, enxugando as lágrimas de nossos olhos, cansados de tanto chorar (Ap 21,4). Todo o elemento de ternura, aconchego, derradeiro refúgio da salvação de Deus é apresentado na tradição na linguagem feminina. Escreveu um grande místico moderno, de procedência russa: "O princípio religioso no humano se exprime pelo feminino; significa que a sensibilidade particular para o espiritual puro se encontra na *anima* e não no *animus*; significa também que a alma feminina é a mais próxima ao Gênesis. Isto é tão verdade que a paternidade espiritual usa, para se exprimir, das imagens da maternidade: 'sofro dores de parto até que Cristo seja formado em vós'" (Gl 4,9) [25a].

d) *A mulher na Nova Aliança: a iniciativa da fé*

Nos evangelhos as mulheres ocupam um lugar discreto, mas da maior importância: elas se encontram no começo, no meio e no fim da vida de Jesus. É pelo *fiat* de Maria que o Salvador entra no mundo; são elas que permanecem fiéis ao pé da cruz, quando todos os discípulos haviam fugido (Mt 27,56); são elas as primeiras testemunhas

---

25a. EVDOKIMOV, P. *La femme*. Op. cit., p. 148.

da ressurreição (Mt 28,19-20). Em João[26] a mulher ocupa uma função constitutiva da salvação: é a mãe de Jesus que introduz o primeiro milagre em Caná (Jo 2,11); a mulher samaritana introduz a fé em sua cidade (Jo 4,39-40); Marta e Maria conseguem o maior milagre de Jesus, a ressurreição de Lázaro (Jo 11,21-30); Maria Madalena introduz os apóstolos na fé da ressurreição (Jo 20,1-18)[27]. São elas que possuem a iniciativa da fé, o que vem confirmar o que dizia Atanásio, o Sinaíta, e talvez o próprio Santo Ireneu: na esfera religiosa é a mulher que é o sexo forte.

e) *Princípio feminino da salvação*

Maria representa para a fé cristã não apenas a plenitude de realização do feminino em suas distintas manifestações ligadas ao mistério da vida como a virgem e a mãe, pelo fato de ser a virgem-mãe de Deus encarnado e estar relacionada intimamente ao Espírito Santo. Por causa do mistério da encarnação – como o iremos aprofundar mais adiante – vigora uma relação ontológica entre Maria e Jesus. A carne que ela forneceu a Jesus é carne do próprio Deus. Há, pois, algo do feminino de Maria assumido hipostaticamente por Deus mesmo. "Maria manifesta alguma coisa da própria redenção de Cristo que não se manifestou no ato redentor dele e nem podia se manifestar: a ternura maternal [...] Jesus é varão. Como tal, não pode manifestar a generosidade, a doçura, a ternura, o quê de

---

26. Cf. BROWN, R.E. "Roles of Women in the Fourth Gospel". *Theological Studies* 36 (1975), p. 688-700
27. São Bernardo diz de Madalena que anunciou a ressurreição aos apóstolos: ela foi apóstolo para os apóstolos: *Sermones in Cantica*, Sermo 75, 8: PL 183, 1.148. O *lógion* 114 do Evangelho de São Tomé, de uma forma masculinizante, diz Jesus acerca de Madalena: "Eu a farei varão porque recebeu um espírito que é de varão. Toda mulher que se fizer a si mesma varão, entrará no Reino dos Céus".

feminino próprio de uma mãe. Essa manifestação só é possível a um ser feminino, maternal. E Deus escolheu Maria para manifestar esse aspecto maternal em sua pessoa"[28]. Existe, portanto, um princípio feminino em nossa salvação e em nosso ser novo inaugurado pela encarnação do Filho eterno. Há ainda algo de mais profundo: Maria entretém com o Espírito Santo um laço ontológico, como veremos mais detalhadamente logo a seguir. Para usar uma expressão de Paul Evdokomov: "a Virgem é o lugar da presença do Espírito Santo como o menino Jesus o é da presença do Verbo; os dois juntos traduzem para o humano a face misteriosa do Pai"[29].

f) *A plenitude da mulher não está no varão, mas em Deus*

As últimas ponderações deixam perceber aquilo que atravessa toda a Escritura e a tradição cristã: a mulher bem como o varão são chamados a se realizar para além deles mesmos, são feitos para ser totalmente de Deus. A reciprocidade e a unidade na diferença são envolvidas por um mistério maior, aquele de Deus que pode ser reconhecido, servido e cultuado na vida. Há um ágrafo tirado do Evangelho apócrifo dos Egípcios e citado nas Pseudo-Clementinas e que, segundo alguns especialistas, remonta ao próprio Senhor: à pergunta de Salomé sobre quando viria o Reino de Deus, responde Jesus: "Quando tiverdes destruído a veste da vergonha e quando os dois sexos serão um só

---

28. SCHILLEBEECKX, E. *Maria, Mãe da Redenção*. Petrópolis: Vozes, 1968, p. 78-79; cf. o importante livro de G. von le Fort. *A mulher eterna*. Rio de Janeiro: Agir, 1953; o livro, longe de secundar o mito nefasto de um eterno feminino (pensado pelos varões), tenta pensar a realidade da mulher ao nível simbólico e não apenas racionalístico-conceptual e, nesta ótica, ressalta especialmente a integração do religioso da humanidade em Deus.
29. La femme et le salut du monde. Op. cit., p. 15.

e o masculino e o feminino não serão mais como o masculino e o feminino, então virá o Reino de Deus"[30]. Em outras palavras, quando tivermos superado a perversão que a vergonha continuamente lembra, quando se inaugurar a perfeita harmonia da unidade sem fricções diante de Deus e do varão diante da mulher, quando se tiver superado a discriminação do masculino e feminino, um oprimindo reciprocamente o outro, então virá o Reino, vale dizer, a absoluta realização de todas as coisas e a harmonia da ordem. Isto só é possível na medida em que o ser humano se descentrar de si mesmo, ultrapassar o próprio amor homem-mulher, na direção de um Absoluto que congraça a ambos, e for todo de Deus e para Deus. Então será o fim, o novo começo de todas as coisas (cf. Ap 21,5). A destinação última do varão e da mulher é Deus mesmo. É no esponsório eterno com Ele que se realiza a plenitude do ser humano em sua diferenciação masculina e feminina.

4. Deus no feminino – o feminino em Deus

a) *O feminino: caminho do ser humano para Deus*

Depois deste incurso breve pelas fontes da fé, identificando a Palavra da revelação de Deus acerca do feminino, importa, finalmente, ler teologicamente o feminino assim como ele se apresenta para nós hoje mediante a aproximação socioanalítica e a reflexão filosófica. Trata-se, portanto, de meditar não o feminino como era representado culturalmente pelos autores sagrados, mas como o é para nós atualmente.

Inicialmente reconhecemos que os princípios teológicos positivos se articulam de uma forma surpreendente e har-

---

30. II Clementis ad 1Cor 12,2 em Resch, Agrapha, 93.

moniosa com a imagem do feminino que detalhamos nas partes científica e filosófica. A leitura religiosa do feminino, feita sem a mediação científica e filosofante, apesar de todas as ambiguidades constatadas, atingiu no passado o real; não ficou só no ideológico. A fé viu que ele constitui um caminho para Deus, pois chamou-o de imagem de Deus. Contemplando o que é o feminino (no varão e na mulher) como as dimensões de vida, profundidade, mistério, ternura, inferioridade e aconchego, a fé tem um encontro com Deus. Paulo dizia com acerto (Rm 1,19-20) que o invisível de Deus se faz visível mediante a devota consideração das obras da criação. O feminino é uma suprema obra de Deus, porquanto somente dele e do masculino se diz que são imagem e semelhança de Deus. Em outros termos: o horizontal (expresso na história) não é capaz de conter e exprimir a totalidade do feminino. Ele se desdobra também verticalmente como abertura a um Absoluto que nós chamamos de Deus. Ninguém se basta a si mesmo e vive para si mesmo; o varão está certamente aberto à mulher, e esta àquele; juntos formam uma unidade dual que, por sua vez, não se sacia a si mesma; o prazer, o eros, o amor e a fusão são também figurativos: mediatizam e fazem participar de uma plenitude ansiada por ambos, mas jamais totalmente presente. A mulher e o varão só se personalizam radicalmente se juntos mergulharem no mistério que é maior do que seu amor mútuo e, por isso, se abrirem para o vertical de um Absoluto e tiverem a coragem de nomeá-lo como Deus-Pai e de acolhê-lo na existência[31].

---

31. Cf. GUITTON, J. Feminine Fulfillment. Nova York: [s.e.], 1965, p. 110-116. • DOHEN, D. The Fascinating Female. Glen Rock: [s.e.], 1960, p. 18-31; 239-254.

Analiticamente consideramos que o ser humano é sempre varão e mulher; filosoficamente concluímos que o feminino e masculino constituem os componentes ontológicos de cada existência humana; há uma realidade protoprimária que envolve varão e mulher, fazendo com que sejam sempre recíprocos. Esta constatação quer, no fundo, dizer que a antropologia não pode se fechar nem se fundar sobre si mesma; ela se sente reenviada a um movimento mais profundo que coloca uma questão última: que é, finalmente, o homem em sua expressão masculina e feminina? Todo esforço de se chegar a uma descrição objetiva das diferenças topa com um limite intransponível: o masculino é reenviado ao feminino e este àquele. Este limite coloca uma decisiva e última interrogação acerca do mistério da existência humana. Ora, este mistério a teologia decifra como sendo a parusia de Deus dentro da antropologia.

Para a fé cristã Deus é Trindade, Pai-Filho-Espírito Santo. Não será o ser humano enquanto varão e mulher uma imagem radical da Trindade (*Façamos* o ser humano à *nossa* semelhança: Gn 1,27)? Na Trindade temos a ver com relações absolutas constituindo as pessoas. Não são três polos que se relacionam. Isto redundaria num triteísmo condenável, pois suporia a preexistência dos três polos e a seguir o jogo de suas relações mútuas. A reta compreensão, como os Concílios de Niceia, Calcedônia e Constantinopla a canonizaram, afirma a anterioridade absoluta das relações que então estabelecem os três polos, vale dizer, o Pai, o Filho e o Espírito Santo.

Algo parecido ocorre com o ser humano, assim como o refletimos analítica e filosoficamente: ser varão e ser mulher é uma reciprocidade, um-ser-para-o-outro, "uma relação fundamental que cria situações pessoais variáveis"[32]. O problema fundamental na Trindade é o face a face das Pessoas divinas. No ser humano emerge a mesma dialética: o face a face da mulher e do varão. O varão é só varão face à mulher e esta face àquele, analogamente, como na Trindade. Esta reciprocidade é o dado último e primeiro tanto no ser humano quanto no ser divino. Assim como o Filho e o Espírito Santo remetem a um Princípio sem princípio, a um Mistério absoluto, o Pai, de forma semelhante varão e mulher remetem a um dinamismo que os ultrapassa e constitui o mistério do ser humano. Não representa o Filho o princípio masculino e o Espírito Santo aquele feminino? Na tradição teológica e na piedade o Filho, efetivamente, se expressa na masculinidade e foi num varão que Ele se encarnou. O Espírito Santo é feminino em hebraico (ruah)[33] e está sempre associado ao mistério da vida, da graça, da geração como no caso de Maria que sob a potência do Espírito concebeu Jesus Cristo. Estas ponderações nos encaminham para a outra questão teológica.

b) *O feminino: caminho de Deus para o ser humano*

Se admitirmos que o ser humano enquanto masculino e feminino é verdadeiramente semelhante a Deus, então somos induzidos, pela lógica da própria afirmação, a

---

32. JEANNIÈRE, A. *Antropologia sexual*. São Paulo: Duas Cidades, 1965, p. 44.
33. Cf. MARANCHE, A. *O Espírito e a mulher*. São Paulo: [s.e.], 1976 [com rica bibliografia]. • PHILIPS, C. "Féminité de 'la' Ruach". In: *Le Saint Esprit et Marie dans l'Eglise*. Vatican II et prospective du problème, *Bulletin de la société française d'études mariales* 25 (1968), p. 29-33. • A *Didascalia* (FUNK, F.X. *Didascalia*. Paderborn, 1905, t. I, p. 105) cornpara as diaconisas ao Espírito Santo: "Vós honrareis as diaconisas como tipos do Espírito Santo [...]". • *As constituições apostólicas* (fim do século IV), VIII, 9, 2 (FUNK. Op. cit., p. 525) traz a seguinte oração para as diaconisas: "Ó Deus [...] que enchestes de vosso Espírito a Maria, Débora, Ana e Helda [...] atirai vosso olhar sobre vossa serva. Dai-lhe vosso Espírito Santo [...]".

admitir que Deus mesmo é prototipicamente masculino e feminino. Na ocorrência que nos interessa, o feminino do ser humano constituiria um registro revelador do feminino de Deus. Podemos falar de um feminino em Deus? É-nos lícito invocar a Deus como minha Mãe, assim como aprendemos do Senhor a invocá-lo como nosso Pai?

Esta questão deve ser minuciosamente ventilada para não introduzirmos confusões em nossa fé. Por outro lado nos devemos, seriamente, interrogar se aqui não se abrem novas pistas para a teologia e para a piedade e que somente agora são possíveis e se tornam significativas por causa das práticas libertadoras das mulheres e pela consciência cultural da igualdade e dignidade do princípio feminino. De todas as formas não nos podemos furtar a esta questão, por mais controvertida que possa parecer.

Como já o consideramos, as Escrituras e a Tradição da fé comumente não nos apresentam Deus como Ela, mas como Ele. O cristianismo não professa que Deus se fez mulher, mas varão, pois o Verbo eterno assumiu o judeu de sexo masculino, Jesus de Nazaré, pelo qual nos veio a salvação e a revelação derradeira de Deus, assim como Ele mesmo é. Deus nos é apresentado como Pai e não como mãe. Ele tem um Filho eterno e não uma filha. Quase todos os conceitos-chave do judeu-cristianismo, como já o referimos, possuem um transfundo masculino.

Por outro lado, a função da teologia, como discurso racional da fé, deve aprofundar e conscientizar os limites de tais afirmações. Ela, por exemplo, insiste em que Deus habita numa luz inacessível e que por isso está para além dos sexos. A tradição teológica, ligada a Dionísio Pseudo-Aeropagita, não se cansa de afirmar que Deus é uma existência supraessencial e uma divindade superdivina[34]. Quando dizemos que Deus é puro Espírito, queremos, no fundo, expressar a ultrapassagem de Deus a toda determinação, particularmente a esta de ordem sexual. Por isso, quando professamos que Deus é Pai, Filho e Espírito Santo, não o fazemos no sentido de ressaltar a determinação sexual. Eles são masculinos, porém não na significação sexual genética ou genital. Toda nossa nominação de Deus é analógica: ela afirma uma semelhança e uma dissemelhança, afirma e nega de Deus. Se Deus é Pai, não o é no sentido de nossa experiência de pai terreno; esta é ambígua; necessita de ser purificada (*via negationis*); uma vez alcançada a perfeição conceptual da imagem do Pai, a elevamos a sua dimensão de infinito e então ela se torna apta para ser atribuída a Deus (*via affirmationis, excellentiae*). Assim dizemos: as qualidades daquilo que pai e filho significam se realizam de forma absoluta em Deus que aparece como sendo Pai e Filho. Se concebermos o feminino e o masculino, a paternidade e a filiação não apenas como objetivações próprias de cada um dos sexos, mas como dimensões sempre presentes em cada pessoa humana, então se torna mais fácil compreender que estas dimensões positivas possam existir na forma de absoluta perfeição em Deus como fonte de todo bem e de toda perfeição. Que Deus não tem conotação sexista se percebe no judaísmo bíblico que sempre se distanciou das demais religiões porque, exatamente, atribuíam aos deuses determinações sexuais, mas ao mesmo tempo ele afirmava a masculinidade de Deus. A era patriarcal, na qual todo valor era capitalizado pelo masculino, nos permite entender

---

34. *De divinis nominibus* c. 2, 4: PG 3, 641; c. 1, 1, 588; c. 1, 6, 596.

a concentração das imagens Pai, Filho e outras aplicadas a Deus[35]. Elas não são meras atribuições culturais; dizem algo de real e verdadeiro (de forma analógica) de Deus, mas também ocultam. Quiçá é chegado hoje o tempo em que a outra face de Deus, feminina, materna, tenha encontrado condições históricas de se revelar. Os movimentos feministas, a reflexão e as práticas da fé, atentas a esta virada do eixo da história, seriam os veículos desta revelação divina. Ao descubrirmos o feminino em Deus e ao invocá-lo como Mãe, não estaríamos vinculados a dados sexuais, mas a qualidades femininas e maternas que se realizam absolutamente em Deus. Antes de aprofundarmos a questão, vejamos alguns testemunhos históricos[36]. Eles jamais faltaram na história, graças ao caráter estrutural do feminino.

c) *Deus-Mãe: alguns testemunhos históricos*

A cultura matriarcal – como veremos com mais detalhes posteriormente – está cheia de divindades femininas, especialmente maternas. A cultura hebraica é basicamente masculina, entretanto, o Espírito é feminino. O próprio Jesus num ágrafo do Evangelho apócrifo aos hebreus refere-se ao Espírito Santo em feminino: "Naquele momento, mi-

---

35. Cf. TAVARD, G.H. "Sexist Language in Theology?" *Theological Studies* 36 (1975), p. 700-724.
36. Cf. DOYLE, E. "God and the Feminine". *The Clergy Review* 56 (1971), p. 866-877. • MOFFIT, J. "Le Concept de Dieu comme Mere". *Nouveaux Rythmes du monde* 46 (1973/1974), p. 296-302. • BURNS, J.E. *God as Woman, Woman as God*. Nova York/Toronto: Paulist/Paramus, 1976. • ARNOLD, J. "Maria, maternidade divina e a mulher: um estudo sobre a mudança de imagens". *Concilium*, n. 111 (1976), p. 39-49. • BOER, P.A.M. *Fatherhood and Motherhood in Israelite and Judean Piety*. Leiden: [s.e.], 1974. • PINKUS, L. & VALENZIANO, C. "Il feminile, Maria e la Chiesa". *Marianum* 34 (1972), p. 386-395 [trata-se de um esquema de pesquisa]. • STONE, M. *When god was a woman*, Nova York e Londres, 1977 [é um estudo minucioso sobre as deusas femininas, mas apenas com interesse historiográfico]. • GREELEY, A.M. *The Mary Myth* – On The Feminity of God. Nova York: [s.e.], 1977 [O livro fica aquém do que promete e mistura continuamente e de forma abusiva o eu biográfico com o eu epistêmico].

nha Mãe, o Espírito Santo, me agarrou pelos cabelos e me conduziu até em cima da grande montanha do Tabor"[37]. Nos Evangelhos as referências de Jesus ao Espírito possuem acentos maternais. É Ele que não nos deixa ficar órfãos (Jo 14,18); Ele consola, como é característico da mãe, exorta e conforta (Jo 14,26). É Ele, qual mãe no lar, que nos ensina o nome de Deus-Pai (Rm 8,15) e como devemos pedir (Rm 8,26).

Da história aprendemos e da psicologia religiosa somos informados de que a divindade vem sempre representada pela cultura sob o simbolismo paterno e materno. Este simbolismo está a serviço de dois tipos religiosos fundamentais: um ctônico (telúrico), orientado para a terra, a vida, a geração, os mistérios da morte: é a religião maternal. O outro é mais urânico (celestial), orientado para o céu, a infinitude, a transcendência: é a religião paternal. Um voltado mais para a origem, para o paraíso terrestre e a reconciliação primigênia; o outro, voltado para o termo da história, procura a salvação e o Reino de Deus que eclodirá no futuro. Um acentua a geração e outro o nascimento, um a concepção e outro a parturição. O cristianismo e o judaísmo são religiões eminentemente urânicas, masculinas; o Reino vem e é prometido para amanhã.

Apesar desta predominância, encontra-se na Escritura, como já vimos, traços da religião telúrica e materna. Deus é vivenciado também como a Mãe que consola (Is 66,13), que ergue a criança até junto do seu rosto (Os 11,4), incapaz de se esquecer do filho de suas entranhas (Is 49,15; Sl 25,6; 115,5), possui um seio aconchegador (Jo 1,18). O próprio Jesus usa uma linguagem familiar do feminino

---

[37]. Cf. *Synopse des quatre évangiles en français*... BENOIT, P. & BOISMARD, M.E. Vol. I. Paris: [s.e.], 1969, p. 153.

ao dizer: "Jerusalém, Jerusalém, que matas os profetas e apedrejas aqueles que te são enviados! Quantas vezes eu quis juntar os teus filhos como a galinha e não o quiseste" (Lc 13,34). E Deus, finalmente, na parusia, se mostrará no gesto típico da mãe, enxugando as lágrimas de nossos olhos fatigados de sofrer e de chorar (Ap 21,4).

Já refletimos sobre a figura misteriosa da Sabedoria, figura sob a qual Deus mesmo aparece em sua bondade e carinho para com o mundo. Especialmente significativa é a Sabedoria no livro de Jó. Na primeira parte, Deus se apresenta como um Pai duro que prova, castiga, pune o seu justo. Depois, como que se compadece, volta-se simpaticamente para ele e então se revela sob a forma de Sabedoria. Sob esta figura feminina o homem encontra uma nova face de Deus (Jó 24 e 38–42).

Como diz André Manaranche, "no termo da esperança, porém, o que de fato reaparece é a imagem materna de uma unidade finalmente recobrada: Deus só é pai quando promete um amor de mãe"[38].

Na tradição cristã não se deixou de revelar na consciência religiosa a figura materna de Deus. Clemente de Alexandria, refletindo sobre a maternidade divina de Maria, pondera: "Deus é amor e é por causa do amor que nós o buscamos. Em sua inefável majestade ele é nosso Pai, mas em seu amor Ele se abriu a nós e tornou-se nossa mãe. Sim, em seu amor, o Pai se tornou uma mulher e o Filho que irrompeu dele é a maior prova disso"[39]. Pela geração eterna do Filho, o Pai se fez a eterna mãe. Efetivamente no credo rezamos: "Creio em um só Jesus Cristo, senhor nosso, Filho

---
38. *O Espírito e a mulher*. Op. cit., p. 59.
39. *Quis dives salvetur*: PG 9, 641-644.

de Deus unigênito nascido do Pai antes de todos os séculos". Esta formulação nos faz lembrar exatamente os trechos de Pr 8,22-23 (o Senhor criou a Sabedoria como primogênita de sua obra, desde o princípio, antes que criasse qualquer coisa; desde a eternidade fui constituída, desde as origens...) e o Sl 110,3 (desde o dia do teu nascimento receberás o principado, no esplendor sagrado, desde o seio materno, desde a aurora de tua infância) aplicados pela tradição teológica ao Verbo eterno. Essa geração eterna, como o credo atanasiano insiste explicitamente, deve ser considerada não como um ser feito ou criado – *non factus, nec creatus* – mas verdadeiramente *genitus*, gerado pelo Pai. Entretanto, há que conscientizar bem esta expressão. Em nossa experiência não se diz que o pai gera um filho; é a mãe quem gera; ela é a *genitrix*. Seria mais normal chamar Deus de mãe eterna que Pai eterno. "Desde que Deus seja a fonte preeminente de todas as perfeições na ordem criada, Ele deve ser também a fonte da maternidade, a suprema perfeição feminina"[40].

Segundo Donald Nicholl, Santo Efrém, o sírio (306-373), referia-se ao Espírito Santo como a Mãe em Deus, o eterno feminino em Deus[41].

Santo Anselmo de Cantuária dirigia-se a Jesus como mãe: "E tu, Jesus, bom Senhor, não és também mãe? Ou não será mãe aquele que como a galinha reúne seus pintainhos debaixo das asas? Deveras, Senhor, tu és minha mãe!"[42]

Na grande mística católica inglesa do século XIV, Juliana de Norwich, em seu livro *Revelações do Amor divino*,

---

40. DOYLE, E. *God and the Femine*. Op. cit., p. 875 [nota 36].
41. *Recent Thought Focus*, Londres, 1952, p. 90, apud DOYLE, E. Op. cit., p. 875.
42. *Oratio* 10: PL 158, 40-41; *Oratio* 65, 982.

lemos: "Deus, em sua onisciência, é a nossa meiga Mãe, com o amor e a bondade do Santo Espírito que formam um só Deus e um só Senhor"[43]. Para ela a Trindade possui três propriedades : a paternidade, a maternidade e o senhorio. A maternidade é atribuída à Segunda Pessoa que é nossa Mãe em natureza e graça: "A Segunda Pessoa da Trindade é nossa Mãe, em forma de nossa substância, na qual nós estamos fundados e enraizados. Ela é nossa Mãe na misericórdia, em nossa sensibilidade. Assim ela é mãe de muitas formas e somos envolvidos por ela totalmente"[44].

O irmãozinho franciscano São Nicolau de Flue, padroeiro da Suíça, do século XV, narra uma visão na qual a Trindade lhe aparece na forma de Deus-Pai, Deus-Mãe e Deus-Filho[45].

Carlos, um esquizofrênico do hospital psiquiátrico dirigido pela psicóloga Nise da Silveira, várias vezes tem representado uma figura de deusa branca com a inscrição: Deus minha mãe[46].

A proclamação do dogma da assunção levou a refletir qual o sentido derradeiro da maternidade divina e do feminino de Maria dentro da Santíssima Trindade. Escreveu, por exemplo, um dos primeiros teólogos a avaliar positivamente as contribuições de C.G. Jung na compreensão do feminino Victor White, OP, ao comentar o dogma da Assunção de Nossa Senhora: "Talvez a definição quer conduzir a Igreja a uma consideração mais profunda e a última

---

43. *Revelations of Divine Love*. Londres, 1952, p. 119. • Cf. BORRESEN, K.E. "Cristo nuestra Madre? Dios-Padre y Dios-Madre". *Vida Nueva*, n. 1.120 (1978), p. 456-457.
44. Ibid., p. 120.
45. VON FRANZ, M.L. *Dreams and Visions of St. Nikolaus von der Flüe*. Lecture 8, C.G. Jung Institute. Zurique, 1957.
46. "Deus-Mãe". *Quaternio* (1975), p. 87-103.

formulação do abissal mistério da maternidade de Deus. Pois, pela Assunção, Maria retorna à sua própria fonte. Não ela, mas Deus mesmo é o último protótipo da maternidade e da feminilidade, mesmo materialmente [...] Como Cristo, ascendendo aos céus conduz-nos ao caminho de Deus, nosso Pai eterno, talvez Maria, assunta aos céus, queira nos conduzir a um conhecimento e amor mais profundos de Deus, nossa eterna Mãe"[47].

Na tradição cristã oriental encontra-se também o testemunho da dimensão feminina e materna de Deus, especialmente em São Gregório Palamas e modernamente em Wladimir Soloviev[48]. C.G. Jung em suas pesquisas e especulações sobre o feminino – voltaremos a isso posteriormente –, identificando a presença da *anima* (princípio feminino) em cada varão e do *animus* (princípio masculino) em cada mulher, chega, num contexto psicanalítico sobre os vários dogmas marianos, a formular a hipótese da divinização de feminino em Maria. Deus é a mãe eterna e o feminino absoluto historizado de forma plena na vida de Maria.

Nos últimos anos a temática teológica de Deus-Mãe tem surgido frequentemente no contexto da libertação da mulher. O problema tem recebido um tratamento sério e com certa desenvoltura teológica. Escreve por exemplo uma teóloga da universidade americana de Yale: "Não há nenhuma necessidade de permanecermos dentro dos limites da imagem segundo a qual somente o princípio masculino é generativo, pois tornou-se claro (em nossos dias) que o princípio feminino é igualmente generativo. Em outras

---

47. "The Scandal of the Assumption". *Life of the Spirit* 5 (1950), p. 211-212.
48. Cf. TAVARD, G.H. *Woman in Christian Tradition.* Op. cit., p. 144-150; 160-163; 146.

palavras, não há nenhuma razão que nos impeça de chamar à Primeira Pessoa da Trindade de Mãe ou de Pai ou de imaginar a criação provinda de um derradeiro seio ou de um último princípio materno. Nenhuma imagem é suficiente (mesmo porque nem o masculino nem o feminino, tomados separadamente, são omniexplicativos da origem da vida), entretanto uma e outra são apropriadas; talvez somente as duas, Pai e Mãe, nos forneçam a força das imagens que nos traduzam mais perfeitamente o mistério de Deus"[49]. E a autora continua mostrando como o feminino se torna uma categoria apta para compreendermos também o Filho e o Espírito Santo.

Outros veem a relevância ecumênica do tema Deus como Mãe, particularmente com referência àquelas religiões de fundo matriarcal[50]. Assim, por exemplo, na Índia, a veneração de Deus como Mãe (Shakti divina) encontrou uma expressão muito viva, seja nas antigas tradições, seja na versão moderna de Ramakrishna, o qual disse certa vez a sua esposa, para justificar a opção pelo celibato: "A Mãe (Deus) me ensinou que ela habita em cada mulher; e eu aprendi a considerar assim cada mulher, como a Mãe divina"[51]. Nesta atmosfera teológico-cultural não nos admiramos do fato de o Papa João Paulo I ter dito numa audiência pública aos fiéis: "Deus é Pai e, mais ainda, é Mãe".

---

49. FARLEY, M.A. "New Patterns of Relationship: Beginnings of a Moral Revolution". *Theological Studies* 36 (1975), p. 640.
50. SPADA, D. "Dio come Madre – Un tema di teologia ecumênica". *Euntes et Docete* 29 (1976), p. 472-481.
51. Apud SPADA, D. Op. cit., p. 480.

d) Deus, princípio último de toda feminilidade: Deus, minha Mãe

Que valor teológico possuem tais testemunhos e raciocínios? São desvios de uma regra? Ou se constituem em revelações de um dado verdadeiro que se comunica, ao cair das luzes da era patriarcal, inaugurando uma nova fase na compreensão de Deus? Podemos reconduzir o feminismo para além de sua concretização no varão e na mulher até envolver Deus? Pode-se, com propriedade teológica, falar de um feminino em Deus e em que sentido?

Há um princípio teológico básico que diz: toda perfeição *pura* reflete Deus, tem sua última raiz em Deus e pode ser atribuída a Deus. Todas as nossas considerações anteriores têm mostrado que o masculino e o feminino são perfeições de primeira ordem a ponto de o masculino ter servido como a principal linguagem da revelação histórica de Deus (Antigo e Novo Testamento). Temos mostrado também que o feminino possui igual dignidade que o masculino e, por isso, constitui-se em veículo também comunicador de Deus. Basta que nos recordemos do texto fundamental de Gn 1,27 onde transparece claramente que tanto o masculino quanto o feminino são imagens de Deus. Em outros termos: o que seja, precisamente, o masculino e o feminino encontra em Deus seu protótipo e sua fonte. Deus-feminino serve de arquétipo supremo para a mulher como Deus-masculino para o varão. O que encontramos na história possui sua derradeira origem no próprio mistério de Deus. Assim como do Pai eterno nos vem toda a paternidade no céu e na terra, como diz Paulo (Ef 3,15), assim também toda a maternidade no céu e na terra vem da Mãe eterna.

O feminino histórico serve por um lado de itinerário para o feminino de Deus, por outro, significa a presença criada à semelhança deste feminino de Deus. O feminino, pois, possui uma dimensão eterna. Numa concretização histórica esta afirmação é absolutamente correta, em Jesus Cristo, varão assumido hipostaticamente pela Segunda Pessoa da Santíssima Trindade. A compreensão moderna de que cada um é *animus* e *anima*, simultaneamente, mas em proporções diferentes, masculino e feminino, nos elucida o fato. Jesus é masculino e feminino: viveu plenamente o masculino (pois era varão) como integrou perfeitamente a dimensão feminina. Ora, tudo em Jesus, também o feminino, foi assumido hipostaticamente pelo Verbo eterno. Pelo menos em Jesus o feminino pertence a Deus e é divinizado e, segundo as regras cristológicas da pericórese, *este* feminino de Jesus é Deus.

Ademais, uma correta hermenêutica teológica despatriarcaliza nossa representação do mistério trinitário. É indiscutível que Jesus revelou a Deus como Pai e Ele se tenha dado a conhecer como Filho na força do Espírito Santo. Entretanto, precisamos compreender o que se quer dizer, em última instância, quando dizemos Pai, Filho e Espírito Santo. Pai exprime a realidade divina enquanto é princípio sem origem de tudo, a fonte da qual tudo sai e para a qual tudo é reconduzido. Filho é esta mesma realidade divina enquanto é autocomunicada como verdade de si mesma, como expressão infinita de si mesma para fora de si mesma. Espírito Santo é esta mesma realidade divina enquanto ao comunicar-se a si mesma produz a aceitação amorosa de sua comunicação naquele que a recebe. A Santíssima Trindade é, pois, momentos da única autocomunicação de Deus, do Mistério insondável que sai de sua obscuridade, manifesta-se como luz (conhecimento) e se autodoa como dom (amor) sem perder seu caráter de Mistério incompreensível e indisponível. Ora, se isto é o *pensado* quando professamos nossa fé num Deus Trino e Uno, então podemos expressá-lo também em terminologia feminina de Mãe, Filha e Espírito Santo, sempre, evidentemente, que, ao expressar-se assim, queiramos professar a mesma realidade expressa de outro modo, na linguagem da tradição masculina, e queiramos redizer a fé dos pais.

Se dissermos que em Deus encontramos a fonte derradeira do feminino e do masculino, que significa então o feminino e o masculino em Deus? Recolhendo os dados que apontaram na aproximação analítica e filosófica acerca do feminino e masculino podemos dizer: Na nossa experiência histórico-salvífica de Deus Trino, como Fonte originária e derradeira, nos deparamos analogicamente com a mesma estrutura que também encontramos no ser humano; há uma unidade plural e um pluralismo de modos de ser e de existir do uno. Deus Trino, à semelhança do homem e vice-versa, se realiza numa unidade e numa diferença. Ele é uma profundidade misteriosa e inacessível (feminino) e ao mesmo tempo autocomunicação em verdade e amor (masculino); Ele é uma origem sem origem (feminino) e ao mesmo tempo uma doação e extrojeção (masculino). Neste sentido Deus trino e uno, misterioso e conhecido como misterioso no conhecimento, próximo e distante, fascinante e tremendo, pode ser experimentado e invocado como meu Pai e minha Mãe, nosso Pai e nossa Mãe. Ao pronunciar estas expressões cujas raízes se perdem no mais profundo do inconsciente pessoal e coletivo o ser humano expressará o sentido de todos os sentidos, o consolo final, o aconchego derradeiro e a intimidade jamais ameaçada.

e) *Qual o sentido último do feminino?*

Pertence ao pensar teológico lançar as derradeiras questões. No caso vertente, pergunta-se: qual é o sentido último do feminino? Com o que já refletimos, podemos avançar uma primeira resposta: o feminino, na ordem da criação, encontra o seu sentido em revelar o feminino de Deus mesmo porquanto tudo o que existe, naquilo que é e na forma como é, revela Deus. Destarte toda realidade, especialmente aquela pessoal como o feminino, possui uma dimensão e função sacramental: fala de Deus, evoca Deus e aponta para Deus.

Há um outro sentido mais profundo que afeta Deus diretamente. Deus cria o diferente, na ocorrência o feminino, para Ele poder se autocomunicar a este diferente. A própria existência do ser humano (masculino e feminino) encontra sua razão de ser mais radical em poder ser o receptáculo de Deus. O mistério de Jesus Cristo possui uma função heurística de primeira ordem no sentido de nele podermos detectar o desígnio último de Deus. E Jesus sendo varão desvela, por conseguinte, o plano de Deus acerca do masculino e, implicitamente, também do feminino no presente em sua realidade humana. O varão Jesus foi pensado e querido por Deus para poder ser o grande receptáculo da autocomunicação pessoal de Deus dentro da criação[52]. Ele está totalmente em função do desígnio encarnatório do Filho eterno. Pela encarnação o Filho se humaniza, o que equivale a dizer, assume concretamente a forma masculina e feminina na concretização do varão e o varão se diviniza, o que implica a divinização do masculino e do feminino que o constituem.

---

52. Cf. BOFF, L. O que podemos esperar além do céu? In: *A fé na periferia do mundo*. Petrópolis: Vozes, 1978, onde desenvolvemos a argumentação com mais detalhe.

Pela união hipostática, a humanidade de Jesus (masculina e feminina) deve ser considerada como humanidade do próprio Deus. O masculino ganha assim um quadro último e divino. O feminino está implícito porque ele faz parte da realidade humana do varão Jesus Cristo.

Ora, se ocorreu a divinização do masculino mediante Jesus – em sua forma plena e direta – não poderemos esperar que também o feminino está ordenado a ser divinizado como o foi o masculino de forma plena e direta? Jesus Deus encarnado não seria o paradigma para aquilo a que todos, varões e mulheres, são chamados? Isto quer dizer: o fim último do ser humano não reside apenas em viver ressuscitado, feliz, no Reino de Deus; ele está vocacionado a uma realidade ainda mais sublime: a ser um com Deus, respeitadas as diferenças Criador-criatura, à semelhança como Deus e homem subsistem no único e mesmo Jesus Cristo. Jesus de Nazaré, por obra e graça do Mistério, realizou esta vocação já dentro da história; os demais homens justos, seus irmãos, o realizarão quando irromper, definitivamente, o Reino de Deus. Então Deus será, verdadeiramente, tudo em todas as coisas (cf. 1Cor 15,28). E Deus será tudo em todos os masculinos e femininos, que viverem em seu Reino. O feminino, nesta compreensão, está também destinado a ser unido hipostaticamente a Deus.

Sabemos que foi a Segunda Pessoa da Santíssima Trindade, o Filho, quem se uniu ao varão Jesus de Nazaré; não foi o Espírito Santo nem o Pai. Mediante o Verbo eterno o masculino foi divinizado e eternizado. Indiretamente (enquanto o feminino está incluído no masculino) também o feminino foi atingido e elevado a esta suprema plenitude de realização. Perguntamos: que Pessoa divina estaria ordenada a assumir diretamente o feminino e divinizá-lo? Aqui não fala a fé, mas a teologia com o espaço de hipóteses que lhe é reconhecido. Cremos ser o Espírito Santo a Pessoa divina a quem o feminino é apropriado. Não só porque na mentalidade hebraica o Espírito Santo seja feminino, mas porque tudo o que é ligado à vida, à criatividade, à geração é atribuído nas fontes da fé ao Espírito. O seu pairar sobre as águas, no primeiro momento da criação, sugere – no sentido hebraico das expressões aí usadas – o chocar de um pássaro ou pomba. As pesquisas teológicas sobre este ponto nos asseguram uma boa base de segurança[53]. O Espírito Santo teria, portanto, a missão histórico-salvífica de divinizar hipostaticamente o feminino, direta e explicitamente, e de forma implícita o masculino. Podemos identificar na história a concretização desta sua missão, como identificamos a missão do Verbo divinizando o masculino? Ou o feminino será, somente, no termo da história assumido e divinizado pelo Espírito Santo? Estimamos que somos presenteados com uma antecipação escatológica deste evento de infinita doçura no mistério de Maria Santíssima.

5. Maria, antecipação escatológica do feminino em sua absoluta realização: uma hipótese

Apresentamos uma hipótese teológica (*teologúmenon*) e não um dado que pertence à doutrina oficial do cristianis-

---

53. Cf. a nota 33 e ainda: LEMMONNYER, A. "Le role maternel du Saint-Esprit dans notre vie surnaturelle". *Vie Spirituelle* (1921), p. 241-251. • EVDOKIMOV, P. "Panagion et Panagia". *Bulletin de la société française d'études mariales* 27 (1970), p. 59-71, esp. p. 64-66: La maternité théandrique-Figure de la paternité divine; cf. a nota 55 que contém muitos materiais a respeito do tema. Cf. a importante obra de VERGES, S. *Imagen dei Espíritu de Jesus*. Salamanca: [s.e.], 1977, p. 289-325.

mo ou sequer à tradição teológica. Somos conscientes do aspecto novo que a ideia representa. Tarefa da inteligência da fé (teologia) não se exaure na explicação dos conteúdos da tradição oral e escrita, na sistematização dos pronunciamentos do magistério ou na repetição inteligente das sentenças teológicas consagradas. A ela se assina também a missão de gerar luz no aprofundamento das verdades da fé. Certamente deverá executar esta incumbência com a devoção que o Mistério reclama, mas jamais à custa da inteligência. Quem menospreza a inteligência, despreza a verdade; quem despreza a verdade, odeia a luz, e quem odeia a luz, encontra-se longe de Deus porque cortou o caminho que o pode levar a Ele. Tudo o que aqui vier afirmado não possui outra autoridade do que aquela que compete à teologia como o foi assinalado já pelo Vaticano I: sua obra é pensar os mistérios de Deus e tudo o que a Ele se refere à luz da "analogia com as coisas que a razão conhece naturalmente, da comparação dos mistérios entre si e à luz do fim último do homem" (DS 3016). A razão reverente combinando estes dados todos pode lograr alguma luz sobre o projeto derradeiro de Deus acerca do feminino. Para o teólogo inserido na comunidade de fé é evidente que sua produção está aberta ao juízo melhor da Igreja docente.

Sustentamos a hipótese de que a *Virgem Maria, Mãe de Deus e dos homens, realiza de forma absoluta e escatológica o feminino porque o Espírito Santo fez dela o seu templo. Seu santuário e seu tabernáculo*[54] *de maneira tão real e verdadeira que ela deve ser considerada como* **unida hipostaticamente à Terceira Pessoa da Santíssima Trindade.**

---

54. São expressões clássicas da tradição e usadas pela *Lumen Gentium*, c. 8, que concerne a Maria; cf. a análise de cada uma destas expressões em BONAÑO, M.G. "El Epíritu Santo y Maria en el Vaticano II". *Ephemerides Mariologicae* 28 (1978), p. 201-213; também na mesma linha MANTEAU-BONAMY, H.-M. *La Sainte Vierge et le Saint-E'sprit*. Paris: [s.e.], 1971.

a) *Estabelecimento de alguns pressupostos*

Partiremos de algumas afirmações básicas que sustentam esta hipótese:

– O ser humano tem a possibilidade ontológica de ser unido hipostaticamente a uma Pessoa divina. Isso o sabemos *a posteriori* porque houve tal evento somente atingido pela fé: o homem Jesus de Nazaré, desde o seu primeiro instante de concepção, foi de tal maneira assumido pela Segunda Pessoa da Santíssima Trindade que é simultaneamente Deus encarnado. Esta possibilidade realizada em Jesus (se fosse impossível não haveria encarnação de Deus e divinização do homem) se mantém como possibilidade aberta à realização futura em todos os que possuem a mesma natureza humana de Jesus, vale dizer, nos homens.

– Se Reino de Deus e felicidade no céu implicam absoluta realização de todas as potencialidades ínsitas na natureza humana, então isto significa que a possibilidade (potencialidade) de o ser humano ser unido à Pessoa divina vai se realizar efetivamente. Por isso, na eternidade, todos os justos, cada qual à sua maneira e numa intensidade própria, serão assumidos hipostaticamente por Deus que será, então, "tudo em todos" (1Cor 15,28). Destarte o ser humano alcança o fim supremo para o qual foi amado, pensado e criado por Deus: para ser feliz e participante de sua natureza divina e permitir – como diferente de Deus – que Deus participe de sua natureza humana. Deus se autodoa ao ser humano com tal intensidade que forma com ele uma unidade sem confusão e sem mutação, sem divisão e sem separação, *semelhante* àquela que se realizou na encarnação do Filho em Jesus Cristo. O que se realizou com Cristo no tempo, semelhantemente se realizará com todos os justos na eternidade.

— A natureza humana assumida pelo Filho eterno é simultaneamente masculina e feminina (Gn 1,27); estes foram, consequentemente, divinizados. Entretanto, concretamente, foi o varão que em Jesus de Nazaré foi *de modo direto e imediato* assumido e divinizado; o feminino o foi de modo indireto e mediato enquanto é parte do próprio masculino.

— Assim como o masculino foi divinizado diretamente convém que o seja também o feminino *de forma direta e imediata*. Ambos são imagem de Deus (Gn 1,27) e ambos possuem a mesma dignidade e a mesma destinação absoluta.

— Deus *pode* divinizar o feminino, porque tanto em Deus quanto no feminino existe esta possibilidade; *convém* que Deus o faça por causa da igual dignidade do masculino e do feminino e da igual missão que é de serem juntos o sacramento de Deus dentro da criação e, por fim, porque mediante a mulher Maria se deu a encarnação do Filho, sendo assim Mãe de Deus; Deus *fez* esta assunção do feminino diretamente e do masculino indiretamente em Maria. *Potuit, decuit, ergo fecit*! Pôde, foi conveniente, portanto o fez!

— Que tenha sido Maria e não qualquer outra mulher a assumida hipostaticamente, só o sabemos *a posteriori* devido ao fato de ser a Imaculada Conceição, a virgem Mãe de Deus, a assunta em corpo e alma ao céu, a corredentora e medianeira da salvação, enfim, o protótipo do feminino realizado de forma absoluta.

— O divinizador do *masculino* (e feminino) foi o Verbo; o divinizador do *feminino* (e do masculino) é o Espírito Santo.

O paralelismo Cristo-Adão, Maria-Eva encontra aqui o seu perfeito equilíbrio. Maria não se encontra abaixo de Jesus, mas ao lado dele: juntos traduzem de forma absoluta o que significa a humanidade ser imagem de Deus. O Filho e o Espírito Santo juntos mostram no tempo a face aconchegadora e misteriosa do Pai.

Para elucidarmos este evento de infinita ternura cumpre aprofundar a relação do Espírito Santo para com Maria. A partir do Vaticano II com a entronização de um princípio pneumatológico junto com aquele cristológico na compreensão do mistério da Igreja e de Maria se fizeram muitos e minuciosos estudos acerca do tema vertente[55]. Não cabe aqui oferecer as principais linhas desta pesquisa; aproveitaremos alguns de seus resultados que interessam ao nosso intento.

b) *Alguns precursores da ideia*

Os precursores desta ideia da ligação hipostática do Espírito Santo com Maria devem ser buscados naqueles Padres Gregos, especialmente São Cirilo de Alexandria, que sustentavam uma espécie de encarnação também do Espírito Santo. O Espírito se une *substancialmente* ao justo. Esta ideia influenciou enormemente ao grande teólogo do século XVII Pétau e a Scheeben no século XIX"[56].

---

55. A literatura recente é muito abundante; cf. LAURENTIN, R. "Esprit Saint et la théologie mariale". *NRTh* 89 (1967), p. 26-42. • *Le Saint-Esprit et Marie*. 3 vol. Bulletin de la Société Française d'Etudes Mariales de 1968, 1969, 1970 é certamente a melhor coletânea de estudos atuais; todo o número de *Ephemerides Mariologicae* 28 (1978): *El Espíritu Santo y María*. • MÜHLEN, H. "Der Aufbruch einer neuen Verehrung Marias. Der Heilige Geist und Maria: Zur Struktur der chrismatischen Grunderfahrung". *Catholica* 29 (1975), p. 145-163, e ainda do mesmo autor: *Una mystica persona*. 3. ed. Munique/Paderborn/Viena: [s.e.], 1968. • ALONSO, J.M. "Mariología y Pneumatología I y II". *Ephemerides Mariologicae* 21 (1971), p. 115-125; 22 (1972), p. 395-405.
56. Para todo este argumento cf. RONDET, H. *Gratia Christi*. Paris: [s.e.], 1946, p. 329-339.

Este chega a falar de uma "encarnação do Espírito Santo na Igreja"[57]. Heribert Mühlen, modernamente, sustentou igual tese com grande acribia, recursos históricos e teológicos: o Espírito forma *una mystica persona* com todos os justos, particularmente com a comunidade cristã, "espiritualizando-se" num sentido tão real quanto o "Verbo se fez carne"[58].

Existe um outro filão, daqueles que afirmam a pertença de Maria à ordem hipostática. Maria, "a mãe da Igreja, é a graça do Espírito Santo", dizia o Pseudo-Felipe de Harvengt[59]. Chardon e Gibieuf da Escola Francesa insistem nesta ordem hipostática de Maria[60]. A teologia ortodoxa russa, como em Paul Evdokimov e em P. Bulgakov, refere-se à maternidade hipostática do Espírito que se realizou em Maria. "A mulher é ligada ontologicamente ao Espírito Santo; este laço possui valor e significado universal como aquele do varão que está ligado ontologicamente ao Cristo", escrevia Evdokimov[61]; ou numa formulação mais concisa: "À luz da distinção hipostática, o masculino está em relação ôntica com o Verbo e o feminino em relação ôntica com o Espírito Santo. A unidualidade do Filho e do Espírito traduz o Pai"[62]. A *Theotokos* (Mãe de Deus) é para ele o arquétipo do feminino, vigo-

---

57. *Dogmatik* 5 § 276, n. 1.612.
58. *Una mystica persona*. Op. cit. (nota 55); no século passado quem sustentou semelhante ideia foi o Cardeal H.E. Manning. *The temporal Mission of the Holy Ghost*. Londres: [s.e.], 1865, 58 onde diz que entre o Espírito Santo e a Igreja vigora uma união substancial análoga à união hipostática. LAURENTIN, R., comentando o tema de uma "encarnação do Espírito Santo", a considera uma "idée folie" [Esprit Saint et théologie mariale. Op. cit., p. 39 e nota 26].
59. *Moralitates in Canticum*: PL 203, 564.
60. Cf. DUPUY, M. "L'Esprit Saint et Marie dans l'Ecole française". *Bulletin* II, 26 (1969), p. 21-39, aqui p. 23-24.
61. *La femme et le salut du monde*. Op. cit., p. 16.
62. Ibid., p. 26.

rando "um laço profundo entre o Espírito Santo, a Sofia, a virgem e o feminino"[63].

O Padre Maximiliano Kolbe (1894-1941), franciscano conventual, mártir da Polônia moderna, foi um grande devoto da Imaculada Conceição. Em alguns de seus escritos chega a aproximar de tal forma o Espírito a Maria que estabelece a seguinte fórmula: *Filius incarnatus est*: *Jesus Christus*.

Spiritus Sanctus "quasi" incarnatus est: *Immaculata*[64]. Para ele, o Espírito Santo era a "Imaculada Conceição incriada" porque é o fruto do amor do Pai e do Filho. Maria é a "Imaculada Conceição criada".

Outros afirmam uma missão própria do Espírito Santo no nível daquela do Verbo que se encarnou. Manteau-Bonamy, conhecido especialista nesta questão, sustenta o seguinte paralelo: "O Espírito vem visivelmente na sombra da Shekinâh. O Verbo assume a carne concebida; o Espírito assume a potência maternal da virgem para que ela esteja em ato de conceber [...] É a fecundidade da virgem que torna sensível a presença nela do Espírito Santo"[65]. Assim, a missão visível e própria (não apropriada) do Espírito Santo se configura: Ele tem um lugar onde repousa e age, a virgem Mãe de Jesus Cristo.

Na literatura mariológica recente mais e mais aponta esta temática, embora se note, na grande maioria dos teó-

---

63. Ibid., p. 206-221, esp. p. 215.
64. Cf. MANTEAU-BONAMY, H.-M. *La doctrine mariale du Père Kolbe* – Esprit-Saint et Conception Immaculée, Paris: [s.e.], 1975, p. 79. Um bom resumo apresenta também FERNANDEZ, D. "El Espíritu Santo y Maria – Algunos ensayos modernos de explicación". *Ephemerides Mariologicae* 28 (1978), p. 141-143, com a bibliografia existente sobre Kolbe.
65. "Et la Vierge conçut du Saint-Esprit". Bulletin III, 27 (1970), p. 7-23, aqui p. 16; cf. o outro livro mais antigo do autor *Maternité Divine et Incarnation* – Étude historique et doctrinale de Saint Thomas à nos jours, Paris: [s.e.], 1949, esp. p. 218-224.

logos, reserva e circunlóquios, evitando de usar a expressão direta: encarnação, união hipostática.

Somos da opinião de que se deva evitar a palavra encarnação, pois é um termo técnico da cristologia pelo qual se quer definir o tipo de união hipostática do Filho para com a natureza humana. No caso do Espírito Santo, penso que nos é lícito afirmar uma união hipostática também com a realidade humana, mas deverá ser entendida e expressa de outra forma, porque se trata de outra Pessoa divina, cujas propriedades são distintas. Sua relação, que é uma "autocomunicação quase formal", realiza-se na criatura dentro das características nocionais do Espírito Santo (nocional é tudo o que se refere às Pessoas divinas em sua distinção uma da outra). Sem precisar aqui dar as razões, utilizarei a expressão "espiritualizar"[66] para o Espírito Santo, à semelhança de "verbificar" para o Verbo como o disse Santo Atanásio[67], como sinônimo de "encarnar-se".

c) *A espiritualização do Espírito Santo em Maria*

Sustentamos que Maria não só recebeu os efeitos da intervenção do Espírito Santo em sua vida – como qualquer outra pessoa, apenas numa intensidade única –, mas especificamente acolheu a própria Terceira Pessoa divina da Trindade Santa. Com isso afirmamos que, em relação a Maria, o Espírito Santo tem uma ação própria e não simplesmente apropriada. Expliquemos os termos:

---

66. Esta expressão foi vulgarizada por MÜHLEN, H. *Una mystica persona*. Op. cit., mas possui testemunhos na patrística como, p. ex., em São Germano de Constantinopla que afirma que o ser humano foi feito espiritual quando a Mãe de Deus foi feita morada do Espírito Santo: *Sermão VIII na Dormição*: PG 98, 350.
67. *Contra Arianos* 3, 34: PG 26, 396.

Na teologia trinitária há uma afirmação fundamental que reza assim: "Em Deus tudo é um, exceto quando se trata de relações opostas" (Concílio de Florença: DS 1330). Em outras palavras, em Deus tudo é um, menos aquilo que permite uma Pessoa divina ser diferente da outra, o Pai pelo fato de ser origem de tudo e sem origem, o Filho originado e gerado pelo Pai e o Espírito Santo expirado pelo Pai e pelo Filho (Filioque)[68]. Afora estas diferenças, o ser e o agir de Deus devem ser atribuídos conjuntamente às três Pessoas divinas. Caso contrário, teríamos três Infinitos, três Onipotentes etc. Assim dizemos que a Santíssima Trindade enquanto Trindade criou o mundo e não simplesmente o Pai. Entretanto, em razão de certa afinidade, a liturgia e a teologia apropriam a uma das Pessoas divinas ações que em si dependem das três. Destarte se apropria ao Pai a criação, ao Filho a redenção e ao Espírito Santo a santificação.

Por outro lado, ensina-se também que cada uma das Pessoas tem sua ação própria; por exemplo, só o Pai é sem origem e gera sem ser gerado; só o Filho é gerado e só o Espírito Santo é expirado pelo Pai e pelo Filho. Dentro do círculo trinitário a gramática deste discurso é sem maiores problemas teóricos. A interrogação surge quando se pergunta: existem ações próprias de cada uma das Pessoas também na obra *ad extra*, atingindo, por exemplo, a redenção e a divinização do ser humano? Pelo menos em relação ao Filho eterno podemos dizer com certeza de fé absoluta que houve uma *ação própria ad extra*; foi Ele que se autocomunicou à natureza humana de forma total e absoluta a ponto de se encarnar; e só Ele e nenhuma outra

---

68. Cf. MÜHLEN, H. "Person und Appropriation: Zum Verständnis des Axioms: In Deo omnia sunt unum, ubi non obviat relationis opposition". *Münchener Theologische Zeitschrift* 16 (1965), p. 37-57.

Pessoa, nesta forma específica, recebeu esta missão; "o Verbo se fez carne e habitou entre nós e vimos a sua glória" (Jo 1,14). Aqui estamos diante de um caso de ação própria do Filho. Como diz com acerto Karl Rahner: "O axioma citado acima (em Deus tudo é um, exceto...) tem validade estrita nos casos em que se trata de "suprema causa efficiens" (DS 3814). Relações não apropriadas duma Pessoa particular são possíveis, quando não se trata de causalidade eficiente, mas de *autocomunicação quase formal* de Deus que em cada caso implica um relacionamento próprio de cada Pessoa divina com a respectiva realidade criada"[69]. Quando, portanto, se trata não de mera criação de Deus (comum às três Pessoas divinas), mas autocomunicação de uma das pessoas, estamos diante de uma ação própria. Aquela do Filho é indiscutível, é dogma de fé.

Embora a tradição teológica latina apresentasse algumas dificuldades (ao contrário da tradição grega), hoje mais e mais vai se impondo a opinião de que também o Espírito Santo tem uma missão histórico-salvífica própria e correspondentemente uma ação própria e não apenas apropriada[70]. Os textos o sugerem: Mt 1,18: "Maria [...] ficou grávida do Espírito Santo"; e um pouco mais adiante (Mt 1,20) se diz: "o que nela foi gerado, é do Espírito Santo"; Lucas é ainda mais explícito ao colocar na boca do anjo a revelação da *vinda* do Espírito: "O Espírito Santo *virá* sobre

---

69. O Deus Trino, fundamento transcendente da História da Salvação. In: *Mysterium Salutis* II/1. Petrópolis: Vozes, 1972, p. 328.
70. Cf. LAURENTIN, R. *Structure et théologie de Luc* I-II, Paris: [s.e.], 1957, p. 57-76; • CAZELLES, H. "L'Esprit Saint et l'Incarnation dans le développement de la revelation biblique". *Bulletin* II, 26 (1969), p. 9-21. • BORDONI, M. L'evento Cristo ed il ruolo di Maria nel farsi dell'evento. In: *Sviluppi teologici postconciliari e mariologia*. Roma: [s.e.], 1977, p. 31-52. • Cf. PIKAZA, X. "El Espíritu Santo y Maria en la obra de San Lucas". *Ephemerides Mariologicae* 28 (1978), p. 151-168, esp. p. 162-163.

ti e a virtude do Altíssimo *te cobrirá* com sua sombra e é por isso que o Santo gerado será chamado Filho de Deus" (1,35)[71]. Atestam-se outras descidas do Espírito por ocasião do batismo de Jesus, na transfiguração no Monte Tabor, em Pentecostes. A nós interessa esta que concerne a Maria.

O texto lucano quer comunicar uma verdade histórico-salvífica única, assentada em duas ações próprias, uma do Espírito referido a Maria e outra do Filho de Deus referido

---

71. O verbo grego *vir sobre* (epérchesthai) é aplicado na Bíblia grega a forças ou a acontecimentos de origem misteriosa que irrompem na existência humana (cf. Nm 5,14-30; cf. 2Cr 32,26; Br 4,24; 2Cr 20,9). A mesma expressão é empregada por Lucas na anunciação (1,35) quanto à vinda do Espírito Santo no começo dos Atos dos Apóstolos (1,8). Afora estes dois empregos, parece que ocorre apenas em Is 32,15, onde se fala exatamente das transformações, de coloração escatológica, que ocorrem na natureza por ocasião da vinda do Espírito Santo a partir do Alto (o deserto será um vergel, o vergel uma floresta... a obra da justiça será a paz...). Como comenta Feuillet, "assim como a terra estéril se transforma num vergel, a mulher estéril que gera (Rebeca, Raquel, a mãe de Sansão, Ana, Isabel) é no Antigo Testamento um sinal frequente de intervenção de Deus. O caráter virginal da maternidade de Maria está ligado, de forma semelhante, à criação nova da era da graça"; "L'esprit Saint et la Mere du Christ". *Bul. de la Soc. Franc. D'Etud. mariales* 25 (1968), p. 39-64, aqui p. 47; cf. ainda as observações nas p. 45-46. Para ser chamado Filho de Deus não basta que a concepção de Jesus tenha sido sobrenatural. Toda filiação supõe a comunicação de uma natureza da mesma espécie. Portanto, elevada à dimensão divina, Maria pode ter um filho divino, vale dizer, Filho de Deus. A vinda do Espírito Santo sobre ela teve por consequência a maternidade divina, além daquela humana. Sabemos que a patrística grega utilizava exatamente este texto lucano (1,35: o Espírito Santo virá sobre ti...) para provar a divindade de Jesus, concebido de *Spiritu Sancto* que é Deus, cf. JOURJON, M. & BOUHOT, J.-P. "Lc 1,35 dans la Patristique greeque". *Bulletin* acima citado, p. 65-71, esp. p. 65-68. A outra expressão é também profundamente reveladora: "e te cobrirá com sua sombra" (episkiásei). O termo grego recorda a *skené* hebraica que significa o Tabernáculo, a Tenda de Deus com os homens. São João emprega a mesma palavra quando quer expressar a encarnação do Verbo (eskénosen: estabeleceu seu tempo entre nós: Jo 1,14). Sabemos que no AT a skené significava a Aliança, a morada e a presença concreta de Deus no meio do povo (Ex 40,34-36; cf. 25,8.26). No Apocalipse (11,19 e 12,1) o tabernáculo está estreitamente associado à mulher. Com a expressão *eskénosen* (que vem de skené) São João quis revelar a encarnação do Verbo que armou sua tenda entre nós; talvez Lucas, usando a mesma figura da skené (episkiásei) com relação ao Espírito Santo e Maria, queria insinuar a "espiritualização" do Espírito; cf. para isso LAURENTIN, R. *Breve Tratado de Teologia Mariana.* Petrópolis: Vozes, 1965, p. 36-37, esp. nota 14.

a Jesus, ambas destinadas à salvação de todos os homens (Lc 1,32-33). Este fato da descida do Espírito Santo não deve ser diluído pelo procedimento literário usado pelo evangelista que foi de expressá-lo com textos e alusões ao Antigo Testamento. Uma exegese crítica, mas teologicamente ingênua, poderia aqui perder o conteúdo de revelação comunicado neste texto (Lc 1,35). Assim, por exemplo, as palavras "o Espírito Santo virá sobre ti" fazem eco a Is 32,15; as outras, "a virtude do Altíssimo te cobrirá com sua sombra", aludem à nuvem que com sua sombra cobriu a tenda (Shekinâh) no deserto (Ex 40,34-35) ou o templo de Salomão (1Rs 8,10-11).

A força do texto lucano está em afirmar *data opera* a vinda do Espírito sobre Maria. É a descida pessoal da Terceira Pessoa da Santíssima Trindade sobre Maria, à semelhança daquela na primeira manhã da criação (Gn 1,1) e em Pentecostes, onde se usam os mesmos termos (At 2,2). O Espírito que desde o Antigo Testamento se havia apresentado como força criadora de Deus, presença transformadora divina na criação, sendo o poder do impossível (Lc 1,37), agora se liga a Maria. Não se trata de um poder anônimo que tudo subjuga, mas de uma Pessoa divina que não destrói as pessoas humanas e sim as convida ao diálogo e à colaboração. É o que o Espírito faz com Maria; ela é convidada a ser mãe do Salvador. Ao aceitar se dá a plenitude de autocomunicação do Espírito Santo. Ele a assume como o seu lugar de presença e atuação no mundo. Maria, a partir do momento de seu *fiat*, vem hipostaticamente assumida pela Terceira Pessoa da Santíssima Trindade.

Esta espiritualização do Espírito em Maria não se ordena a si e para si mesmo. Está dentro da dinâmica do mistério da redenção e divinização da humanidade. Ela se orienta à encarnação do Filho que também, por sua vez, inaugura a verbificação do mundo. Maria é elevada ao nível de Deus para poder gerar Deus; só o Divino pode gerar o Divino. Por isso que Lucas diz com total acerto, depois de anunciar que o Espírito viria sobre ela e com sua sombra a cobriria: *"por isso* que o Santo gerado será chamado Filho de Deus" (Lc 1,35). Estabelece-se aqui um nexo causal entre a divinização de Maria e a divinização do fruto concebido em seu seio, Jesus. Sendo Maria assumida pelo Espírito e assim alçada à altura de Deus, o fruto que dela nascer só poderá ser Deus. Diz excelentemente H. Cazelles neste contexto: "A vinda do Espírito não é uma abstração invisível [...] Ela torna a maternidade de Maria uma maternidade não somente humana, mas divina: aquilo que se gera nela será chamado Filho de Deus"[72]. Em razão desta verdade, podemos compreender as afirmações fortes da Tradição: Maria não é apenas Mãe de Cristo, mas Mãe de Deus, não somente Mãe da carne de Deus, mas Mãe de Deus na carne. O Espírito não assume apenas a potência maternal da Virgem, como o quer Manteau-Bonamy[73], para torná-la apta para conceber, assumiu a totalidade de Maria. Se tivesse assumido apenas a potência maternal da virgem, teria assumido apenas uma parte e uma função de Maria. Sabemos que a maternidade da mulher, como já o temos visto na parte analítica e filosófica, não define apenas uma função da mulher, mas a própria mulher. Esta possui um espírito maternal; mesmo que jamais chegue a ser mãe, uma mulher nunca perde sua capacidade de conceber e de gerar.

---

72 Cf. *Bulletin de la Société Française d'Etudes Mariales*, Lethielleux 1970, p. 18.
73 *Et la Vierge conçut du Saint-Esprit*. Op. cit., p. 16.

Maria em toda a sua realidade é feita Sacrário e Templo do Espírito Santo, expressões estas que devem ser entendidas real e ontologicamente e não apenas metafórica ou simbolicamente.

O Espírito, que é o feminino eterno, se une ao feminino criado para que ele seja total e plenamente aquilo que pode ser, virgem e mãe. Maria realiza escatologicamente o feminino em todas as suas dimensões, como aliás a piedade sempre o intuiu.

Maria foi preparada para este momento culminante da história da humanidade e de Deus. Desde o seu primeiro momento foi carne pura, foi a imaculada concebida sem qualquer sombra de pecado. A imaculada conceição se destinava à divina espiritualização, no momento da anunciação, quando começou a crescer dentro dela o Verbo eterno. A partir deste momento se inicia o processo de espiritualização de Maria; o Espírito vai nela assumindo tudo o que na vida dela se antolhar até a sua plenitude na Assunção. Aí se dá, no termo e culminância da vida, a plenitude de divinização. O feminino criado está assim associado, eternamente, ao mistério da Santíssima Trindade, mediante Maria assumida pelo Espírito Santo.

Esta realidade misteriosa da divinização de Maria não passou desapercebida pelo inconsciente coletivo (*sensus fidelium*) da Igreja. C.G. Jung mostrou que, ao nível da análise dos dados do inconsciente e de nossa arqueologia arquetípica interior, mostra-se a exigência de divinização do feminino[74]. O povo simples, em sua fé inocente e desarticulada

---

74 Cf. *Zur Psychologie westlicher und östlicher Religion*. Obra Completa 11. Zurique/Stuttgart: [s.e.], 1963, p. 176-491; cf. tb. UNTERSTE, H. *Die Quaternität bei C.G. Jung*. Zurique: [s.e.], 1972, p. 137-144; 218-220; 235-241 [Tese pro manuscr.].

do discurso da ortodoxia oficial, sempre prestou adoração a Maria. Relaciona-se com ela como com alguém, face ao qual nos encontramos absolutamente atingidos; ela emerge como uma última instância de consolo, graça e salvação. Eles alcançam desta forma a verdade escatológica de Maria, já antecipada dentro da história.

A queixa comum de teólogos protestantes e católicos de que, na piedade, Maria acabou ocupando o lugar do Espírito Santo, não se justifica[75]. Expressões como "Maria forma Jesus em nós", Maria é advogada nossa, consoladora dos aflitos, medianeira de todas as graças, mãe do bom conselho", ou ainda, "a Jesus por Maria", e outras tantas que, normalmente, eram atribuídas ao Espírito Santo, vinham pelos fiéis e pela ladainha lauretana referidas a Maria. À luz da hipótese que defendemos, elas expressam a verdade plena. Se Maria é espiritualizada pela Terceira Pessoa da Santíssima Trindade, então tudo o que se pode atribuir ao Espírito Santo pode-se atribuir também a Maria e vice-versa, consoante a regra geral do discurso teológico concernente à pericórese.

A fé não necessita conhecer todas as suas mediações e dar-se conta de todas as suas implicações teóricas para manter-se na sua verdade e justeza. O povo de Deus sempre intuiu a presença pessoal do Espírito em Maria. Atribuindo-lhe todos os títulos de grandeza que a piedade criou, na verdade estava entrando em comunhão com o Espírito Santo espiritualizado em Maria.

Com esta compreensão que acabamos de articular, libertamos a mariologia daquele cristocentrismo exacerbado

---

[75]. Cf. esta objeção ecumênica e a resposta dentro dos quadros de uma mariologia clássica e renovada, LAURENTIN, R. "Esprit Saint et théologie mariale". *NRTh* 89 (1967), p. 26-31.

que caracterizou os últimos anos (e fortemente o Vaticano II) e que não proporcionava ver todo o significado histórico-salvífico universal de Maria. A relação Espírito Santo-Maria não fora aprofundada, sequer feita frutificar sistematicamente como agora o tentamos. A dimensão pneumática com aquela cristológica vem restabelecer o equilíbrio na reflexão mariana e faz justiça à realização escatológica do feminino em Maria, entronizado mediante o Espírito Santo, no seio da Trindade.

Trata-se agora de elaborar uma visão de Maria à luz das perspectivas aqui construídas. Como se depreende, impõe-se uma refundição dos principais temas clássicos acerca de Maria. Pelo fato de culminarmos nossa reflexão sobre o feminino em sua relação hipostática com o Espírito Santo corremos o risco de mitizá-lo ou magnificá-lo a tal ponto de perdermos a concreção histórica em que ele se realizou. Por isso, contemplaremos Maria dentro de três discursos diferentes, possuindo cada qual a sua gramática e sintaxe própria: o histórico, o teológico e o mítico. Todos eles concernem à mesma realidade – Maria – apreendida em níveis diferentes. O que o histórico esconde, o teológico revela; o que o teológico revela, o mítico exalta. Agora começa, propriamente, a verdadeira tarefa da teologia.

Parte III
A HISTÓRIA

MÍRIAM – MARIA

VI: Maria: a Míriam histórica de Nazaré

Capítulo VI
Maria: a Míriam histórica de Nazaré

Não existe uma biografia da Virgem de Nazaré de nome Míriam em hebraico, e Maria em grego e latim[1]. Na mariologia topamos com o mesmo problema da cristologia: o acesso ao Jesus histórico bem como a Maria da história, dado o caráter das fontes, nos é vedado. O que encontramos é sempre fato associado à teologia, acontecimento histórico ligado a uma interpretação de fé. Os apócrifos sobre Maria estão repletos de legendas e fantasias piedosas. Nunca foram aceitos oficialmente pela Igreja[2].

O Novo Testamento apresenta-se magro em informações acerca de Maria. Aí ela aparece apenas oito vezes: no evangelho de São Mateus (capítulos 1 e 2): a perplexidade de José, a visita dos reis magos, a fuga ao Egito; duas vezes em São Marcos, quando Maria parece ser afastada por Jesus (3,21); e quando perguntam, maravilhados por sua sabedoria: "não é este o filho de Maria?" (Mc 6,3). Nos dois primeiros capítulos do evangelho de São Lucas: anun-

---

1. Cf. ROSCHINI, G. *Vita di Maria*. Roma: [s.e.], 1947, baseada em todas as informações dos Padres e da literatura apócrifa, mas que não ultrapassa o nível do fantasioso. • FALGÁS, J. *Maria, la mujer* – Un estúdio científico de su personalidad. Madri: [s.e.],1966, que tenta mediante os instrumentos da historiografia e da psicologia traçar a figura psicológica, moral e física de Maria, mas que não vai além de argumentos dedutivos, quando não incontroláveis.
2. LAURENTIN, R. "Mythe et dogme dans les aprocryphes". *De primordiis cultus mariani* IV. Roma: [s.e.], 1970, p. 13-19.

ciação, nascimento de Jesus, apresentação no templo, reencontro do menino no templo; duas vezes em São João, por ocasião de Caná (2,3) e ao pé da cruz (19,25-27); os Atos referem-se a ela por ocasião de Pentecostes (1,14); Paulo fala dela, anonimamente, numa meia-frase: nascido de mulher (Gl 4,4). Se repararmos bem, nenhum texto concentra-se sobre ela mesma, mas está em função de seu Filho Jesus e do Espírito que vem a ela. Ela somente entra na história por causa da história de Jesus e da irrupção do Espírito Santo na Anunciação e em Pentecostes. Caso contrário, nada saberíamos dela. Nela não se nota nenhuma idealização. É uma mulher do povo simples e pobre. Vive na Galileia e participa em tudo da situação social, política e religiosa de seu povo[3].

1. A exiguidade informativa dos evangelhos sinóticos

Nestas oito referências a Maria devemos discernir o grau de historicidade de cada uma[4]. Os sinóticos (Mc, Lc e Mt), afora os relatos da infância, parecem possuir um fundo histórico mais assegurado. Aqui entram em questão três cenas:

– *A nova família de Jesus:* Mc 3,31-35; Mt 12,46-50; Lc 8,19-21.

A mãe e os irmãos de Jesus (parentes) vão procurá-lo. Mc 3,21 dá o sentido desta procura: eles temem que Jesus

---

3. McHUGH, J. *The Mother of Jesus in NT*. Nova York: [s.e.], 1975, considerado o melhor estudo moderno sobre Maria no NT, numa linha moderada, mas muito bem-informada.
4. Cf. os manuais que já trabalham as pesquisas sobre o assunto: LAURENTIN, R. *Breve Tratado de Teologia Mariana*. Petrópolis: Vozes, 1965, p. 19-46. • SCHILLEBEECKX, E. *Maria, Mãe da Redenção*. Petrópolis: Vozes, 1968, p. 11-30. • MÜLLER, A. *Mysterium Salutis* III/7. Petrópolis: Vozes, 1974, p. 135-164.

esteja fora de si. Jesus pergunta: "Quem é minha mãe e quem são os meus irmãos?" E Ele mesmo responde, passando os olhos pelos que sentavam à sua volta: "Eis minha mãe e meus irmãos. Aquele que fizer a vontade de Deus, esse é meu irmão, minha irmã e minha mãe" (Mc 3,34-35). Primeiramente, o texto nos permite descobrir a perplexidade de Maria face ao próprio filho: Ele irrompe como um carismático. Para alguns isso é sintoma de perturbação mental, como sói ocorrer também nos dias de hoje. Certamente Maria atina com o que se passa com Jesus: a emergência nítida de sua missão messiânica. Mas isso não ocorre com todos os parentes. A resposta de Jesus somente na aparência parece prezar menos os laços com sua mãe. Ele quer demarcar onde começa a nova fraternidade: lá onde o homem se dispõe a realizar o desígnio de Deus. Ora, Maria, mais do que ninguém, é aquela que entra no projeto salvador de Deus e se abre à total colaboração. Sua grandeza não reside tanto em sua maternidade física, mas em realizar plenamente o desígnio que o próprio Jesus anuncia. Ela é assim mais profundamente mãe.

– *Maria, a mulher sem ilustração:* Mc 6,3; Mt 13,55 (cf. Jo 6,42).

Jesus causou espécie aos seus contemporâneos por suas palavras sábias e por seus atos criadores. Surge a interrogação: "Que sabedoria é essa que lhe foi dada? E estes milagres, que se fazem por suas mãos? Por acaso não é ele o carpinteiro, filho de Maria [...]"? Maria forma um contraste com Jesus. Ela é simples, pouco ilustrada, mulher do povo humilde. Como poderá sair tanta sabedoria e tais portentos de uma origem tão insignificante? É um traço seguro da historiografia acerca de Maria: ela não contava entre as grandes mulheres daquele tempo. Participava do anonimato geral das mulheres do judaísmo.

– *Diferença entre o plano da carne e o plano da fé:* Lc 11,27-28.

Alguém, entusiasmado pelas palavras de Jesus, gritou do meio da multidão: "Feliz o ventre que te trouxe e os seios que te amamentaram!" Mas Jesus retrucou: "Antes felizes os que ouvem a Palavra de Deus e a põem em prática". Aqui não ocorre nenhum desdouro a Maria. Jesus quer, novamente, demarcar a diferença – esta que realmente conta – entre o plano da carne e o plano da fé. Participar de Jesus não é um privilégio de sangue ou de raça; é um convite dirigido a todos, participando quem vive a fé, e se orienta por uma prática nova. Maria é neste sentido o protótipo do ser novo. Por isso está junto com Jesus.

Como se depreende destes tópicos, o conteúdo histórico da imagem de Maria apresenta-se extremamente exíguo. As pérolas verdadeiras se guardam no secreto da casa.

2. As narrativas da infância: o predomínio da teologia sobre a história

Além dos poucos textos dos sinóticos, possuímos ainda os relatos da infância de Jesus em São Lucas e São Mateus. Estas passagens representam teologia tardia e já bem-elaborada acerca da dignidade de Jesus, de sua filiação divina e de seu caráter messiânico. Os textos, escritos entre 60-80 d.C., supõem a presença de Maria no meio da comunidade, como nos referem os Atos dos Apóstolos (At 1,14)[5]. Certamente ela comunicou aos apóstolos os

---

5. Cf. REESE, J.M. "The Historical Image of Mary in the New Testament". *Marian Studies* 28 (1977), p. 27-43. esp. p. 32-34.

mistérios de sua própria vida e o conteúdo de suas próprias reflexões. Lucas nos fala das recordações que ela guardava em seu coração (Lc 2,19.51). João, por seu turno, depois da morte de Cristo, a recebe em sua casa e em sua missão (Jo 19,27).

Com critérios historiográficos e literários se torna difícil discernir nos relatos da infância o que é acontecimento histórico e o que é reflexão teológica da comunidade primitiva com seus evangelistas. Quase tudo se concentra em Jesus, e Maria emerge como a realização das promessas do Antigo Testamento. Os fatos considerados históricos são os seguintes: a virgindade de Nossa Senhora e seu noivado com José (Mt 1,18.24); concepção virginal por obra do Espírito Santo (Mt 1,18-20; Lc 1,35); nome imposto pelo Alto, Jesus (Mt 1,21; Lc 1,31); infância em Nazaré (Mt 2,23). Estes fatos vêm urdidos de reflexões teológicas calcadas sobre textos do Antigo Testamento.

São Mateus, por exemplo, narra a origem de Jesus com especial interesse na profecia de Is 7,14: "Eis que a jovem (ha'almáh) concebe, dará à luz um Filho e lhe porá o nome de Emanuel". Este texto lhe permite compreender a virgindade e a concepção misteriosa de Jesus, com exclusão de interferência carnal (Mt 1,18.21). A expressão Emanuel sugere, pelo próprio significado da palavra – Deus conosco –, mais do que uma assistência divina; o que nasce de Maria é o próprio Deus em carne. O restante da narração de Mateus se centraliza na figura de José. É ele que assiste a tudo, reflete, age e confere legalidade ao nascimento de Jesus impondo-lhe o nome (Mt 1,25). O relato dos magos vindos do Oriente está a serviço do universalismo de Cristo; a fuga ao Egito e a matança dos inocentes dão corpo à teologia própria de Mateus que concebe Cristo em paralelo com Moisés[6].

Lucas refere mais pormenores em sua narrativa e assume a perspectiva de Maria, pois ela ocupa as atenções do relato[7]. Tudo é costurado com textos do Antigo Testamento. Certamente Maria mesma já fizera este trabalho de interpretação sobre os fatos que ocorriam nela. É próprio do homem religioso, especialmente o judeu piedoso, procurar entender a história à luz da Palavra de Deus. Cremos que o núcleo histórico seja o seguinte: Maria que era noiva de José, ainda virgem – porque não coabitavam ainda, segundo a lei –, se descobre surpreendentemente grávida. Como toda mulher judia, ansiava pelo Messias. Oxalá um de seus filhos futuros fosse eleito por Deus! De repente, percebe-se grávida. Perturba-se, porque não conhece varão (Lc 1,34). Reza e medita as Escrituras. Pouco a pouco vai chegando à clarificação. Conclui que o Espírito Santo, fonte de toda geração, agiu nela; o filho que em sua força concebeu, será Filho de Deus, o Messias esperado. Todo este processo de compreensão, podemos tranquilamente confessá-lo, vem assistido e iluminado por Deus. Os eventos, nesta compreensão, não teriam caráter miraculoso, visível e patente. Ter-se-ia passado na obscuridade da história o modo como Deus, geralmente, age e penetra no curso dos fatos. Os textos lucanos acentuam que Maria era uma mulher de fé: "feliz porque creste [...]" (1,45). Ela teve que descobrir os caminhos de Deus e, encontrado-os, acolheu-os com total e plena disponibilidade (1,38).

---

6. Cf. BOFF, L. *Jesus Cristo Libertador*. Petrópolis: Vozes, 1977, p. 186-190 [com a bibliografia citada].
7. LAURENTIN, R. *Structure et théologie de Lc 1-2*. Paris: [s.e.], 1957 [obra clássica sobre o tema].

Estes eventos são expressos pelo evangelista com a linguagem do Antigo Testamento. Assim, por exemplo, a Anunciação vem relatada com as palavras quase idênticas de Sofonias:

Anúncio de Sofonias a Israel (3,14-17)	*Anúncio do Anjo a Maria* (Lc 1,28-33)
Alegra-te	Alegra-te
Filha de Sion...	cheia de graça
O rei de Israel, Javé	O Senhor
Está em ti.	Está contigo...
Não temas, Sion	Não temas, Maria,
Javé, Teu Deus	Eis que
Está em teu seio.	Conceberás em teu seio
	e gerarás um Filho
	e lhe imporás o nome de
como um valente Salvador	Javé Salvador... Ele reinará...

O relato lucano continua, utilizando o paralelismo tirado do livro de Samuel onde se faz uma profecia messiânica:

Anúncio de Natã a Davi (2Sm 7,12-16)	*Anúncio de Gabriel a Maria* (Lc 1,32-33)
Eu farei grande após ti	Ele será grande
tua posteridade	
Aquele que sairá de tuas entranhas	
E firmarei sua realeza.	
Serei para Ele um Pai	
Ele será para mim um Filho	E será chamado Filho do Altíssimo
	O Senhor Deus lhe dará

Teu trono será firmado para sempre	O trono de Davi, seu pai
Tua casa e teu reino Serão para sempre assegurados Diante de ti Eu firmarei para sempre O trono do seu reino.	Ele reinará Para sempre

Sobre a casa de Jacó E Seu reino não terá fim. |

As palavras finais do anjo parecem acenar também a um texto do Antigo Testamento:

Êxodo 40,35	*Lc 1,35*
A nuvem cobriu com sua sombra O tabernáculo, E a glória de Javé

Encheu a morada | A virtude do Altíssimo Te cobrirá com sua sombra

Eis por que Aquele que nascerá De ti Será chamado Santo, Filho de Deus. |

Também o relato da visitação de Maria a sua prima Isabel é feito em estreito paralelo com 2Sm 6,1-14 no qual se narra o transporte da arca da Aliança. Maria, segundo o evangelista, seria qual arca da Aliança que carrega o Espírito Santo que é Jesus. Esta insinuação é preciosa para a hipótese teológica que sustentamos anteriormente acerca da relação ontológica de Maria com o Espírito Santo e com o Verbo da qual é mãe temporal.

2Sm 6,9-11	*Lc 1,43.56*
Como a arca de meu Senhor	Como a Mãe de meu Senhor
Vem ao meu encontro	Vem a mim?
A arca de Javé ficou	Maria ficou
Cerca de três meses	Cerca de três meses
Na casa	Em casa dela (Isabel).

O elogio que Isabel faz a Maria é calcado sobre idêntico elogio outrora dirigido a Judite:

Jt 13,18-19	*Lc 1,42*
Tu és bendita...	Tu és bendita...
Entre todas as mulheres	Entre as mulheres
E bendito	E bendito
O Senhor Deus	O fruto de teu ventre.

Acerca do *Magnificat* iremos, mais adiante, fazer uma exposição adequada. Aí se verifica o mesmo fenômeno dos paralelismos com textos do Antigo Testamento. Trata-se sempre de um recurso literário para conferir sentido religioso e transcendente a um fato ocorrido em sua opacidade e aparente insignificância.

Lucas conclui seu relato da infância de Jesus com o episódio da romaria ao templo de Jerusalém[8]. Lucas elaborou toda uma teologia do templo que, agora, é o próprio Jesus, como o lugar onde Deus mora definitivamente. Jesus, aos 12 anos, já inaugura o novo significado do templo. Mas, provavelmente, existe aí um núcleo histórico, a peregrinação real da sagrada família com a parentela, ao lugar mais

---
8. LAURENTIN, R. *Jesus au temple* – Mystère de Pâques et foi de Marie en Luc 2,48-50. Paris: {s.e}, 1966.

sagrado do judaísmo. Jesus, na volta, se extravia da caravana. Os pais o procuram aflitos. Ao encontrá-lo no templo se estabelece um diálogo de profunda ternura e também de mistério: "Filho, por que agiste assim conosco? Olha que teu pai e eu, aflitos, te procurávamos". A resposta de Jesus é surpreendente e se situa num outro nível: "Por que me procuráveis? Não sabíeis que eu devia estar na casa do meu Pai?" (Lc 2,48-49). Há uma contraposição entre pai e Pai. O evangelista deixa claro que para Jesus não contam os laços físicos, mas aqueles de fé. Maria e José são como que convidados a transcender o nível da carne, dos laços de sangue e de família, para aquele outro, somente atingível na fé: o serviço do Pai e de seu desígnio que é a instauração de seu Reino. O texto ainda comenta: "Eles não entenderam o que lhes dizia" (Lc 2,50), mas mostra que na atitude de Maria, de "guardar a lembrança de tudo isso no coração" (2,51), se realiza plenamente a dimensão exigida por Jesus: o andar na fé. Esta fé inaugura a nova comunidade familiar messiânica.

3. São João: a função sacramental de Maria

Em São João aparece por duas vezes a figura da "mãe de Jesus" (o evangelista evita o nome Maria): uma nas bodas de Caná (Jo 2,1-11) e no alto do Calvário (Jo 19,25-27). Historicamente considerada, a cena de Caná[9], provavelmente, foi um acontecimento ocorrido antes da vida pública de Jesus no contexto familiar e da roda dos conhecidos da família. Possivelmente aconteceu o embara-

---

9. Cf. MICHAUD, J. *Le signe de Cana*. Montreal: [s.e.], 1963. • VANHOYE, A. "Interrogation johannique et exegese de Cana (Jn 2,4)". *Bíblica* 55 (1974), p. 157-167. • LINDARS, B. "Two Parables in John". *New Testament Studies* 16 (1969), p. 318-329.

ço da falta de vinho, o diálogo de Maria com Jesus e a realização de um sinal portentoso. Jesus era, efetivamente, um taumaturgo. Sobre esta facticidade histórica, João urde sua reflexão teológica. É uma das características deste evangelista contemplar os fatos dentro de dois níveis: um material, carnal, factual, informativo; e outro simbólico, sacramental, espiritual, performativo. A nós, nesta parte que busca os fundamentos históricos da vida de Maria, interessa propriamente apenas o primeiro nível. O segundo já é teologia, interpretação (embora canônica) do evangelista. Ao chamar sua mãe pela forma inusitada de "Mulher" (Jo 2,4) o evangelista faz Jesus aproximar a função de Maria àquela de Eva (Gn 3,20). Ela é a nova Eva associada ao novo Adão. Maria é aquela que intercede e alcança; é aquela que crê irrestritamente em Jesus e assim realiza de forma plena a relação básica da nova comunidade, a fé. Por outro lado, para o teólogo João as próprias bodas ganham valor simbólico-sacramental: simbolizam as núpcias escatológicas de Deus com a humanidade, acenando também para a Eucaristia que as antecipam e preparam[10].

Afora desta leitura teológica, podemos dizer que, historicamente, Maria viveu a vida como todos vivem: participa de uma festa de casamento, alegra-se como convém, preocupa-se com os eventuais embaraços que surgem, apressa-se em ajudar a resolvê-los e, para isso, não teme urgir a manifestação divina de seu filho Jesus. O centro não é ocupado por ela, mas sempre os outros.

Por fim João coloca Maria aos pés do Calvário[11]. A descrição é sucinta, mas de uma humanidade comovente:

---
10. Cf. LAURENTIN, R. *Breve Tratado*. Op. cit., p. 39-40.
11. Cf. FEUILLET, A. *Jesus et sa Mère*. Paris: [s.e.], 1974; cf. VOIGT, S. "O discípulo amado recebe a mãe de Jesus *eis ta ídia*. Velada apologia de João em Jo 19,27. *REB* 35 (1975), p. 771-823.

"Vendo a mãe e, perto dela, o discípulo a quem amava, disse Jesus para a mãe: "Mulher, eis aí o teu filho". E depois disse para o discípulo: "Eis aí tua mãe". E desde aquela hora o discípulo a recebeu aos seus cuidados" (Jo 19,26-27). Discute-se se esta cena goza de fundo histórico. Há exegetas que encontram duas dificuldades básicas para a sua historicidade: primeiramente, pela estrutura cuidadosamente artística da crucificação narrada por João que tornaria inverossímil a presença de Maria; em segundo lugar, pela ausência deste fato na narração dos sinóticos. De todas as maneiras o Evangelista João, dentro de seu estilo teológico, vê nesta cena a revelação de um mistério. Novamente faz Jesus chamar sua mãe de Mulher. Faz de João, cuja mãe verdadeira também estava lá junto à cruz (Jo 19,25), seu filho, filho de Maria.

Aqui emergem as reminiscências do antítipo de Eva. Na pessoa de João, ela se torna mãe de todos os discípulos de Jesus, seu Filho. Segundo esta teologia, Maria inaugurava agora, na "hora" suprema da redenção, sua maternidade universal. É o sentido da palavra de Jesus dita a João: "Eis aí tua mãe!" Se quisermos admitir um fundo histórico ao fato de Jesus, vendo sua mãe abandonada, entregá-la aos cuidados do discípulo amado, devemos compreender que este dado histórico serviu para o evangelista fazer sua reflexão e descobrir no acontecimento material um significado escondido e misterioso da inserção de Maria na geração espiritual de todos os redimidos pelo sangue de Jesus[12].

---

12. Cf. REESE, J.M. *The Historical Image of Mary in the New Testament*. Op. cit., p. 34-42.

4. Traços históricos de Maria

Como transparece, os contornos históricos de Maria se esfumam dentro de reflexões teológicas que exaltam a grandiosidade desta mulher do povo, desconhecida pelos grandes do tempo, mas privilegiada pelo olhar misericordioso de Deus. Dos vários textos e cenas ressaltam algumas características de Maria:

– *Maria é virgem-noiva*: os textos dão por pressuposto este fato de tal forma que sobre ele fazem reflexões teológicas. Como veremos mais adiante, a virgindade não constituía valor social, porquanto era equiparada à viuvez. Maria, entretanto, está comprometida com José consoante o costume judaico.

– *Maria é pobre*: as várias cenas nos dão conta de que se trata de uma mulher do povo; Maria e José são um casal de pobres, para os quais não há muito lugar neste mundo, mesmo quando estão em necessidades prementes (cf. Lc 2,7). Os termos gregos usados (tapéinosis em Lc 1,48 e tapeinós em 1,52) significam indigência material, fruto da exploração por parte dos ricos, aos quais a legislação do Antigo Testamento impunha um freio (Ex 22,20-24; Dt 24,12-17; Lv 19,20; 23,22). Esta situação, lentamente, ganhou uma conotação espiritual. Deus se compraz com os pobres e oprimidos e os considera primeiros no restabelecimento da justiça quando seu Reino chegar. Por isso, estes indigentes materiais se tornam o símbolo dos piedosos, dos portadores da espera e da esperança. Maria, como veremos ao comentarmos o *Magnificat*, se inscreve dentro deste exército dos pobres. Ela é totalmente disponível e aberta para a misericórdia e intervenção libertadora de Deus.

– *Maria é mãe*: Os textos preferem chamá-la de mãe de Jesus que virgem Maria. Está ligada profundamente ao filho como toda mãe, mas também sabe deixá-lo na liberdade para cumprir a sua missão. Contam menos os laços de sangue que os novos laços que nascem da fé na sua missão e na missão de Jesus. Como mãe, está presente nos momentos cruciais da trajetória de Jesus: na sua encarnação, no seu nascimento, na sua primeira visita ao templo, no começo da vida pública em Caná, no auge de sua popularidade quando se vê cercado pelas multidões, no momento da morte e quando Jesus deixa o lugar para o Espírito continuar a sua obra, em Pentecostes.

– *Maria é cheia de fé*: Ao contemplarmos Maria corremos o risco de imaginar que nela tudo era fácil e transparente, que ela sabia de tudo, de ser a mãe de Deus, de que Jesus era o Filho do Altíssimo, de que era a bendita entre todas as mulheres. Os evangelhos não nos pintam semelhante idílio. Antes pelo contrário, apresentam-nos Maria, andando na obscuridade da fé[13]. Sua prima Isabel o diz explicitamente: "feliz és tu que creste" (Lc 1,45). Nem tudo ela compreendia (Lc 2,50) e tinha que assumir os caminhos misteriosos de Deus. Mas confia (Lc 1,38). Sua fé cresce mediante a reflexão e a meditação (Lc 1,29; 2,19): "Maria refletia no que poderia significar a saudação (do anjo)". Ela superou a perturbação inicial e diz: *fiat*! A Anunciação mostra a dinâmica da fé de Maria. Sendo virgem, descobre-se grávida. Perturba-se (Lc 1,29) e tem medo (Lc 1,40). Descobre a mão de Deus-Espírito Santo. Toma consciência que o que cresce em seu seio é Divino. Não duvida desta ilu-

---

13. Cf. SCHELKLE, K.H. *A mãe do Salvador*. São Paulo: [s.e.], 1972, p. 65-72.

minação interior. Apenas pergunta como se fará isso (Lc 1,34). Aceita realidades que não se veem. Ela creu, pois para Deus nada é impossível (Lc 1,37). Não consiste exatamente nisso a fé, como a epístola aos Hebreus a definiu (11,1)?: "a fé é a antecipação das coisas que se esperam, a prova das realidades que não se veem".

Maria creu sem dar-se conta de toda a profundidade daquilo que ouvia; certamente possuía uma consciência real de sua maternidade ligada ao Espírito Santo; dá-se conta de que a salvação dos homens está vinculada ao filho que começa a crescer em seu ventre, mas de forma imprecisa e obscura. A vida vai tornando manifesto aquilo que lhe era confuso. É próprio da fé viver no lusco-fusco, criar luz na medida em que acolhe e se entrega ao plano de Deus. Este é o nosso caminho e foi a senda estreita também de Maria. A fé convive com a perplexidade, mas não pode subsistir com a dúvida. Maria jamais duvidou. Zacarias duvidou: "Como terei certeza de que Isabel, já velha, vai conceber? (Lc 1,18)". É punido, pois o anjo lhe diz: "porque não creste, ficarás mudo" (Lc 1,20). Maria creu e recebeu o louvor de Isabel: "feliz porque tiveste fé" (Lc 1,45). Esta fé a fez sempre disponível, descentrada de si mesma, sempre a serviço do filho e dos demais.

— *Maria é a mulher forte*: Não pensemos que Maria estivesse cercada de aias, vivendo em palácios, embalada por músicas celestiais, ornada de rosas, vivendo num idílio paradisíaco. Sua vida foi como a nossa, opaca, difícil, lutada. "A inocência não a retirava de um mundo de pecado e de incompreensão. Nem a abrigava dos reveses imprevisíveis e irracionais da existência humana. A confusão da vida, as intrigas da sociedade, o desencadeamento cego das paixões humanas podem criar situações críticas a vítimas inocentes. A inocência não afastava Maria dessas situações humanas "normais", mas lhe dava uma força que, sem nada retirar do lado difícil das coisas, fazia-a aceitar no mais santo abandono o lado espinhoso e vivê-lo interiormente de uma maneira completamente diferente. Nazaré é a casa dos que creem lutando. Dos que enfrentam corajosamente as dificuldades da vida em pleno abandono à Providência"[14].

Esta humilde mulher vem escolhida por Deus para ser o Templo do Espírito Santo e a mãe de Jesus, o Salvador e o Deus encarnado. Dela é que se dizem as maravilhas que o Onipotente operou: de ter sido concebida sem a mancha original que dramatiza a nossa existência e a aliena; de ter concebido Jesus, estando em estado de virgindade e que permaneceu virgem por toda a vida; de ter sido a mãe de Deus e por causa deste título de ter participado, silenciosa e discretamente, no processo da salvação humana; e finalmente de ter sido assunta ao céu em corpo e alma após o termo de sua vida terrestre. Aqui não falam os mitos; aponta-se uma personagem histórica que, nas profundezas de seu anonimato, foi tomada por Deus para permitir a definitiva e completa entrada do próprio Deus na história dos homens.

Evidentemente, sempre podemos dizer: tudo isso soa como antigas mitologias e há muitos hoje que reduzem toda a mariologia a um capítulo da história dos arquétipos e a um tema do discurso mítico. Mas podemos também crer, palavra por palavra, tudo o que os textos fundadores e a comunidade da fé sempre ensinaram. E cremos, não simplesmente porque houve um grupo que sempre creu e a ele nos associamos, mas principalmente pelo conteúdo

---

14. SCHILLEBEECKX, E. *Maria, Mãe da redenção*. Op. cit., p. 25.

desta fé marial. Este conteúdo fala menos de Maria do que de Cristo e de seu Espírito. É em função deles que Deus operou maravilhas em Maria. E Jesus é anunciado e crido como o salvador dos homens e a absoluta imediatez de Deus na carne humana. Por ela é que tais realidades foram introduzidas na história. Maria nunca aparece em si mesma, mas sempre a serviço dos outros. É ela quem visita Isabel, é ela com José que procuram o menino, é ela quem diz ao filho: eles não têm mais vinho. Sua presença é feita mais de silêncios do que de palavras. Por causa destes outros e especialmente por causa de Cristo que falamos de Maria.

5. A história antecipa a escatologia

Por outro lado, contemplamos os eventos divinos acontecidos em Maria como eventos escatológicos. Explicamos: não se trata de situá-los ao nível do simples miraculoso e fantástico. Eles querem expressar o desígnio último (escatologia) de Deus sobre a humanidade e de modo particular sobre o feminino[15]. Realiza-se em Maria a situação final, já dentro da história, situação prometida a toda a humanidade: ser um dia totalmente de Deus e para Deus. Nela o feminino se historificou de forma escatológica, explicitando todas as suas dimensões positivas seja de virgem, seja de mãe, seja de esposa. Se dizemos que nela os dinamismos e os impulsos do feminino afloraram definitiva e absolutamente, então, devemos entendê-lo como obra de Deus e como expressão derradeira para além da qual, historicamente, não se poderá ir. Nela a história do feminino che-

---
15. Cf. MEO, S.M. Riflessi del rinnovamento della escatologia sul mistero e la missione di Maria. In: *Sviluppi teologici postconciliari e mariologia*, Roma: [s.e.], 1977, p. 103-128.

gou ao seu termo culminante. Tal perfeição final justifica a veneração e a magnificação da piedade e do pensamento acerca de Maria. Fora desta compreensão escatológica significaria perversão religiosa, descentração da medida compatível e justificável com a história.

Quase nada sabemos acerca dos fatos de Maria e da forma de vida que levou. Entretanto, o pouco que as Escrituras nos deixam entrever manifestam o essencial de sua vida e de toda a vida verdadeiramente humana. Em Maria emergem, cristalinas, as duas principais estruturas do humano, a receptividade e a doação, o acolhimento e a entrega.

O ser humano se descobre, num primeiro momento, como um ser receptivo. Não se deu a vida; recebeu-a. Não cria o mundo; transforma-o apenas. Os olhos não criam a luz nem o pulmão o ar; os olhos captam a luz e os pulmões se enchem de oxigênio. Faz a experiência gratificante da bondade e exuberância da realidade que se presenteia a ele contínua e gratuitamente.

Por outro, se descobre como um ser que se doa e na medida em que se doa se torna cada vez mais. Não está aberto apenas para receber, senão que também para dar.

Maria é puro acolhimento e perfeita entrega. É aquela que se dispõe ao desígnio de Deus. Responde *fiat*, faça-se! Nem sempre entende tudo o que ocorre com seu Filho. Apesar disso, acolhe-o e guarda-o fundo no seu coração (Lc 2,51). Por outro lado, é aquela que toma a iniciativa, se entrega e se doa aos outros, na visita a sua prima, nas bodas de Caná; é frágil e simples, mas cheia de coragem messiânica a ponto de cantar em seu *Magnificat* a derrubada dos poderosos e a punição dos ricos (Lc 1,51-53). Tem uma presença corajosa junto à cruz (Jo 19,25-27).

Basta conhecermos estas atitudes de Maria para nos advertirmos do fato de que nela o humano está presente em sua forma completa e em sua perfeição. Ela não é apenas a realização idealizada da mulher, mas de todo o ser humano.

Parte IV
A TEOLOGIA

MARIA, A NOSSA SENHORA DA FÉ

Introdução: A gramática divina

VII: A Imaculada Conceição: a culminância da humanidade

VIII: A virgindade perpétua de Maria: o começo da humanidade divinizada

IX: A maternidade humana e divina de Maria

X: Ressurreição e Assunção de Maria

XI: A solidariedade e mediação universal de Maria

XII: Maria, mulher profética e libertadora

Introdução: A gramática divina

Não há somente uma mariologia que vem de baixo, da história quase anônima desta mulher do povo de Deus que se sente serva do Senhor (Lc 1,38) e que confessa: o Senhor olhou a pequenez de sua serva (Lc 1,48). Justifica-se também uma mariologia que vem de cima, da reflexão teológica, daquele que se coloca no olhar de Deus e, perplexo, a descobre cheia de graça (Lc 1,30), a bendita entre todas as mulheres (Lc 1,42). Esta mariologia é obra da fé, do entusiasmo religioso de quem contempla Maria no plano de Deus, da piedade que magnifica. É a mariologia dos manuais, com sua preocupação sistemática, a partir de um princípio enucleante. Esta operação responde ao nosso afã de unidade e simplicidade, mas que, não raro, pode-nos iludir. A lógica de Deus não é dedutiva como a nossa; apresenta-se desconcertante; devido à constância dela no Antigo e no Novo Testamento, somos induzidos a crer que Deus se compraz sobremaneira com o paradoxo. Daí a necessidade da vigilância: a magnificação teológica deve respeitar o estreito caminho escolhido por Deus para exaltar Maria.

A exaltação não deve cair no mitológico e sucumbir à numinosidade dos arquétipos a ponto de ocultar o surpreendentemente pouco surpreendente, o extraordinariamente nada extraordinário da vida de Maria e de seu filho Jesus. O grande do engrandecimento divino consiste em ser engrandecimento do pequeno; o maravilhoso das maravilhas operadas por Deus em Maria reside no maravilhamento do humilde e do sem aparências. A glória de Deus não possui a mesma estrutura da glória humana. Esta precisa do aparato, da grandiloquência, da exuberância, do luxo; aquela, a glória de Deus, se mostra na pequenez, se revela na insignificância e se concretiza na marginalidade. Esta precisa condição Deus privilegiou para comunicar a sua glória; não a manifestou apesar dela, mas nela e por ela. Quem não compreende esta gramática divina, nada entende da encarnação de Deus no mundo e do real sentido de toda mariologia cristã. Pior ainda: corre risco de reduzir toda a cristologia e toda a mariologia a uma versão modificada das arcaicas mitologias. Historicamente Deus não escolheu para sua mãe uma princesa romana, vivendo na atmosfera do palácio imperial; não olhou para a beleza de uma Palas Atena, mas para o rosto rude de uma mulher de vila agreste; o Espírito Santo escolheu a mulher frágil e pobre para fazê-la seu templo vivo e substancial; ela não deu à luz numa câmara real, cercada de aias, mas numa estrebaria, rodeada de animais. Não o que era considerado grande, apolíneo, real, rico, faustoso pela sociedade e pela religião foi escolhido por Deus, mas aquilo que era tido por insignificante, rebaixante e marginal.

A mariologia da exaltação deve saber o que exalta, exatamente, tais realidades. Trata-se de desentranhar a transparência divina do pequeno, importa mostrar a profundidade transcendente que se oculta por detrás do humilde, porque este foi o caminho escolhido pelo Altíssimo para se acercar de Maria e de seu filho Jesus e assim visitar a humanidade.

A mariologia de axaltação que não retorna à história de Maria, mas se atém aos seus próprios discursos grandiloquentes, perde seu caráter histórico-salvífico; não fala da Maria da história, daquela que foi a mãe de Deus, o Sacrário real do Espírito Santo, mas fala de uma nova mitologia cristã elaborada fantasticamente a propósito de Maria. O critério de toda verdadeira teologia cristã – que não se deixa transformar num puro discurso mitológico – é sua referência aos acontecimentos realizados por Deus dentro da história. À teologia cabe cavar a racionalidade que se esconde neles e descobrir seu nexo dentro do desígnio de Deus, sempre em contato com eles, em função deles e como explicitação deles, no sentido de poder compreendê-los melhor e assim poder amar mais a Deus.

Tanto a cristologia, a pneumatologia quanto a mariologia encontram-se sob a vigência e a importância teológica do tempo; nem tudo estava já totalmente pronto. Houve crescimento; a história e o tempo foram madurando o plano de Deus. Mais a Maria do que a Jesus se pode aplicar o texto lucano: "crescia em idade e graça diante de Deus e dos homens" (Lc 2,52). Ela cresceu da promessa para sua realização; da obscuridade da fé até à luz meridiana do conhecimento perfeito do desígnio de Deus; da imaculada concepção até a vinda sobre ela do Espírito Santo; da concepção virginal, que a deixou perplexa, até o pé da cruz, quando, não menos perplexa, contempla a forma privilegiada por Deus para libertar os homens; da onerosa peregrinação terrena até a transfiguração plena no céu. A própria devoção mariana encontra-se sob a lei do tempo: de inícios insignificantes nos primórdios foi-se explicitando até sua elaboração no século III e culminar com muito maior explicitação nos nossos dias com a compreensão de sua ligação única com a Terceira Pessoa da Santíssima Trindade. Maria encarna por excelência o tempo de Deus dentro do tempo dos homens. É o elo que unifica os quatro tempos histórico-salvíficos; o trânsito de um para o outro passa pela mulher. Maria pertence ao Antigo Testamento no qual nasceu, acompanha o tempo de Cristo, está presente no início do tempo da Igreja (At 1,14) e inaugura o tempo da humanidade totalmente redimida e divinizada em corpo e alma no céu.

Capítulo VII
A Imaculada Conceição: a culminância da humanidade

A humanidade – seus gênios e seus místicos o testemunham – está em busca de sua perfeita identidade. Sonha com um reino futuro de paz, justiça, harmonia e fraternidade, onde os mecanismos de ódio, divisão e destruição que a dilaceram no presente sejam definitivamente superados. Quer sanar a raiz que deslancha a permanente perturbação na vida humana e social. Entretanto, faz a experiência amarga do fracasso e aprende que deve conviver com a contradição. Nem por isso arrefece a esperança por um reino da perfeita humanidade, enfim reconciliada.

Israel, mais do que outros povos, articulou a dimensão da esperança: o futuro guarda o segredo da humanidade nova; nós estamos caminhando em direção dele. O povo da esperança se sente qual esposa bem-amada por Deus (Os 2; Jr 31,17-22; Is 54,4-8; 71,10-11), mas ao mesmo tempo sabe que não consegue viver na fidelidade; adultera continuamente (cf. Os 2; Ez 16). Virá um dia – quando? – em que Deus poderá dizer: "Tu és toda bela e não há mancha nenhuma em ti" (Ct 4,7).

A fé cristã vê em Maria concebida sem pecado a historificação da esperança e o encontro da busca. Enfim, Deus fez surgir alguém que pudesse ser a esposa pura para o amor puro de Deus. Maria é apresentada como a culminância da humanidade e o coroamento de Israel.

Pio IX a 8 de dezembro de 1854 definia dogmaticamente: "No primeiro instante de sua conceição, pela graça e pelo privilégio de Deus todo-poderoso e em consideração aos méritos de Jesus Cristo, Salvador do gênero humano, a virgem Maria foi preservada e isenta de toda mancha do pecado original" (DS 2803). A bula *Ineffabilis Deus* assevera ainda que Maria vem cumulada de tanta perfeição que debaixo de Deus não se pode imaginar maior e que afora o próprio Deus ninguém pode pretender conseguir (DS 2800). Evidentemente, somos confrontados com realidades terminais; a história se exaure e a humanidade descansa porque se vê, numa representante sua, transportada para a plenitude da história, quando, então, a utopia se realizará.

1. Que significa estar livre do pecado original?

A declaração solene atesta: Maria foi preservada e isenta de toda mancha de pecado original[1]. Por pecado original entendemos aquela situação originária que gera incapacidade de amar, fechamento do homem sobre si mesmo, impossibilidade de se relacionar adequadamente com os três grandes eixos sobre os quais assenta a existência humana, com o mundo, com o outro e com Deus. Esta perversão na

---

1. O'CONNOR, E. "Modern Theories of Original Sin and the Dogma of Immaculate Conception". *Theological Studies* 20 (1969), p. 112-136; a bibliografia mais rica sobre o tema foi reunida por CAROL, J.B. "The Blessed Virgin and the 'Debitum Peccati'. A bibliographical Conspectus". *Marian Studies* 28 (1977), p. 181-256.

raiz da vida responde, em *última instância*, pelas dimensões inumanas dentro da vida humana, pela injustiça pessoal e social, pela iniquidade histórica das formas de convívio humano, numa palavra, pela situação de pecado original. Todos nascemos dentro do pecado do mundo e somos sinistramente solidários em nosso trágico destino, bem como solidários em nossas parcas vitórias. De Maria se diz: ela foi isenta e preservada de toda mancha do pecado original. Isso em previsão da obra redentora de seu filho Jesus, de tal forma que ela realiza a redenção de modo mais sublime possível.

Alguém poderia perguntar: Como pode ser redimida por seu filho, se este nasceu depois dela? Para responder satisfatoriamente devemos nos alçar à dimensão de Deus. Deus, em sua eternidade, para quem aquilo que para nós é ontem e amanhã é um eterno hoje, prevendo a obra libertadora de Jesus Cristo, preserva de antemão Maria de toda mancha do pecado original. Em nenhum momento de sua existência ela foi bafejada pela alienação fundamental que estigmatiza nossa existência. Ela realiza o homem que Deus sempre quis, ereto para o céu (nós somos pelo pecado encurvados), aberto para o outro (nós nos centramos sobre nós mesmos) e confraternizado com o mundo (nós possuímos egoisticamente a terra). Ela pertence ao desígnio primeiro de Deus, logicamente anterior à queda da humanidade. Por isso, Maria não possui débito nenhum para com a situação de pecado. Pertence, sim, à história dos homens; nasce dentro de nosso mundo e de pais pecadores, mas, por preservação divina, permanece incontaminada. Nisso ela não possui mérito nenhum; é obra da gratuidade de Deus, pois nela Ele quis concretizar, finalmente, a humanidade nova e antecipar o termo feliz da história quando todos os judeus serão imaculados e puros diante de Deus. Ela já é isso dentro e no meio da história.

Maria é pois imaculada; mostra-nos, no tempo da peregrinação, o que seremos – cada qual em sua medida própria – na consumação da humanidade em Deus. Se cremos que Maria, por desígnio do Mistério, é sem pecado, não devemos imaginar que sua vida terrestre tenha sido um mar de rosas. Ela participa da opacidade da existência humana. Dizer que ela era imaculada não implica afirmar que não sofria, que não se angustiava, que não tinha necessidade de crer e de esperar. Ela é filha da terra, embora fosse abençoada pelo céu. Nela há paixões humanas; nela tudo o que é autenticamente humano se faz presente. Pertence ao estatuto essencial do homem seu dimensionamento para vários mundos e ser habitado por muitos. Há a dimensão passional elementar que se verga para a terra, há a dimensão que se abre para o céu e há a dimensão que se dobra para dentro do coração. Cada universo tem suas pulsões e tendências, puxando o homem para todos os lados. Isso não é imperfeição do homem; dá conta de sua riqueza.

A concupiscência (é o termo teológico para o dinamismo plural da existência humana) não é, em seu *sentido originário*, como foi explicitado pelos grandes mestres franciscanos medievais, pecado nem consequência de pecado. Pertence à criação boa de Deus e é condição para a virtude e o crescimento humano. O homem matinal, antes do pecado, era dotado da graça da integridade e da justiça original. Conseguia integrar os dinamismos mais díspares de sua vida dentro de um projeto orientado para Deus, dimensionado para o outro e enraizado no mundo. Fazia justiça a cada dimensão, sem rompimento e sem recalque desumanizador.

O pecado introduziu a desordem; cada paixão segue o seu livre curso; o homem se sente incapaz de se domesticar. A concupiscência como se vertebra *historicamente* (e só neste sentido), devido a seu dinamismo desagregador, é consequência do pecado e incita ao pecado. Dizer "Maria é preservada e isenta de todo pecado" implica admitir que Maria como todo ser normal sentia as distintas paixões da vida com suas exigências específicas. Mas, à diferença de todos nós, somente ela conseguia orientar tudo num projeto santo e dimensionar tudo, na sua forma adequada, a ponto de ser plenamente filha de Deus, irmã de todos os homens e livre senhora do mundo. Por graça de Deus possuía uma força interior capaz de tudo ordenar e de fazer desabrochar para a reta medida de todas as dimensões. A fonte que nela jorrava era cristalina e pura. Tudo era puro e cristalino em sua vida por causa desta fonte, liberta do pecado e de toda alienação, melhor, cheia de graça e de vida divina.

Enfim emergiu na criação um ser que é só bondade; o deserto é ainda fértil; a árvore da vida não produz apenas flores estioladas; uma desabrochou e concebeu uma vida ainda mais excelente, Jesus Cristo; foi possível ainda e, pela primeira vez, arrancar da criação vulnerada um olhar que não perde a inocência de seu brilho, um gesto que não encerra nenhuma ambiguidade, uma suavidade, uma beleza e uma clemência não mais ameaçadas. É possível um novo começo para uma humanidade nova; o paraíso não se perdeu totalmente no passado e o reino não ficou interminavelmente no futuro; há um presente que realiza os sonhos mais ancestrais, a terra celebra esponsais com o céu, a carne se reconcilia com o espírito e o homem brinca diante do grande Deus.

2. Que significa estar cheia de graça?

Professar que Maria é cheia de graça significa admitir que Deus como bondade, suavidade, jovialidade, retidão, equilíbrio, transparência, liberdade e exuberância em todas as dimensões da vida, autodoou-se a esta mulher simples do povo. Graça não constitui "um algo misterioso" no homem, mas é a presença pessoal e viva do próprio Deus dentro da vida, fazendo-a ser mais vida ainda, plenamente desabrochada para a terra e para o céu. Com isso, a vida terrestre de Maria não é menos onerosa, difícil, monótona e sofrida. Fundamentalmente tudo isto pertence à estrutura de um espírito mergulhado na carne, de uma transcendência viva realizada nos limites estreitos de uma imanência terrestre. O homem pecador sofre com as paredes deste cárcere, revoltado e erguendo o braço contra o céu quando não maldizendo a vida.

A imaculada não sofre menos com os limitados espaços e com as contradições existenciais, mas sabe acolhê-los como manifestações da mortalidade estrutural da vida e como convites para transcender e desejar Deus. Ao invés de diminuírem a vida, potenciam-na; a graça presente nela consegue integrar tudo e fazer tudo redundar para o crescimento da vida.

O fato de ser livre da tara histórica que dilacera nossa existência constitui, inegavelmente, um privilégio de Deus para Maria. Mas, como dizia um dos grandes teólogos do século XX, "o que foi verdade uma vez, vale para todos"[2]. Nosso futuro será também de purificados; então seremos totalmente para Deus, totalmente irmãos e plenamente li-

---

2. RAHNER, K. *Marie, Mere du Seigneur*. Paris: [s.e.], 1960, p. 60.

vres para o mundo. Maria antecipa o destino de todos. Por ela temos a certeza de que Deus não nos abandonou em nossa desgraça. Ele previu um começo novo para todos os que se dispuseram a isso porque, enfim, estamos sempre cercados por seu amor.

O fato da Imaculada Conceição, entretanto, guarda um sentido secreto. Não é apenas obra da pura misericórdia de Deus, começando a criar a nova humanidade. A Imaculada Conceição é um fato primeiro que se abre a outros ainda mais excelentes. Deus prepara uma mulher, toda pura e santa, para ser o seu próprio receptáculo. O ser humano está destinado – para isso foi criado – para poder acolher a autodoação total e plena de Deus mesmo. Como já refletimos na parte segunda da análise, Maria foi preparada para ser assumida pelo Espírito Santo. O feminino repleto da divindade alcança sua plenitude: permanecendo virgem se torna mãe, concebendo a Deus mesmo (Filho). O sentido secreto e último da Imaculada Conceição não reside em Maria, mas no próprio Deus em sua vontade encarnatória. Ao intencionar autocomunicar-se de forma total prepara para si o templo animado no qual vai morar; entra, assume-o e o torna divino. Nesta preparação para a espiritualização ainda futura consiste o sentido e a destinação da Imaculada Conceição.

Capítulo VIII
A virgindade perpétua de Maria: o começo da humanidade divinizada

Os modernos possuem especial dificuldade face à virgindade perpétua de Maria[1]. O desmesurado valor que a nossa cultura atribui ao exercício da sexualidade mal permite se vislumbrar algum valor à virgindade.

1. A virgindade no conflito das interpretações

Não são poucos os cristãos que se representam da seguinte maneira a procedência de Jesus: Maria e José são um casal profundamente piedoso e puro. Como a maioria dos casais fervorosos de seu tempo, também eles aguardam ardentemente o Messias. Suplicam a Javé que se digne escolher um de sua prole. E Deus efetivamente olhou com

---

1. A bibliografia é incomensurável. Cf. alguns títulos mais significativos: VALLAURI. "A exegese moderna diante da virgindade de Maria". *REB* 34 (1974), p. 375-399. • FRANK; KILIAN; KNOCH; LATTKE & RAHNER. *Zum Thema Jungfrauengeburt*. Stuttgart: [s.e.], 1969. • SALIBA, J.A. "The Virgin-Birth Debate in Anthropological Literature. A Critical Assessment". *Theological Studies* 36 (1975), p. 428-454. • CARROL, E.R. "Theology on the Virgin Mary, 1965-1975". *Theological Studies* 36 (1976), p. 253-289. • VV.AA. (L. Scheffczyk, Feuillet etc.). *Nato da Maria vergine*. Jaca Book: Communio, 1978. • LAYWARD, J. *The Virgin Archetype*. Nova York: [s.e.], 1972, p. 254-307 [Dunquin Series 5]. • SAINT YVES, P. *As virgens mães e os nascimentos miraculosos*. Rio de Janeiro: Império, [s.d.]. • O'CARROL, M. "The Virginal Conception. Some Recent Problems". *Marianum* 37 (1975), p. 429-464.

misericórdia para a família de José e ouviu a súplica de redenção. Um filho gerado pelo amor de Maria e José foi assumido hipostaticamente pelo Filho eterno para torná-lo o Libertador do mundo. Maria, segundo este tipo de representação, é sempre pura, não num sentido biológico, mas num sentido pessoal e moral, pois em tudo jamais comprometeu sua relação para com Deus como o Absoluto de sua existência. Nem o amor para com José sequer era um concorrente ao seu amor para com Deus. O filho nasceu do mais puro amor; foi oferecido a Deus antes da própria concepção; e Deus, num amor ainda mais puro, o aceitou para ser o sacramento do seu Filho unigênito dentro da história. A virgindade é um valor, mas não tão absoluto que, para preservá-la, Deus tivesse excogitado uma maneira sobrenatural de fazer conceber Jesus (sem o sêmen humano e por força e obra do Espírito Santo). O matrimônio também é um valor santo e veículo suficientemente puro para introduzir Deus na carne humana.

Outros cristãos, afeitos aos procedimentos literários dos autores do Novo Testamento, afirmam: a virgindade de Maria está totalmente orientada para a verdade sobre Jesus. A cristologia e não a mariologia ocupa o centro dos relatos evangélicos (Mt 1,18-25; Lc 1,26-28). Seguindo a linha desta concentração cristológica, diz-se: a conceição virginal de Jesus, num sentido biológico, constitui um modelo literário para expressar o novo começo da humanidade inaugurado por Jesus. Ele não prolonga a história dos homens; isso significaria reproduzir seus mecanismos de pecado e graça. Ele instaura uma nova ordem, só de bondade, de graça e de glória. É o novo Adão e as primícias do novo céu e da nova terra. Esta nova criação não é obra da história humana, mas iniciativa exclusiva de Deus. Para expressar esta verdade – cerne do anúncio evangélico – utilizou-se como modelo de compreensão e de expressão a conceição virginal de Jesus. Em função disto começou-se a falar da virgindade de Maria; primeiramente antes do parto, mais tarde no parto e, por fim, depois do parto[2].

Face a estas interpretações devemos dizer: Efetivamente, e de per si, a encarnação de Deus não está ligada, por um laço essencial, à conceição virginal. Deus poderia, tranquilamente, ter tomado alguém gerado dentro do amor humano para ser a encarnação de seu Filho unigênito. Jesus não seria menos Filho de Deus, menos Libertador, menos Divino do que nascendo virginalmente de Maria. Entretanto, devemos nos perguntar: Mas é isto que os Pais da fé nos testemunharam? Ademais, fica totalmente encoberta a relação de Maria para com o Espírito Santo que pode abrir perspectivas teológicas novas em termo de uma autocomunicação do Espírito, análoga àquela do Filho. A teologia deve pensar não o produto de nossos desejos, mas os fatos salvíficos como os evangelhos no-los transmitiram. Aí se fala, realmente, do casal Maria-José; mas, por perplexidade deles, se narra a conceição de Jesus estando Maria ainda virgem. Se José tivesse sido o pai de Jesus, ter-se-ia atribuído a ele uma função histórico-salvífica e uma veneração pelo menos igual àquela que foi conferida a Maria. A história, entretanto, não procedeu assim, porque José desempenhou uma função lateral (pai jurídico), comparada com aquela direta e imediata de Maria como mãe num sentido próprio e verdadeiro. O caminho de Deus para entrar no mundo não passou pelo matrimônio, mas pelo da virgin-

---
2. KÜNG, H. *Ser cristão*. Rio de Janeiro: [s.e.], 1976, p. 391-402.

dade. Foi um caminho de amor, mas sem passar pela mediação do amor matrimonial.

Quanto à segunda interpretação devemos ponderar: de fato, a intenção dos relatos sobre a conceição virginal de Jesus em Lucas e Mateus é preferentemente cristológica. Eles querem afirmar uma relação única de Jesus (sua existência e seu destino) para com Deus e visam enfatizar o novo começo da humanidade iniciado com Ele. Entretanto, querem dizer só isso? Querem dizer a mesma coisa como quando dizem: Jesus é o novo Adão, princípio e cabeça da humanidade nova? Tanto Lucas quanto Mateus não fazem especulações sobre a virgindade de Maria. Tomam-na como um pressuposto, um fato aceito sem discussão, servindo de ocasião para fazerem uma reflexão cristológica. Os textos de Mt 1,18 e Lc 1,35, que se referem à conceição virginal de Jesus, diretamente apontam para Jesus, mas indiretamente apontam também para Maria. Não se pode dizer taxativamente: tais textos são simples variações do mito preexistente na cultura do tempo (mitologia egípcia: o faraó é filho do deus Amon-Rá com a rainha virgem; mitologia grega: os deuses contraem núpcias sagradas – *hierós gamos* – com as filhas dos homens – virgens ou já esposas – nascendo seja filhos de deus-semideuses como Perseu e Hércules, seja filhos humanos, mas heróis ou famosos como Homero, Platão, Alexandre). Precisamos atender às diferenças entre os mitos e a narração do Novo Testamento. Aqui não se trata, como nos mitos e sem qualquer pudor, de relações sexuais. O Espírito Santo não aparece como pai, mas como força geradora (Lc 1,35). Jesus surge da força criadora de Deus e da aceitação livre de Maria e não de alguma atividade ligada aos sexos.

Ademais, como já referimos acima, quem optar pela interpretação mitológica deixa irrespondida a pergunta pelo quadro final do feminino em Deus e do sentido da nova humanidade já inaugurada no tempo e não apenas objeto da esperança escatológica.

Por isso existe outra interpretação, aquela da grande tradição à qual nos filiamos, que acolhe os testemunhos maiores de nossa fé já refletidos nos próprios evangelhos e deles tenta eruir o máximo de consequências para nossa compreensão do desígnio último de Deus sobre o homem e o mundo por vir.

2. A virgindade de Maria: seu sentido originário

Precisamos recuperar o sentido originário da virgindade de Maria para, aceitando sua dimensão biológica, também poder ir além dela. Pode haver vários tipos de virgindade e castidade que, de si, nada possuem de cristão. Existe assim a tradição greco-romana das vestais. Deviam servir à sua deusa Vesta pelo menos trinta anos após a sua consagração, em perfeita virgindade. Conhecem-se histórias da mitologia grega nas quais virgens se ofereciam em sacrifício para aplacar a ira dos deuses. Ifigênia, à qual Eurípedes dedicou nove (sete são conhecidas) tragédias, constituiu um exemplo clássico de semelhante sacrifício. A virgindade, como já tivemos ocasião de refletir, simboliza o frescor da vida, a energia acumulada e densidade que, associada ao estado de inocência, possui um especial valor salvífico. A virgindade possui aqui um sentido cúltico.

Há uma virgindade e uma castidade vividas como virtude moral. O estoicismo fez da continência um ideal no sentido de o homem lograr um controle perfeito sobre o corpo e suas exigências e, livre, poder elevar-se ao divino. Pode articular um grande ideal, bem como ocultar uma soberba que rebaixa as raízes corporais do homem.

A virgindade de Maria possui outra fonte de inspiração. Há que situá-la dentro do mundo do Antigo Testamento, no qual nasceu Maria. Para o conjunto do Antigo Testamento, a virgindade não possui nenhum valor particular. Equivalia à esterilidade que provoca desprezo. A filha de Jefté, quando sabe que vai ser sacrificada pelo próprio pai, pede para ir aos montes com as amigas, não para chorar a perda da vida, mas para "chorar a virgindade" (Jz 11,37-40). Não ser mãe é não realizar-se como mulher. Amós, quando quer enfatizar a miséria do povo escolhido, diz que é como uma virgem que vai morrer sem deixar descendentes (cf. Am 5,1-2; Jr 1,15; 2,13; Jl 1,8). Nem existe em hebraico uma palavra para designar o celibatário; seria impensável um homem não casado. Jeremias assume o celibato como um sinal profético (cf. Jr 16,1-4). Seu estado denuncia a desolação e destruição de Israel. As calamidades que vão se abater sobre Israel tornam absurdo o casamento e a procriação (Jr 16,9).

É neste contexto vétero-testamentário que se há de situar a virgindade biológica de Maria. Não é nenhum valor em si; não visa nenhuma eficácia. Por isso, Maria canta: "olhou a baixeza de sua serva" (Lc 1,48). Esta sua virgindade se faz empobrecimento desprezado pelo mundo circunstante. Maria não canta sua virgindade. Esta é uma diminuição aos olhos de seus contemporâneos. O que a engrandece não é a virgindade, mas "as grandes coisas que o Poderoso fez nela" (Lc 1,59). Sua baixeza de virgem se inscreve dentro daquela dos pobres de Javé. Ser pobre, no sentido bíblico, é viver em pura disponibilidade, radical confiança em Deus, humildade confiante no Senhor, fé que se abandona aos desígnios do Alto. Ser pobre é uma atitude de quem quer ser em tudo servo e serva do Senhor: "Eis aqui a serva do Senhor; faça-se em mim segundo a tua palavra" (Lc 1,37)[3].

A virgindade de Maria não é, portanto, uma técnica de subjugação das pulsões do corpo para poder ascender à Divindade. Em Maria não se percebe nenhum heroísmo exigido pela virgindade. Não é uma virtude moral. Como Lucas deixa claro, trata-se de uma virtude teologal: Maria vive na pura fé em Deus, despojada de toda autoafirmação, entregue aos desígnios do Mistério. Sua virgindade não possui nenhum caráter cultural como nas vestais. Não é nenhum "truque" para conquistar a benevolência de Deus. Despojada de toda ambição, ela é simplesmente a serva, dom de si a Deus. A virgindade biológica de Maria pertence à estrutura da *kénose* (humilhação) da qual participou também seu Filho. É pequenez, é pecha diante dos homens. Não supõe nenhum valor proclamado pela sociedade e pela religião. Maria fez desta sua situação de "baixeza" caminho de humildade, de serena entrega e de confiança ilimitada em Deus. Não pretende nada. Apenas coloca-se na total disponibilidade. Foi esta atitude que permitiu Deus nascer em Maria, primeiro em seu coração, depois em seu seio puríssimo.

O Novo Testamento com Jesus e os apóstolos irá propor este tipo de atitude como mais consentânea para receber e viver o Reino de Deus.

---

3. LEGRAND, L. *La virginité dans la Bible*. Paris: [s.e.], 1964, p. 139-145.

A virgindade biológica, como se depreende, não encerra, biblicamente, nenhum valor. Mas ela pode ser o suporte para um valor inapreciável de humildade e disponibilidade à vontade de Deus. Para usar uma expressão de Mestre Eckhart: ela permite que Deus possa ser concebido no coração. Em suas palavras: "Se Maria não tivesse primeiro concebido a Deus em espírito, não o teria gerado no corpo"[4].

3. A virgindade antes do parto: o novo começo do mundo

Sempre esteve presente na consciência da Igreja, desde os primeiros testemunhos evangélicos (Mt 1,18; Lc 1,35) até o presente, a fé de que Jesus nasceu de uma virgem. Deus quis nascer de uma mulher em situação desprezível. É o seu caminho. Orações litúrgicas da Igreja primitiva e manifestações doutrinárias oficiais testemunham esta fé que entrou em todos os credos desde os inícios do século II. Explícitos nesta doutrina são os vários concílios: o primeiro de Constantinopla (381: DS 150), de Calcedônia (451: DS 301), o quinto concílio ecumênico e segundo de Constantinopla (553: DS 427). Nesta assembleia se declara com suprema autoridade: "Seja excluído da comunidade de fé quem considerar que a santa, gloriosa e *sempre Virgem Maria* (*aei parthénos*) é mãe de Deus somente num sentido impróprio e não verdadeiro ou o for a título de uma relação, como se dela tivesse nascido simplesmente um homem e não Deus, Verbo encarnado que nasceu dela

---

4. *Predigt 22,* Deutsche Werke I, 517; cf. PINTARD, J. "Le príncipe 'prius mente quam corpore...' dans la patristique et la théologie latine". *Bulletin de la Société Française d'Etudes Mariales* 27 (1970), p. 25-58.

mesma [...]" (DS 427). Um sínodo de bispos italianos e africanos realizado em Roma, junto à igreja de Latrão, em 649, sob o Papa Martinho I, explicita o que significa *sempre virgem* (*aei parthénos*): "Seja excluído da comunidade de fé quem não confessar com os Santos Padres, num sentido próprio e verdadeiro, a santa e *sempre virgem* e Imaculada Maria como a mãe de Deus. Ela, num sentido especial e verdadeiro, concebeu nos últimos tempos, sem o sêmen e do Espírito Santo e deu à luz incorruptivelmente (*incorruptibiliter*) o próprio Deus Verbo que nasceu de Deus Pai antes de todos os tempos. Ela conservou depois do parto a mesma virgindade de forma indissolúvel e permanente" (DS 503). O Sínodo de Toledo (675: DS 533-536) e o quarto Concílio de Latrão (1215: DS 801) irão reforçar semelhantes declarações. A 7 de agosto de 1555, numa bula do Papa Paulo IV (*Cum quorundam hominum*) contra uma seita polonesa antitrinitária, aparece a formulação clássica: sempre virgem, antes do parto, no parto e depois do parto (DS 1880).

Por mais claras que sejam estas declarações devemos dizer que "não se trata propriamente de uma absoluta definição da Igreja [...] A intenção da Igreja nestas definições não visava como tal, direta e explicitamente, o nascimento virginal de Jesus, mas fazia simplesmente profissão de fé acerca do caráter único e especial da origem de Jesus. A declaração de Paulo IV é naturalmente tampouco uma definição quanto aquela do primeiro Concílio de Latrão ou aquela do Sínodo de Toledo. Neste sentido podemos dizer que estas declarações da Igreja, bem como os credos da Igreja primitiva, professam o nascimento virginal sem diretamente dirigir-se direta e imediatamente contra alguma heresia oposta cuja rejeição equivaleria exigir explicitamente um absoluto *assensus fidei*"[5].

O acento recai sobre o fato de Jesus ter sua origem no mundo, não do sêmen masculino, mas de Deus. Num segundo momento se considera Maria como aquela virgem na qual o Espírito Santo agiu para gerar humanamente o Verbo eterno. A grandeza de Maria não reside no fato de ser virgem, mas no fato de ser a *mulher* escolhida para receber em seu seio o Verbo humanado. Como *mulher* poderia ser desposada ou virgem. Pertence a uma outra ordem de reflexão a constatação e o testemunho da fé de que ela era, historicamente, virgem e como tal deve ser aceita e acreditada. O Verbo foi concebido e gerado não por uma mulher casada e com filhos, mas por uma virgem.

Por mais que pertença à fé permanente da Igreja, a virgindade perpétua de Maria não ocupa, na jerarquia das verdades, um lugar central. Mais importante que as verdades marianas, são as verdades sobre Deus e sobre Cristo, Deus encarnado e absoluto libertador dos homens. Hoje, quando tais verdades não são mais evidentes e têm que continuamente ser fundamentadas, torna-se imperioso considerar o que pertence ao conteúdo *essencial* da fé e o que pertence a um nível relativamente mais secundário. Crer na virgindade perpétua de Maria só tem sentido para aqueles que primeiramente creram na encarnação de Deus e na realidade humano-divina de Jesus.

Esclarecidos estes pontos, importa perguntar: A virgindade de Maria antes do parto nos quer revelar o quê? Devemos ir além do puro positivismo teológico que afir-

---

5. RAHNER, K. Dogmatische Bemerkungen zur Jungfrauengeburt. In: VV.AA. *Zur Jungfrauengeburt*. Stuttgart: [s.e.], 1969, p. 136.

ma simplesmente fatos brutos e pede o assentimento da fé. Todas as verdades, como o enfatizou bem o Vaticano II, são para a nossa salvação e não para satisfazer nossa curiosidade de cabeças ilustradas. A virgindade de Maria interessa em que à nossa salvação? Se Deus escolheu o caminho da virgindade e não da sexualidade biológica para entrar no mundo, que razões se podem, *a posteriori*, evocar?

Primeiramente devemos dizer que não existem razões necessitantes *a priori*. Deus poderia ter tido tranquilamente um pai terreno e este não significaria nenhum concorrente com o Pai eterno porque Deus jamais possui concorrente e se situa num outro nível de ser, totalmente transcendente.

Em segundo lugar, a conceição virginal não tem nada a ver com uma afeição negativa para com o sexo. Pelo contrário: como vimos antes, havia no judaísmo um preconceito contra a virgindade e uma exaltação da sexualidade e da maternidade.

Em terceiro lugar, devemos abandonar definitivamente a concepção de muitos Santos Padres que achavam ser o nascimento virginal de Jesus uma condição necessária para não ser contaminado pelo pecado original. Esta opinião exagera o fator biológico na transmissão do pecado original.

As razões da virgindade devem ser buscadas na cristologia e na pneumatologia além da mariologia. A virgindade aparece então como concreção da verdade trazida com e por Jesus. Em Jesus Cristo a fé apostólica descobriu, especialmente, após a ressurreição, o emergir do novo Adão. Enfim, eclodiu na história um ser sobre o qual a morte não possui mais nenhum domínio. Nele vigora a vida em plenitude. Despontou no horizonte do mundo mortal, um mundo novo, imortal, anseio de todas as profecias e visão de todos os sonhos humanos. Esse *novum* anelado e buscado pelos homens não pode ser induzido pelo esforço humano. Tudo o que criamos – mesmo dentro da maior abnegação e pureza de intenções – vem estigmatizado por toda sorte de imperfeições. O homem pode fazer-se melhor, mas não consegue desfazer-se das sombras ameaçadoras que o acolitam. E eis que em Jesus tudo isso se realiza numa ridente jovialidade. Não é fruto do esforço humano, mas resultado do dom de Deus. Deus toma a absoluta iniciativa e introduz o começo de uma nova humanidade, enfim, liberta do pecado e da morte. A concepção virginal de Jesus manifesta esta verdade. Ela se dá por pura iniciativa e gratuidade divina. Não concorre a participação do varão. Este começo novo e absoluto não se originou "nem da vontade da carne, nem da vontade do varão, mas de Deus" (cf. Jo 1,13). Conceição virginal, na força do Espírito Santo, concretiza a gratuidade do novo início da humanidade.

Ademais o ser novo inaugurado por Jesus não constitui mero prolongamento da criação assim como ela se encontra. É antes ruptura e protesto. Significa uma nova e definitiva retomada criacional de Deus. A conceição virginal demarca esta ruptura. Todos os homens nascem do encontro amoroso de dois corações. Herdam a história de pecado no qual estão inseridos estes dois corações. Agora rompe-se este círculo férreo. Jesus nasce do Alto. Sua aparição se deve a outra história que tem seu começo em Deus e seu ponto terminal no seio da virgem de Nazaré.

Se Jesus fosse originado totalmente de baixo, a partir da história humana, Ele seria portador das taras desta história e precisaria ele mesmo ser libertado. Se viesse somente do

Alto, não pertenceria à nossa história e tocaria a humanidade apenas tangencialmente. Ao contrário, Ele significa o sacramento do encontro: vem de baixo, de Maria; vem de cima, de Deus. A conceição virginal expressa bem este encontro: Maria pertence à humanidade, representa a história diante de Deus, embora preservada e isenta de toda mácula de pecado. A força geradora do novo começo vem de cima, do Espírito criador e vivificador, atuando sobre Maria. O fruto deste encontro de amor do céu com a terra é Jesus Cristo, novo Adão e cabeça da humanidade nova. A virgindade biológica de Maria está a serviço da realização deste desígnio divino que, somente após a sua realização, torna-se de certa forma compreensível na fé. O biológico da virgindade não possui valor humano e salvífico em si. É sinal de grosseria de espírito, é sintoma de parca sensibilidade religiosa e indício de ausência de fineza humana reduzir a virgindade ao seu aspecto meramente biológico. O biológico é suporte, expressão e sinal de outra realidade: a eclosão de uma humanidade nova. A virgindade, como transparece, não está a serviço de sua própria exaltação, mas totalmente a serviço de Cristo e de seu significado universal.

Como se deu a conceição virginal? Há um elemento exterior atinente à situação jurídica e social (solteira, noiva etc.), em que se encontrava Maria e outro um elemento interior, concernindo à forma concreta do surgimento de Jesus no seio da virgem. Quanto ao primeiro ponto, podem-se fazer reflexões de caráter histórico que guardam certa plausibilidade; com referência ao segundo, somos entregues a hipóteses, nenhuma delas necessitante.

De Maria se diz que era "uma virgem desposada com um varão de nome José" (Lc 1,27). Comunica-se-lhe: "Conceberás em teu seio" (Lc 1,31). Maria, perplexa, pondera: "Como poderá ser isto, pois não conheço varão?" (Lc 1,34). Como se há de entender esta última expressão: Não conheço varão? Creio que se deve descartar a hipótese tradicional segundo a qual Maria havia, antes da anunciação, decidido viver um matrimônio virginal com José. Embora isso não seja impossível, para a graça divina, não precisamos admitir uma ruptura com a concepção da época que não valorizava para nada a virgindade. A hipótese que goza de maior aplauso dos mariólogos recentes sustenta que Maria não teria pensado num casamento virginal[6]. Havia tratado matrimônio com José. Era noiva. Segundo a legislação judaica, o noivado equivalia a um casamento jurídico, embora ainda não pudessem coabitar, o que ocorria meses após, pelo recebimento da esposa na casa do esposo. Daí entender-se o texto que diz: Maria era uma virgem desposada com um varão de nome José (Lc 1,27). Em seu tempo de noivado, não autorizada a manter relações matrimoniais com José (Mt 1,18), recebe o convite para ser a mãe do Messias. Maria pergunta: Como é possível isso se eu ainda não coabito com José? Como é possível, se ainda sou virgem? Segue-se a explicação: Isto ocorrerá por via do Espírito Santo, sem intervenção de José, de maneira virginal.

É então que Maria pronuncia seu *fiat*: faça-se! Certamente não entende todas as dimensões de seu sim. O importante é pôr-se a serviço de Deus e de seu inefável desígnio, renunciando a qualquer conjectura subjetiva. O nome da criança que nela começa a crescer se chama Jesus. Isto significa "Javé salvou". Maria se dá conta do incomen-

---

[6]. Cf. SCHILLEBEECKX, E. *Maria, Mãe da redenção*. Petrópolis: Vozes, 1968, p. 45-52.

surável que está implicado neste nome: nele se encontra o princípio de libertação para toda a humanidade. O desígnio de Deus guarda seu caráter divino, vale dizer, caráter de liberdade e de respeito à alteridade. Não é a imposição de uma vontade prepotente, mas a proposição de um amor que busca consentimento. Maria foi convidada. Com São Bernardo podemos dizer: "O universo inteiro prostrado a vossos pés espera vossa resposta com impaciência [...] Ó mulher, dizei a palavra que a terra e o céu esperam com impaciência [...] Dizei-a logo ao anjo, ou melhor, dizei-a a Deus através do anjo [...] Eis que o desejado das gentes bate à porta"[7]. Maria concebeu Jesus primeiro no coração e na mente. Creu em Deus. Depois proferiu seu sim e passou a concebê-lo em seu corpo. Seu *fiat* ligou-a definitivamente à história da humanidade redimida e à história de Deus encarnado no mundo. Ninguém poderá desconhecer esta ligação sem com isso esquivar-se ao que o próprio Deus nos quis comunicar. Aceitar o Deus encarnado, olvidando a carne recebida de Maria, significa esvaziar a encarnação de seu conteúdo histórico ou reduzi-la à mera fraseologia. Por isso existe uma estrutura marial na realidade nova que com Jesus se inaugurou. O feminino penetrou definitivamente na realidade divina. E daí ninguém mais vai poder erradicá-lo pelos séculos dos séculos. Por causa do sim corajoso de Maria.

José percebe a gravidez de sua noiva. Como era justo (Mt 1,19) pensou em repudiá-la secretamente sem provocar escândalo. Provavelmente esclarecido por Maria acerca da origem divina de sua gravidez, ainda assim pensa em desligar-se do compromisso. Não por causa da justiça

---

7. *Homilia* 4, 8: PL 183, p. 83-84.

da lei, mas por temor de Deus. Sua mulher foi envolvida pelo mistério de Deus, quem poderá tocá-la e possuí-la? Ela pertence totalmente a Deus. Porque era radicalmente justo, José podia pensar assim. É como com Moisés que quer afastar-se da sarça ardente porque aí estava Deus. Enquanto assim ruminava as coisas, recebe uma iluminação do Alto: "Não temas tomar Maria contigo como tua mulher"! (Mt 1,20). Celebram-se então as núpcias. O matrimônio será virginal porque ambos se colocam totalmente a serviço do Mistério que Maria carrega. José será o tutelador da Luz que iluminou as trevas humanas. Guardará a lâmpada sagrada – Maria – e cuidará da luzinha que espancará definitivamente o poderio das trevas – Jesus. Vivem o celibato por causa do Messias e do reino messiânico. Aqui já se prenuncia o que será o projeto religioso de tantos homens dentro da era cristã.

Já consideramos as razões de ordem cristológica. Importa ver a perspectiva pneumática. O Espírito Santo possui também uma missão histórico-salvífica divinizadora com referência ao feminino. As razões de conveniência que valem para a assunção da natureza humana em sua concreção masculina pelo Verbo valem também para o Espírito Santo e Maria. Era conveniente que assumisse a situação de virgindade com toda a sua potencialidade maternal que encerra. Assim tudo na mulher é assumido: a virgindade, a maternidade como determinações fundamentais do ser-mulher. A virgindade é apropriada pelo Espírito não como algo à parte, mas como uma realidade antropológica cuja destinação plena se alcança pela maternidade.

Quanto à pergunta: Como se deu ao nível biológico a conceição de Jesus no seio de Maria? Nada sabemos ao certo. A fé nos garante que não é *ex semine Joseph* (Papa Paulo IV; DS 1880), mas é *conceptum de Spiritu Sancto*. Se Deus criou um esperma ou se atuou diretamente no óvulo de Maria isso constitui uma hipótese sem possibilidade de comprovação. A reflexão se torna inócua e pode descambar numa curiosidade sem recato. O que nos é permitido dizer, sem poder nem necessitar entrar em detalhes, é que Jesus, homem-Deus, foi concebido de forma humano-divina. Por mais homem que seja, Ele não é somente homem. É também Deus. Nós somos concebidos humanamente. Ele, humano-divinamente.

4. A virgindade de Maria no parto: o nascimento foi conforme a natureza humano-divina de Jesus

A partir do século II, especialmente em textos litúrgicos e em apócrifos, começou-se a considerar Maria virgem também no parto. No Sínodo de Milão em 390 sob Santo Ambrósio proclamou-se a virgindade de Maria no parto contra o monge Joviano que ensinava: concebeu como virgem, mas não deu à luz como virgem (*virgo concepit, sed non virgo generavit*: Mansi III, 665). Esta doutrina está implícita na declaração do quinto Concílio Ecumênico de Constantinopla (553) ao proclamar Maria *sempre virgem* (*aei parthénos*). Já anteriormente na famosa Epístola dogmática de São Leão Magno a Flaviano, lida na aula do Concílio Ecumênico de Calcedônia (451), testemunhava-se esta sentença. Foi negada por Tertuliano, Orígenes e São Jerônimo por temerem a admissão sub-reptícia da heresia do docetismo, negador da verdadeira humanidade de Jesus. A Sagrada Escritura não testemunha formalmente a virgindade no parto.

Trata-se, como opina grande número de teólogos, de uma conclusão teológica derivada da virgindade antes do parto. É considerada de fé não por uma definição taxativa (*data opera*) de um concílio, mas pela constante afirmação da tradição até o Concílio Vaticano II[8]. O que encerra concretamente esta afirmação da fé não se sabe ao certo, confessa Schmaus[9], acrescentando: "Jamais também foi determinado obrigatoriamente e em particular o sentido desta virgindade"[10]. A tradição teológica (dos teólogos) ensina que se trata de ausência de dor e de inviolabilidade do hímen por ocasião do nascimento do menino Jesus. Comumente usava-se a figura: assim como o Ressuscitado irrompeu da sepultura ou como entrava e saía por portas fechadas, assim, analogamente, processou-se seu nascimento. Bem, se assim presumivelmente sucedeu, então devemos, como crítica, dizer: Maria concebeu e durante nove meses carregou em seu seio o menino Jesus, mas não deu à luz. E no entanto o Novo Testamento é claro: "Ela *deu à luz* seu filho primogênito e envolveu-o em panos" (Lc 2,7). O perigo de uma compreensão e expressão herética, negando a verdadeira humanidade de Jesus, não está longe. Efetivamente, a fé na virgindade no parto foi primeiramente testemunhada por escritos dúbios, de tendência gnóstica como as Odes de Salomão, o protoevangelho apócrifo de São Tomé a Ascensão de Isaías; somente depois foi assumida por teólogos sérios como Ambrósio e Agostinho. Mesmo assim ela encerra uma verdade que precisamos recuperar para nossos ouvidos céticos de hoje.

---

8. RAHNER, K. "Virginitas in partu". *Schriften zur Theologie* IV, p. 173-205.
9. *Katholische Dogmatik* V, 143.
10. SCHMAUS, M. *Der Glaube der Kirche,* 2. Munique: [s.e.], 1969, p. 677.

Insistimos no que já revelamos anteriormente: não se trata – no caso especial da virgindade antes do parto e de modo mais particular ainda da virgindade no parto – de uma verdade central da fé. Na ocorrência, trata-se de uma verdade secundária, cuja vivência subjetiva pode variar enormemente em cada pessoa e mesmo para toda uma geração. Embora seja consequência remota de dados da fé cristã acerca de Jesus e de sua mãe, ela conservou na tradição uma memória jamais perdida e que *deve* ser mantida ainda hoje.

O que podemos dizer é o seguinte: escapam-nos os conhecimentos sobre os processos concretos ocorridos por ocasião do nascimento de Jesus. Mas foi um nascimento verdadeiro. Não foi como os nascimentos comuns, pois, à diferença destes, aquele de Jesus não pressupõe relação sexual prévia. O nascimento corresponde à natureza de quem estava nascendo, Jesus, que é a um tempo homem e Deus. Houve um *verdadeiro* nascimento, bem como uma *plena* maternidade. Isto nos basta para a fé, sem outros detalhes.

Sobre os detalhes da ausência de dor e da inviolabilidade do hímen materno: foram especulações do passado e continuam como especulações e assim devem ser tratadas. Não pertencem à fé, mas às representações históricas da fé. Acerca delas podemos fazer a seguinte reflexão: Maria está isenta da concupiscência como ela se realiza em nossa situação sob o império do pecado. O dinamismo de nossas paixões (é o que significa concupiscência) nos mantém cativos; não conseguimos plenamente integrar tudo num projeto de liberdade orientada para Deus. A dor, as privações da vida, a mortalidade, inerentes à nossa estrutura, não são assumidas em Deus, mas nos perturbam e fazem que nos agarremos egoisticamente à existência e a este mundo. Maria não estava livre daquilo que pertence ao estatuto criacional da vida humana. Era passível, capaz da dor, de todos os sentimentos e possivelmente – porque ela era mais plenamente mulher – vivenciava todas estas dimensões com uma intensidade insuspeitada. Não é sem razão que a veneramos como Nossa Senhora das Dores. Mas havia uma diferença profunda entre nossa dor e a dor dela. Maria assumia e integrava tudo em Deus. Aquilo que para nós é vivido de forma desintegradora, ameaçadora, meramente passiva, era por Maria realizado integradoramente como chance de crescimento e de encontro gracioso com Deus. Assim os processos biológicos da maternidade às vezes dolorosos – a concepção, a gestação e a parturição – foram experienciados em sua impregnação profundamente humana e ao mesmo tempo perpassados pela graça de sua maternidade divina e assumidos plenamente em Deus. Destarte, Maria emerge verdadeiramente livre não da dor, mas da *forma* de dor e de ruptura a qual nós ainda estamos submetidos, incapazes de integrá-los personalisticamente em Deus.

5. A virgindade depois do parto: dedicação total a Cristo e ao Espírito

Pertence igualmente à fé cristã a afirmação da virgindade de Maria depois do parto de seu filho primogênito (Lc 1,7; Mt 1,25). O protestantismo moderno, à diferença do antigo, nega este artigo de fé baseado nos textos evangélicos que falam dos irmãos de Jesus (Mc 3,31; Jo 2,12; At 1,14; 1Cor 9,5; Gl 1,19). Segundo o grego bíblico da Septuaginta a expressão *irmão* não precisa significar o irmão de sangue; pode designar também os primos (Gn 13,8; 14,14). Conclui um grande especialista na matéria:

> "Os assim chamados irmãos e irmãs de Jesus eram seus primos e primas. No caso de Simão e de Judas o parentesco se estabeleceu mediante o pai deles, Cléofas, que era um irmão de São José e como este um descendente de Davi, o nome da mãe deles é desconhecido. A mãe de Jacó e José, chamados irmãos de Jesus, era uma Maria; entretanto, não se trata da mesma Maria, mãe de Jesus; ela ou seu marido era parente da família de Jesus, embora não se possa estabelecer o grau de parentesco. Dados fazem crer que o pai de Jacó (e de José) era de procedência sacerdotal ou levítica e talvez tenha sido irmão de Maria. Pode-se deduzir que São José tenha falecido cedo. Depois de sua morte, Maria e seu filho passaram a viver com os parentes mais próximos. As crianças desta família (destas famílias?) cresceram juntas com o Menino Jesus. Daí se entende por que a população os chama de irmãos e irmãs de Jesus. Acresce ainda que em arameu não existe nenhuma denominação breve para expressar tal fato. A Igreja primitiva conservou esta denominação e a assumiu também em grego. Chamando-os de irmãos, honrava estes parentes de Jesus que já se tornavam bem-vistos nas comunidades. Por outro lado facilitava a distinção de outras pessoas que carregavam o mesmo nome que eles"[11].

O conteúdo da virgindade após o parto não deve ser buscado em qualquer preconceito contra a vida matrimo-

---

11. BLINZLER, J. *Die Brüder und Schwestern Jem*. Stuttgart: [s.e.], 1967, p. 145-146.

nial e sexual. Embora continuando juntos, Maria e José se colocaram totalmente a serviço do significado salvífico de Jesus e do cultivo do Espírito que mora nela. Ambos se encontravam num mistério maior do que o mistério do encontro amoroso entre homem e mulher: encontravam-se extasiados e perplexos em Jesus, nascido da força do Espírito Santo. Não devemos imaginar que Maria e José, pelo fato de livremente haverem renunciado a relações sexuais-genitais, não vivessem relações de profundo carinho, amabilidade, mútua compreensão de amor. Todos estes traços pertencem à vida familiar e constituem o apanágio das virtudes vividas intensamente pelo casal Maria-José. Foi num ambiente assim sadio e religioso que pôde crescer e madurar psicologicamente o Menino Jesus e adquirir o profundo equilíbrio e a humanidade revelados depois em sua vida pública.

A virgindade perpétua de Maria, antes de diminuir sua feminilidade, eleva-a, transfigurando-a numa fecunda maternidade.

6. Sentido antropológico e teológico da virgindade

Por que Deus quis nascer de uma virgem? Acenamos, anteriormente, para as razões, *a posteriori*, de ordem cristológica: Deus quer evidenciar o novo começo da humanidade. Por um lado procede da terra, mediante Maria, por outro irrompe do céu pela força do Espírito. Jesus é o encontro do céu e da terra, o princípio de uma humanidade, enfim, liberta do pecado e da morte e introduzida na união plena com Deus.

Além desta razão básica há uma outra de ordem antropológica[12]. Nenhuma verdade nos é comunicada para

---

12. Cf. NICOLAS, M.-J. "La doctrine mariale et la théologie chrétienne de la femme". *Maria* (Du Manoir), vol. VII. Paris, 1964, p. 344s. • CAPORALE, V. "Maria e la donna d'oggi". *Rassegna di teologia*, 17 (1976), p. 19-36.

nossa ilustração e curiosidade religiosa. Todas elas, além de decifrar dimensões do mistério de Deus, nos ajudam também a decifrar dimensões de nosso próprio mistério. Pela virgindade Maria mostra uma existência totalmente centrada no serviço do Messias, numa total disponibilidade ao desígnio de Deus. Semelhante atitude ela não a viveu somente no espírito senão que a simbolizava também na tangibilidade de seu corpo: a virgindade corporal que não era um valor em si, senão aberta à maternidade. Maria, por esta sua atitude, funda uma nova história; milhares, ao longo dos séculos, irão consagrar suas vidas, em pureza e virgindade, renunciando ao matrimônio e à família – valores dos mais excelentes da criação – para colocar-se à disposição do desígnio último de Deus que é viver com Deus e para Deus. A virgindade cristã não é apenas reserva para Deus; é principalmente missão para os homens em nome de Deus; por isso, a virgindade cristã possui uma característica maternal; gera obras de serviço porque é informada de amor. À imitação de Maria, sempre haverá espíritos que entenderão este apelo apesar de tantos não atinarem pelo valor desta consagração. Se uma estrela brilha na noite escura e eu não a vejo, o problema não é da estrela mas dos meus olhos (Rahner); a falta de sensibilidade denuncia as trevas em que se encontra mergulhado o coração.

Maria é ainda modelo para a atitude fundamental de todo homem diante de Deus, a única digna de uma criatura: a de total disponibilidade e acolhida. Podemos conquistar o céu e a terra, acumular toda a ciência possível do real, penetrar as profundezas abissais de nossa interioridade e nos enriquecer com todas as experiências bem logradas da humanidade; e apesar disto, diante do Absoluto, somos mendigos de mãos vazias e de coração desabitado daquilo que realmente os repletam e saciam: Deus. Possuímos uma virgindade ontológica que somente pode ser desposada por Deus. Todos, também os casados, devem viver esta radical abertura que permite o advento de Deus no coração humano. Esta atitude de virgindade, que já independe da virgindade corporal, implica a relativização de todas as coisas deste mundo; por mais importantes que sejam, não constituem a última e derradeira instância. O homem, *fine finaliter*, foi feito para Deus. Esta destinação última não esvazia as destinações intermediárias, realizadas na história; confere-lhes um modo de ser próprio sempre ordenado a algo superior, uma porta chamando para outra porta, uma luz invocando outra luz até a definitiva realidade na qual descansa o buscar insaciável do homem. Ser virgem é conservar-se na pureza deste apelo e viver uma prática aberta para o verdadeiramente último e decisivo da vida humana: Deus.

Por fim podemos avançar uma pergunta mais: Que significado teológico possui a virgindade de Maria? Em outras palavras: Que significa para Deus o fato de Ele mesmo ter nascido de uma virgem e de ter recebido a humanidade de uma virgem? Aqui abordamos, como já o dissemos anteriormente, o mais radical mistério. Deus encontra para si mesmo uma realização única e própria ao ser nascido de uma virgem.

O sentido derradeiro da disponibilidade de Maria reside exatamente no fato de ela, dizendo o seu *fiat*, permitir que Deus se "autorrealize". O Espírito se espiritualiza em Maria e a natureza divina concretiza na criação pela

Virgem Maria a sua própria virgindade divina: Ele revela sua total disponibilidade e abertura para se deixar penetrar pelo diferente dele, pela criação. Deus é total comunhão e, por isso, suprema disponibilidade, vale dizer, radical virgindade. A virgindade de Maria é sacramento-sinal desta virgindade de Deus. Pela conceição de Jesus a virgindade divina se encontra com a virgindade humana. Maria se torna o instrumento de revelação e historificação da virgindade de Deus. A graça, a salvação, o amor de Deus possui assim uma característica virginal. Assim como a virgindade de Deus é fonte de paternidade, de forma semelhante a virgindade de Maria se ordena à maternidade.

Pela vinda do Espírito Santo sobre Maria-virgem, a virgindade pertence ao próprio Espírito. Destarte, esta dimensão profunda do ser-mulher ganha um quadro definitivo dentro da realidade do próprio Deus na Pessoa do Espírito Santo.

Capítulo IX
A maternidade humana e divina de Maria

Mais importante que a virgindade é a maternidade de Maria[1]. A virgindade não existe para si mesma como automagnificação. Ela se ordena à maternidade. Aqui radica toda a grandeza de Maria. Ela não é apenas a consagrada de Deus. É possuída por Ele. Torna-se sua esposa. É a mãe de Jesus que é Deus. Não sem razão o Novo Testamento prefere o título mãe de Jesus àquele de virgem (este ocorre somente duas vezes: Lc 1,27; Mt 1,23, ao passo que aquele de mãe ocorre 25 vezes).

A maternidade não se inscreve apenas na trajetória biográfica de Maria como um fato que interessa somente a ela. Ela está a serviço do desígnio histórico-salvífico de Deus que concerne a todos os homens. Assim como Abraão estava em função de toda a humanidade, assim Maria, em sua maternidade, está a serviço de Deus e de seu desígnio sobre toda a humanidade. Maria não é somente a mãe de Jesus, é também a mãe dos irmãos de Jesus que são todos os homens.

---

1. Cf. SCHILLEBEECKX, E. *Maria, Mãe da redenção*. Petrópolis: Vozes, 1968, p. 57-60; 73-88. • LAURENTIN, R. *Breve tratado de teologia mariana*. Petrópolis: Vozes, 1965, p. 125-150. • MÜLLER, A. O acontecimento central: Maria, Mãe de Deus. In: *Mysterium Salutis* III/7. Petrópolis: Vozes, 1974, p. 122-134. • SCHELKLE, K.H. A Mãe do Salvador. São Paulo: [s.e.], 1972. • BARAÚNA, G. A Santíssima Virgem a serviço da economia da salvação. In: *A Igreja do Vaticano II*. Petrópolis: Vozes, 1965, p. 1.157-1.176. • LAURENTIN, R. "Bulletin sur Marie, Mere du Seigneur". *Revue des sciences philosophiques et théologiques* 60 (1976), p. 309-345; 451-500.

Dissemos que Maria está a serviço do desígnio de Deus para toda a humanidade. Qual é este desígnio de Deus? Dizendo-o diretamente, sem maiores mediações: querer ser homem, vale dizer, autocomunicar-se totalmente a um diferente dele mesmo. Deus quer "realizar-se" fazendo-se homem. Não só. Ao mesmo tempo Ele quer realizar absolutamente o homem. Qual é a realização última do homem? Fazer-se Deus, isto é, autorrealizar-se plenamente na doação a um diferente dele mesmo. Ora, o ser humano se concretiza em varão e mulher, em feminino e em masculino. Em Jesus Cristo o varão viu realizada sua destinação última porque é um varão (que inclui o feminino) que foi divinizado. Em Maria postulamos a concretização da vocação derradeira da mulher porque ela, a partir da Anunciação, teria sido assumida hipostaticamente pelo Espírito Santo. O Espírito vem, numa missão divina *ad extra*, para assumi-la e fazê-la Mãe do Verbo encarnado. O Divino gera o Divino.

Como transparece, Maria emerge como o *medium* da realização do projeto do varão e da mulher. Ela gera um homem que é Deus (maternidade divina). Gera um Deus que é verdadeiramente homem (maternidade humana). Na qualidade de mãe, Maria se coloca no ponto de intersecção do projeto de Deus e do projeto do ser humano. Os caminhos se cruzam nela. Por isso, ela possui um significado que alcança para além dela mesma, um sentido universal atinente à história de Deus e à história dos homens. Sua grandeza reside no serviço aos outros. Sua glória no ocultamento para que outros apareçam.

Há em Maria uma verdadeira maternidade humana, porque o fruto de seu ventre é um homem verdadeiro, Jesus. Há outrossim uma real maternidade divina porque o homem que ela gera é Deus realmente. A maternidade humana estabelece uma rede de relações para com a história e a humanidade que convém ressaltar. A maternidade divina inaugura outra rede de relações para com Deus e sua graça que devemos adequadamente articular. Maria se constitui destarte num verdadeiro gonzo sobre o qual se sustenta e gira toda a história da salvação, incluindo Deus e o homem. Não se pode passar ao largo do significado *essencial* de Maria. Os que o fazem, esvaziam o cristianismo de sua historicidade. Não se pode aceitar um Deus encarnado sem aceitar Maria que lhe deu a carne humana.

1. A maternidade humana de Maria

Maria é verdadeira mãe com tudo o que implica a maternidade humana. A maternidade, por sua vez, constitui uma forma de geração, pois ser mãe é ser *progenitora* (genitrix). A geração requer dois elementos: o progenitor e o produto gerado. No caso humano, a função do progenitor é dividida entre os dois sexos: pai e mãe concorrem para a geração do filho. No caso específico de Jesus somente concorre Maria; o Espírito Santo intervém no lugar do homem. Por isso, interessa-nos agora somente a parte da geração feminina. Como concorre a mãe na geração do filho? A partir da descoberta do óvulo materno em 1826 por K.E. Baer, fomos convencidos, contra séculos de tradição contrária, de que a mulher é extremamente ativa. Por ela e nela se produz o óvulo; este é ativo, vindo já altamente determinado e determinando o novo ser gerado. Pertence à maternidade, a gestação, a nutrição, o desenvolvimento do embrião e o parto. Em todo este processo existe, fundamentalmente, uma dimensão biológica e fisiológica espontânea e transconsciente, que conhece seu ritmo próprio, independentemente das intervenções da consciência. Mas porque se trata de uma maternidade humana apontam as características tipicamente humanas. A mãe não é uma máquina de procriar; os processos biofisiológicos se realizam dentro de uma ambiência humana carregada de espiritualidade, de emotividade, de participação consciente e livre; atam-se relações profundas entre mãe e filho, cuja profundidade e intensidade escapam ao *logos* masculino; nem a morte as pode cortar. Além de seu aspecto biofisiológico natural, a maternidade encerra uma dimensão de liberdade e de consentimento. A mãe entretém com o fruto de seu ventre uma relação de amor, de aceitação, de cuidado carinhoso. Neste tipo de relação assoma o especificamente humano e o não fatal da maternidade, no qual os laços complexíssimos entre mãe e filho, alcançando até as raízes do inconsciente, se tornam conscientes, se espiritualizam, se enobrecem e ganham perenidade.

Todas estas dimensões encontramos em Maria, mãe de Jesus. Primeiramente a maternidade não significou uma fatalidade. O *fiat* de Maria ao convite do Alto nasceu de uma radical liberdade que se abandonou ao desígnio amoroso de Deus. No começo da nova história de Deus com os homens está o gesto de uma liberdade e não a coação de uma violência. A característica fundamental do ser novo será sempre esta: a liberdade, o amor, o abandono ao outro. Quando isso não mais aparecer, regredimos ao ser velho e significa que Deus ainda não nasceu dentro do coração dos homens. A maternidade em Maria é consequência de um consentimento. Foi Deus que assim o dispôs: não quis que sua obra fosse a invasão de sua Onipotência, dispensando a presença da liberdade humana; preferiu que ela brotasse do exercício desta mesma liberdade. Por isso, "Deus precisa da mulher no ato mesmo em que prescinde do homem"[2].

Maria consentiu porque creu (Lc 1,44) e concebeu crendo. Começa a ser mãe gerando Jesus. Desenrolam-se nela aqueles processos que constituem a maternidade: a ovulação, a fecundação, a gestação e o parto. Jesus recebe de Maria o conteúdo genético, o genótipo, a herança biológica; recebe dela também a personalidade psicológica. No caso de Maria trata-se de uma conceição virginal por obra do Espírito Santo. Falta, portanto, a determinação que viria do sêmen masculino. Isto significa que a aproximação Maria-Jesus é muito mais profunda ao nível do genótipo, da semelhança física, do caráter psicológico.

Embora sendo varão, Jesus recebeu biológica e psicologicamente uma determinação fundamental de sua mãe Maria. O feminino entrou, numa proporção toda especial, na constituição da existência concreta de Jesus. Sendo Jesus simultaneamente Deus, podemos entrever uma divinização insuspeitada do feminino. O feminino é assumido também por Deus; é feito veículo de salvação dos homens e de autorrevelação de Deus. O feminino conquistou assim, de Maria para Jesus, uma dimensão eterna.

A maternidade deve ter significado muitíssimo para Maria. Eclode nela, em sua plenitude, toda a feminilidade.

---

2. MANARANCHE, A. *O Espírito e a mulher*. São Paulo: [s.e.], 1976, p. 139.

A maternidade significa para a mulher muito mais do que a paternidade para o homem; ela mergulha às raízes mais secretas da vida e sai à tona, depois de cada maternidade, transformada e renascida. Ao mesmo tempo que é mãe, continua sendo virgem. Maria supera o desdém social que significava a virgindade e simultaneamente guarda todo o frescor, o sentimento de integridade e de completude que toda virgindade demarca.

A maternidade não se reduz a uma fase da vida; ser mãe é para toda a vida como também ser filho. O acompanhamento do filho, sua educação, a participação de seu destino são dimensões de toda maternidade verdadeiramente humana. Jesus cresceu e amadureceu aos olhares de José e especialmente de Maria. Deles aprendeu a balbuciar as primeiras palavras. Que doçura: o filho que é Deus pode dizer a alguém: minha mãezinha! E a mãe pode dizer a alguém que é Deus: meu filhinho! É uma troca de amor e de carinho como jamais houve na humanidade. De José e de Maria aprende Jesus a rezar e a ler as Sagradas Escrituras. Mais tarde os discípulos irão testemunhar dizendo que Ele passou pelo mundo fazendo somente o bem. Atrás da bondade humanitária de Jesus, de sua extraordinária sensibilidade religiosa, de sua sabedoria existencial está a presença da vida virtuosa de Maria que soube se espelhar no filho. A proximidade com Jesus, o convívio familiar com Ele, o rezar juntos, a troca de opiniões e comentários, a participação das mesmas preocupações de trabalho e de sustento encerram mistérios só compreensíveis e guardados por um coração de mãe. Toda esta riqueza humana implica a maternidade humana de Maria.

Cada homem que nasce se liga a toda a humanidade, porque faz-se portador da mesma natureza humana. Jesus é irmão de todo homem; habitou este planeta, respirou o mesmo ar, tomou da mesma água e das mesmas fontes, contemplou o mesmo sol e cresceu sob as mesmas estrelas, carregou a nossa existência terrestre em todas as suas dimensões corporais e espirituais. Conosco Ele forma a única e mesma humanidade diante de Deus. Foi Maria que lhe doou toda esta concretude. Ela nos gerou Jesus para todo o sempre. Se Ele é considerado o homem por excelência – o *ecce homo* – com que dignidade não se reveste esta mulher, virgem e mãe! E se confessarmos: Ele é também Deus – então só nos resta responder como o autor inspirado: "Bendita és tu entre as mulheres" (Lc 1,41) ou como o enviado celestial: "Ave, cheia de graça"! (Lc 1,28). Ela não é só mãe do homem Jesus. É também mãe do Deus Jesus. Maria é o meio pelo qual Deus se encarnou. O Filho eterno não desceu, do céu com um corpo vivo, pronto e tirado do nada por Deus; quis assumir uma carne tomada dos próprios homens de tal sorte que Ele é verdadeiramente irmão nosso carnal. Maria prestou-se a esta operação divina; assim ela ligou Jesus umbilicalmente a todos os homens.

2. A maternidade divina de Maria

A maternidade divina de Maria, enquanto divina, assenta sobre dois polos. O primeiro pelo fato de ter vindo sobre ela o Espírito Santo no momento da Anunciação. Ele habitou nela, assumiu-a, elevou-a à altura da divindade. Por isso, tudo o que dela nascer será Santo e Filho de Deus, como o diz São Lucas (1,35). A maternidade de Maria é divina porque ela se tornou divina. O outro polo reside em Jesus verdadeiro Deus. A maternidade humana – o ter gerado o homem Jesus – constitui fundamento para a maternidade divina porque este homem gerado por ela é também Deus. Por isso, a fé cristã sempre proclamou Maria Mãe de Deus. Isto significa: a pessoa, cuja carne foi concebida de fato *nas* entranhas da virgem Maria e *de* suas entranhas é direta e propriamente, real e verdadeiramente, sem figura e sem metáfora, a Segunda Pessoa da Santíssima Trindade. Jesus é homem de verdade e Deus de fato de tal modo que nunca foi só homem. Maria não gerou um filho que, posteriormente, foi unido à Segunda Pessoa da Santíssima Trindade. Ela gerou alguém que, desde o primeiro instante da conceição, é pessoalmente Deus. Por isso, Maria é Mãe de Deus encarnado.

Esta afirmação constitui convicção irreformável da fé cristã e católica, expressa de forma solene e obrigatória no Concílio Ecumênico de Éfeso (431). Para que possamos entendê-la corretamente precisamos responder a algumas objeções de base.

a) *Resposta a algumas objeções*

Objeta-se: ser mãe significa dar origem a alguém por geração. Como Maria dá origem a Deus se Ele é sem origem? Respondemos: Maria é Mãe de Deus, não num sentido formal e reduplicativo, vale dizer, enquanto Deus é Deus. Mas é mãe de Deus enquanto Deus é *encarnado*. Como encarnado Ele é concebido e gerado. Este que é concebido e gerado por Maria é verdadeiramente Deus. Por isso ensinava São João Damasceno numa fórmula clássica: "A santa virgem não gerou simplesmente um homem nu, mas um Deus verdadeiro, não nu, mas encarnado"[3]. O correto conceito de união hipostática permite chamar Maria de mãe verdadeira do homem Jesus que é, desde o início, Deus.

Objeta-se: Maria não gerou o Cristo todo porque não gerou a Segunda Pessoa da Santíssima Trindade que é eterna e preexistente. Ela só gerou uma parte, a natureza humana, não a divina. Respondemos: Maria é mãe no sentido verdadeiro e próprio como todas as mães o são para com seus filhos. Elas não lhes conferem apenas o corpo e Deus a alma e a personalidade. Elas são mães das pessoas concretas que subsistem e se realizam historicamente neste corpo. O portador, em última instância, de todas as atribuições não é a natureza, mas a pessoa. Expliquemo-nos. Num sentido próprio não é o olho que vê, mas sou *eu* (como pessoa) quem vejo. Se aperto a mão da pessoa a quem saúdo, não saudei a mão, mas a pessoa. Se curar a ferida no rosto de alguém, não curei o rosto, mas propriamente a pessoa. Assim também a maternidade divina de Maria. Ela não é apenas mãe do corpo de Jesus, nem somente de sua natureza humana. Ela é mãe de Jesus que é uma Pessoa divina encarnada e humanada, isto é, que subsiste e existe na natureza humana e histórica de Jesus de Nazaré, gerada *no* seio e *do* seio da virgem Maria.

Esta maternidade divina de Maria é consequência da maternidade humana e física pela qual o Filho eterno se faz homem, entra na corrente de vida e se enraíza na história. Ela assume sua verdadeira dimensão quando se torna objeto de um consentimento. Crendo ela concebeu, como não

---

[3]. *De fide orthodoxa*, III, c. 12: Non enim hominem nudum genuit Beata Virgo, sed Deum verum, non nudum, sed incarnatum.

se cansa de repeti-lo a tradição. Ela permitiu que o Espírito fizesse surgir de suas entranhas uma nova vida, aquela de Jesus. Certamente, sem entender todo o alcance, a virgem entrevê nisso a realização de uma obra messiânica, concernindo toda a humanidade. Percebe que entra em relação imediata com o próprio Deus e com o destino de todos os homens. Por sua maternidade, Maria estabelece uma série de relações que conviria ressaltar[4]:

b) *As várias relações que a maternidade implica*

– *Relação especial para com a Santíssima Trindade*: No mistério da Anunciação se realizam duas missões divinas: aquela do Espírito que desceu sobre Maria e aquela do Verbo que, com o consentimento de Maria, começou a formar-se homem em seu seio. Aqui se estabelecem relações que envolvem a Santíssima Trindade: o Pai não fica excluído porque é Ele que envia o Filho e o Espírito e neles mantém sua presença misteriosa. Com o Filho e o Espírito sua relação é *real* e não metafórica porque sua pessoa é envolvida no envio de ambos; é *permanente* e não passageira porque o fato de ser mãe permanece para sempre e sua ligação ontológica com o Espírito Santo é um dado definitivo; é especial porque a coloca numa dimensão por ninguém ocupada antes dela. A teologia possui uma expressão tirada da sacramentologia para expressar semelhante realidade: o *caráter indelével* conferido pelos sacramentos do batismo, do crisma e da ordem. Eles situam as pessoas numa relação permanente, real

---

4. MANTEAU-BONAMY, H.-M. *Maternité divine et incarnation*. Paris: [s.e.], 1949. • Id. *La Sainte Vierge et le Saint-Esprit*. Paris: [s.e.], 1971. • FEUILLET, A. "L'Esprit Saint et la Mere du Christ". *Bull. de la Société Fr. D'Etudes mariales* 25 (1968), p. 39-64. • BORDONI, M. L'evento Cristo ed il ruolo di Maria nel farsi dell'evento. In: *Sviluppi teologici postconciliari e Mariologia*. Roma: [s.e.], 1977, p. 31-52. • MELOTTI, L. *Maria e la sua missione maternal*. Torino: [s.e.], 1976. • MALONEY, G.A. *Mary*: the Womb of God. Denville, N.Y.: [s.e.], 1976.

e especial para com a Igreja. De forma análoga ocorre com Maria em sua relação para com o Filho e o Espírito Santo e por via deles para com toda a Santíssima Trindade: só ela possui o caráter de Mãe de Deus e de tempo animado do Espírito Santo.

– *Relação especial para com o Pai*: O Pai gera eternamente, do insondável de sua substância, a Pessoa do Filho e conjuntamente com o Filho espira o Espírito Santo. Este processo trinitário é eterno e continuamente presente. O Filho, cuja geração é eterna, conhece também outra geração temporal no seio de Maria. Maria é o veículo de inserimento do Filho eterno na carne e no sangue humanos. O Espírito Santo, intratrinitariamente, é o dom do Pai e do Filho, sendo o elo de união eterna entre Pai e Filho. Do Espírito Santo não procede nenhuma outra realidade intratrinitária, fechando-se com Ele o círculo trinitário. Mas em virtude de participar da mesma natureza divina, participa da força geradora de Deus. Sua força geradora se manifesta não dentro da Trindade, mas dentro da criação. Sua obra-prima é ter assumido Maria, ter se apropriado da potência generativa da mulher Maria, e fazer com que ela gerasse o Filho Jesus. Toda a força gerativa que se comunica ao Filho, intratrinitariamente e ao Espírito Santo extratrinitariamente, procede do Pai. Maria participa também dela e assim se insere no movimento que tem no Pai sua origem. Ela carrega em si o Espírito e o Filho e com eles o Mistério abissal do próprio Pai.

– *Relação especial para com o Filho*: Como existe uma dupla geração – uma eterna e outra temporal – assim existe também uma dupla filiação do Verbo: uma eterna pelo Pai e outra histórica por Maria. Entretanto, trata-se sempre do mesmo Filho. Num extremo Ele procede do Pai, no outro extremo Ele procede de Maria. O lugar de presença, atuação e realização desta filiação temporal é a natureza humana, tirada da natureza de Maria. Em Jesus encontramos muito de Maria. Ela se vê prolongada e reproduzida em Jesus. E este que está assim tão próximo, porque é filho de suas entranhas, também é aquele que está distante e está no seio do Pai eterno. Se por um lado ela gera, no tempo, o Filho eterno, ela é gerada no Filho na eternidade. Ela foi criada no Filho, com o Filho, para o Filho e pelo Filho. É filha no Filho. Aqui se entretêm relações cuja densidade humana e divina escapam ao discurso frio da teologia.

— *Relação especial para com o Espírito Santo*: Histórico-salvificamente é o Espírito a força geradora da realidade humana do Filho eterno no seio da virgem Maria (Lc 1,35). O texto lucano é de uma clareza diáfana: o Espírito vem sobre Maria e sua sombra a cobriu. É a linguagem bíblica para expressar a missão especial e própria da Terceira Pessoa da Santíssima Trindade atingindo Maria. O vir do Espírito significa assumir a realidade humana de Maria, assim como o Filho assumiu a realidade humana de Jesus. A sombra é figurativa da *Shekinâ* de Deus no templo (presença real e misteriosa); Maria é feita Templo, Sacrário, Habitação. Tabernáculo (expressões da tradição) do Espírito, vale dizer, na inabitação da divina Terceira Pessoa na vida de Maria. O Espírito em Maria eleva a força generativa dela a uma altura divina; por isso, o que dela nascer é Santo e Filho de Deus. O Deus-Mãe gera a humanidade do Filho eterno.

As relações de intimidade que Maria estabelece com o Espírito que a surpreende e vem inabitar nela não são susceptíveis de descrição por parte da teologia. Vemos a realidade; a unção pede silêncio diante do Mistério.

Certamente todas estas relações para com o Mistério trinitário (certamente não conscientizado nesta terminologia por Maria) constituem para a Virgem de Nazaré um contemplar sereno, espontâneo e diuturno de um Mistério que se desvela sem as sofisticações e o esforço da mente.

– *Relação especial para com a união hipostática*: Por sua maternidade Maria deu algo verdadeiramente ao Filho eterno: a natureza humana que ela gerou. Esta natureza humana foi assumida por Deus. Assumindo a natureza humana, assumiu também a relação de geração que caracteriza esta natureza. Destarte Maria, como mãe de Jesus e de Deus, fica indissoluvelmente associada à união hipostática. A relação real e permanente de filiação vem assumida pelo Verbo eterno. Ele, gerado no tempo por Maria, guarda com ela um laço perene, pelos séculos dos séculos. Algo, portanto, de Maria é coassumido pelo Verbo eterno. O feminino destarte se eterniza e recebe, na forma que é possível a uma criatura, uma dimensão divina: a natureza gerada pela mãe não é simplesmente uma simples e pura natureza (*nuda natura*). Ela é uma natureza humana que pertence a Deus. A união hipostática do Filho com a natureza humana não deixa intangível Maria. Ela entra, indireta, mas realmente, na união hipostática: uma relação que dela parte – o fato de ser mãe – entra no mistério da encarnação por coassunção.

– *Relação especial para com a humanidade nova*: Das reflexões que fizemos se depreende que tanto Jesus quanto Maria não podem ser compreendidos individualisticamente. Tanto um quanto outro representam o começo novo da humanidade. Por isso, Maria guarda uma relação íntima para com a humanidade resgatada que nasce da fé em Jesus, o novo Adão e seu Filho. Todos os que aderem a Jesus formam com Ele um corpo e se tornam filhos no Filho. Como filhos no Filho participam da relação que Jesus permanentemente mantém para com sua mãe. Ela, por sua vez, não gerou apenas Jesus. Gerou o salvador do mundo; torna-se mãe daquele que vai "libertar o povo do pecado" (Lc 1,31; Mt 1,21). Ela está vinculada à história que este seu Filho fizer pelos séculos em fora. Todos estão incluídos e são cogerados no mesmo movimento de dizer *fiat*. Com razão a fé canta Maria como a mãe de todos os homens (que devem ser salvos). Ela é a mãe espiritual de todos os redimidos. O Espírito que gerou nela o Filho histórico continua na história a gerar os filhos, os irmãos de Jesus. A Tradição entendeu eclesiológica e marialmente o Sl 87 (86) onde se falam dos tempos messiânicos quando todos farão parte do povo de Deus. Jerusalém de que se fala no salmo é a Igreja e, por densificação simbólica, Maria. E aí se diz: "Contarei o Egito, a Babilônia entre os meus fiéis; filisteus, tírios e etíopes nasceram aqui! Dir-se-á de Sião: um por um, todos nasceram nela. O Senhor escreverá no registro dos povos: este nasceu aqui! e cantarão enquanto dançam: todas as minhas fontes estão aqui!" Dificilmente se poderá expressar de forma mais profunda e poética a maternidade universal de Maria do que esta linguagem do salmo.

— *Relação especial para com a Igreja*: A Igreja constitui aquela porção da humanidade que explicitamente acolheu o dom da salvação em Jesus Cristo (*communitas fidelium*). Maria guarda uma relação única para com esta humanidade que pauta a sua vida no seguimento de seu Filho na força do seu Espírito. Como gerou Cristo, continua a gerar os cristãos. E gera-os na mesma força do Espírito que nela inabita. Destarte é proclamada Mãe da Igreja. Mas não só. Toda a Igreja, comunidade de fiéis e povo em marcha, é convidada a viver com cada vez mais pureza e determinação a graça divina, atualizando para si e para o mundo a libertação trazida por Jesus e realizando o ser novo inaugurado por Maria e por Jesus. Esta vocação fundamental da Igreja, vivida como tendência e concretizada dentro de toda sorte de contradições históricas, foi plena e somente cumprida por Maria. Nela Deus mostrou historicamente o que quer de todos, de sua Igreja e o que será vivido na glória pelos redimidos. Maria não emerge, assim, como um arquétipo estático. Ela é dinâmica, suscita vida nova, ajuda a construir a nova humanidade e quer permanecer perenemente mãe, gerando novos filhos para a história humano-divina, iniciada na terra e a culminar no céu. Ela continua a repetir *fiat*! Ela sempre de novo nos diz: "Fazei tudo o que Ele vos disser" (Jo 2,5).

O Espírito que se espiritualizou em Maria continua a se espiritualizar, socialmente, nas pessoas redimidas. Uma vez assumida a pessoa de Maria, ele jamais deixou o mundo; continua assumindo todos os que se abrem à graça redentora, constituindo uma mística pessoa. Ele prolonga sua força geradora pelos séculos: ao gerar por Maria e com Maria, Cristo continua gerando pela Igreja os cristãos, irmãos de Jesus Cristo.

3. A santidade humana e divina de Maria

Todo este nó de relações implicadas na maternidade humana e divina de Maria envolvendo a Santíssima Trindade, a espiritualização, a encarnação, a humanidade e a Igreja, faz de Maria uma santa inigualável, no sentido rigoroso que a teologia empresta a esta palavra. *Santo* não é, originalmente, uma qualidade moral e o resultado de uma vida de encontros com Deus. Santo é tudo aquilo que pertence a Deus e se inscreve na esfera divina. Neste sentido ontológico, Maria é toda santa porque ela foi escolhida por Deus para nela e por ela – sem méritos prévios de sua parte – realizar maravilhas (Lc 1,49). A maravilha das maravilhas consiste em ser ela o lugar de realização das duas divinas missões: do Espírito e do Filho. Ela foi o receptáculo, totalmente aberto, que pôde acolher o Espírito e o Filho e permitir que Eles realizassem o desígnio eterno de humanização de Deus e de divinização do ser humano. O Espírito inabitou nela e agiu nela, fazendo surgir uma vida divina e humana, sem concurso de varão. Em função desta obra e preparando-a, Deus a isentou de todo pecado. Este novo ser puro e santo não é fruto da história humana, mas dom de Deus que derramou para o mundo um reflexo de sua santidade. Esta santidade de Maria independe de sua vontade, de suas virtudes e de seu esforço: é exclusivamente iniciativa de Deus. Ela é santa porque carregou o Santo em seu seio. Mas tudo isto não é consequência da vontade humana, mas da disposição graciosa de Deus.

Maria é também santa por um título pessoal, como resultado de sua vida de fidelidade a Deus, como dom de uma conquista. Ela sabe acolher, das profundezas de seu coração, o desígnio de Deus sobre ela. Ela acreditou (Lc 1,44); viveu na fé, na obediência e na humildade (Lc 1,38; 1,45): entregou-se sem reservas, o que mostra pertencer totalmente a Deus (Lc 1,38). Extasiado pela santidade de Maria o anjo exclama: Cheia de graça! (Lc 1,28). Deus concedeu a Maria o poder preparar-se humanamente para a função histórico-salvífica que ia cumprir. Antes de conceber em seu seio virgem, ela havia concebido em seu coração virginal. Deus já havia nascido em sua alma. Por isso, ela pôde concebê-lo no corpo.

Desta santidade divina e humana de Maria resulta sua eminente dignidade que a coloca acima de todas as criaturas, só comparável com aquela de Cristo. Esta dignidade e santidade são vividas na opacidade de uma vida corriqueira, numa minúscula vila da Galileia e depois numa pequena cidade à margem do Lago de Genesaré, Cafarnaum[5]. Os tesouros mais preciosos que os homens descobrem são encontrados nas profundezas escuras da terra ou do mar. Deus não age diferentemente: no pequeno, Ele esconde o grande; no opaco, o transparente e no simples, o sublime. Maria é o arquétipo desta verdade.

---

5. Cf. TONIOLO, E. La santità personale di Maria nel contesto dell'antropologia cristiana, oggi. In: *Sviluppi teologici*. Op. cit. (nota 4), p. 77-102.

Capítulo X
Ressurreição e Assunção de Maria

Como foi o fim desta criatura singularíssima chamada Maria? A fé, especialmente a partir dos séculos V e VI, começou a se interessar por esta questão. Não é curiosidade frívola; é expressão de amor. Que fim poderia conhecer aquela que é venerada como o melhor fruto da criação, a obra perfeita do Espírito, a mãe de Deus? Os fiéis, numa lógica consequente e intuitiva, deduziram logo: o fim aqui não pode significar simplesmente termo e conclusão; deverá designar o arremate, a culminância e a perfeição alcançada em seu objetivo final. Por isso, o fim de Maria não se circunscreve aos limites da morte. Ela rompe esta barreira e alcança uma plenitude de vida ressuscitada. Por isso a fé, depois de séculos de tateamentos, proclamou a ressurreição e a assunção de Maria em corpo e alma ao céu[1]. No dia 1º de novembro de 1950, o Papa Pio XII declarou e definiu como dogma infalível que *"a Imaculada Mãe de Deus, a sempre Virgem Maria, terminado o curso de sua vida terrestre, foi assunta em corpo e alma à glória celeste"* (DS 3903).

---

1. Cf. MEO, S.M. Riflessi del rinnovamento della escatologia sul mistero e la missione di Maria. In: *Sviluppi teologici postconciliari e mariologia*. Roma: [s.e.], 1977, p. 103-127 [com rica bibliografia]. • MÜLLER, A. Trânsito e glorificação de Maria. In: *Mysterium Salutis* III/7. Petrópolis: Vozes, 1974, p. 165-175. • BOFF, L. *A ressurreição de Cristo* – A nossa ressurreição na morte. 5. ed. Petrópolis: Vozes, 1978 • RAHNER, K. *Marie, Mère du Seigneur*. Paris: [s.e.], 1960, p. 104-114.

Se a vida é chamada para a vida e não para a morte, então a mãe do Autor da vida, o templo no qual entrou o princípio de toda a geração, devia, mais do que qualquer outro, participar do mistério da vida.

1. A morte como culminação e integração

Discute-se se Maria morreu ou não. Por isso, o texto dogmático, cautelosamente, diz "terminado o curso de sua vida terrestre". Nós, porém, afirmamos que Maria morreu, pois só assim se pode falar, verdadeiramente, de ressurreição, porquanto somente um morto pode ressuscitar. Maria morreu pelo fato natural da morte que pertence à estrutura da vida humana, independentemente do pecado. O pecado introduziu a angústia e o medo da morte, mas não a morte em si. Concretamente o homem, vivendo em situação de pecado, teme a morte e não consegue integrá-la como estrutura de sua vida que é mortal. Esse temor e incapacidade de integração é consequência do pecado. Em razão desta situação histórica decadente pôde a Escritura dizer que a morte (histórica e assim como é realizada pelos homens) entrou por causa do pecado. Maria, livre e isenta de todo o pecado, pôde integrar a morte como pertencente à vida criada por Deus. A morte não é vista como fatalidade e perda da vida, mas como chance e passagem para uma vida mais plena em Deus. A morte propicia ao homem a possibilidade de um supremo ato de amor e de entrega a um Maior que nos transcende e, ao mesmo tempo, nos realiza sumamente. Neste sentido, a morte é um bem e foi assimilada perfeitamente por Maria. Sem a morte, com a grandeza que ela proporciona, Maria seria menos e faltaria uma pérola na coroa de sua glória.

Ademais, Maria se associou totalmente ao destino de seu Filho. Por sua vida e morte Jesus nos libertou. Por sua vida e morte Maria participou desta obra messiânica e universal. A morte não foi punição nem angústia. Foi forma de doação e de amor sacrificado.

Quem vive semelhante vida não pode permanecer na morte. Há dentro desta mortalidade uma semente que não é tragada pela morte. A morte apenas liberta a força escondida da semente; serve-lhe de adubo generoso. Na morte eclode primaveril a pujança total da vida. É a ressurreição. Não é algo que ocorre depois da morte. Por isso, se Maria morreu, não podemos dizer que sua realidade terrestre foi entregue à decomposição. Na morte irrompe a vida que estava latente dentro da vida mortal. Por isso, no momento da morte, a virgem mãe ressuscitou.

Ressurreição não deve, falsamente, ser interpretada como reanimação do cadáver. Isto significaria perseverar na estrutura da mortalidade, enclausurada nos limites do espaço e do tempo, das necessidades de sustentação e de conservação. Ressurreição significa a emergência de outra *forma* de vida, livre já dos liames terrestres e participando da própria vida de Deus. Por isso, ressurreição deve ser circunscrita em termos de glorificação, de absoluta realização da vida, de escatologização das possibilidades presentes dentro da vida terrestre. Trata-se da entronização da vida em seu quadro final e definitivo no Reino de Deus. É vida humana. Maria conserva sua identidade pessoal e corporal. Mas agora vive a forma terminal e derradeira da vida como Deus a predestinou desde toda a eternidade.

Maria foi assunta ao céu *em corpo e alma*. Aqui não se trata de dogmatizar um esquema antropológico – corpo e alma – pelo qual os ocidentais, à deriva da cultura greco-romana, interpretam o fenômeno humano. Utiliza-se este marco de referência, compreensível à cultura ocidental, para enfatizar o caráter totalizante e completo da glorificação de Maria. Não apenas a alma, vale dizer, a interioridade e transcendência humanas, participa da plenitude da vida no Reino, mas também a corporalidade, isto é, nosso enraizamento terrestre, nosso peso material e carnal, nosso relacionamento cósmico e histórico. A mulher toda vê-se envolvida na absoluta realização.

Os cristãos acentuamos especialmente a glorificação corporal de Maria. Com isso fazemos profissão de fé no destino absoluto a que está chamado nosso corpo. Ele é forte e frágil, cheio de vida e contaminado pelo vírus da morte. Por isso, é exaltado por uns até a idolatria e odiado por outros até a trituração. É no corpo que sentimos a densidade do amor e é no mesmo corpo que sofremos a profundidade da dor. Pela ressurreição e pela assunção o corpo vem resgatado de toda a sua ambiguidade. Ele não será mais motivo de blasfêmia, mas de bênção. Não é mais uma muralha que nos separa de Deus, do outro e do mundo. É porta aberta para comunhão, é transparência de um cristal. Transfigura-se em sacramento de encontro denso e forte com a realidade ainda mais forte e densa de Deus. Maria vive e goza, no corpo e na alma, quer dizer, na totalidade de sua existência, desta inefável realização humana e divina.

O corpo de Maria, enquanto ela perambulava por este mundo, foi somente veículo de graça, de amor, de compreensão e de bondade. Não foi instrumento de pecado, da vontade de autoafirmação humana e de desunião com os irmãos. Por isso seu corpo, em sua materialidade, à diferença do nosso, foi reassumido e glorificado. Nosso corpo é também meio de desamor e de perdição. Em consequência disto, sua materialidade permanece na morte já que foi fator de morte. Na ressurreição, conservando nossa identidade corporal (nosso eu pessoal que guarda sempre uma referência à materialidade do mundo), ganharemos uma nova expressão material. Maria não precisou desta nova expressão material. Nela tudo foi sempre puro e santo pela presença do Espírito Santo. A ressurreição reassumiu estas realidades e as consumou em sua máxima plenitude.

2. Que significa a assunção para Maria?

Como será o corpo ressuscitado de Maria e entronizado na glória celeste? Que significa para ela o estar agora plena do Espírito e junto de seu Filho? Que significado transcendente se vislumbra para o feminino introduzido para dentro da Santíssima Trindade?

Roçamos em questões que se esfumam no imaginário religioso. Paulo, a quem foi dado entrever a realidade do novo céu e da nova terra, confessa: nenhum olho jamais viu, nenhum ouvido jamais ouviu, nenhum coração jamais penetrou o que Deus preparou para os que o amam (cf. 1Cor 2,9). Cale-se, portanto, a razão e fale, com direito, a fantasia. Tudo o que de bom, suave, grande, profundo, amoroso, íntimo e verdadeiro tivermos experimentado na terra, será realizado em sua potência máxima no céu. O coração descansa num Amor não ameaçado e a vida se alimenta na Fonte da eternidade. Maria goza desta radical hominização, em sua feminilidade, de forma singular e própria, pois somente ela foi e continua sendo a Mãe de Deus e o Templo vivo do Espírito Santo.

A assunção significa para ela o definitivo encontro com seu Filho que a precedeu na glória. Mãe e Filho vivem um amor e uma união inimaginável. Ela não precisa mais crer em sua Divindade contra todas as aparências. Agora vê a realidade assim como ela é, da filiação e de sua maternidade divina.

Encontra-se também com o Filho eterno e unigênito do Pai. As relações que estudamos, ao tratarmos da maternidade divina e humana, tornam-se para Maria transparentes. Ela descobre-se inserida dentro da Santíssima Trindade, mediante o Espírito Santo que a fecundou e a assumiu e o Filho que ela gerou. Descortinar-se-á, numa luz inefável, o que significa a geração eterna do Filho que ela gerou no tempo e que, pelos séculos em fora, estará indissociavelmente ligada a Ele. Realizará o que significa ser filha no seu Filho porque toda filiação divina e humana provém dele. Experimentará tudo o que lhe escapava à consciência: sua ligação com toda a humanidade e sua união com a Igreja.

Regozija-se pela revelação do sentido final da feminilidade que ela mesma realiza e descobre fontalizado em Deus. A assunção marca o momento a partir do qual, Maria como mulher, passa a viver com total plenitude uma união hipostática inefável com Deus Espírito Santo definindo destarte sua situação terminal. Maria, num nível escatológico, vem divinizada sumamente, conservando sua natureza humana criada, mas unida de forma indissociável e inconfundível com o Espírito. Já temos considerado tudo o que este evento culminante significa: o retorno definitivo do feminino em Deus e o "ganho" de Deus mesmo para a sua própria "realização".

3. Que significa a assunção para nós?

A ressurreição e assunção de Maria propiciam uma mística de presença da pessoa da virgem Mãe dentro da história e da Igreja. A mariologia corre o risco de se tornar pura memória de um passado longínquo, atualizado para a fé mediante fatigante pesquisa das fontes da Escritura e da Tradição. Nossa Senhora se transforma numa ideia e num princípio abstrato pelo qual construímos nosso sistema histórico-salvífico. A ressurreição e a assunção de Maria corrigem semelhante desvio possível. Maria continua dentro do mundo e no seio de sua Igreja com a presença viva de um Vivente. Ela não é uma ausente; é apenas invisível aos olhos corporais. Está presente de forma real, embora inefável, atuante, apesar de imperceptível fenomenologicamente. O relacionamento do fiel não se processa apenas mediante a recordação de sua pessoa e obra, mas imediatamente atingindo sua pessoa viva e ressuscitada. Só aos puros de coração é dado entender o quanto íntima, terna, maternal e aconchegadora pode ser a relação com nossa mãe santíssima, a virgem Maria.

Maria ressuscitada e assunta concretiza de modo eminente nosso próprio destino na glória especialmente da dimensão feminina da existência. Proclama-o o Vaticano II:

"A Mãe de Deus, já glorificada no céu em corpo e alma, é imagem e primícia da Igreja que há de atingir a sua própria perfeição no mundo futuro" (LG 68). Isto significa: Maria vive já agora, em corpo e alma, aquilo que nós também iremos viver quando atingirmos o céu. Enquanto peregrinamos, ela atua como uma imagem que recorda e concretiza o nosso futuro. Mais ainda: ela é o fruto mais precioso (primícia) de toda a seara humana, chamada também à transfiguração, e já agora ressuscitada no céu. Todos os que estão no Senhor (2Cor 5,6) são já ressuscitados com Ele no céu. Nossa união no corpo ressuscitado do Senhor é tão radical e verdadeira que a morte não a pode romper. Por isso, cremos que já ressuscitamos na morte. Chegamos plenamente realizados no céu, no corpo e na alma. Nossa Senhora realiza esta verdade num grau ímpar, único, próprio dela, semelhante a Cristo. Nós à deriva de Cristo ressuscitado e de Maria assunta participamos também da ressurreição. Como ponderava um teólogo: "Se Maria é o modelo pessoal da Igreja gloriosa, então o mesmo estado da Igreja glorificada se verificará em Maria e nos eleitos. Podemos [...] defender uma semelhança de estado em Maria e nos outros membros da Igreja celestial. A assunção de Maria, analisada sob esta perspectiva, representa, da forma mais evidente, o estado atual da Igreja celestial, da qual Maria é a "personificação". Ela não é a personificação de um estado futuro dessa Igreja gloriosa, mas sim a expressão pessoal do estado presente da Igreja celestial"[2].

Em cada um que morre no Senhor se realiza, numa medida própria, aquilo que ocorreu com Maria de modo

---

2. FLANAGAN, D. "Escatologia e assunção". *Concilium* 1 (1969), p. 127.

sublime e inigualável, somente comparável com Cristo: a ressurreição e a elevação ao céu. Lá da glória e presente em nosso meio, ela brilha como uma luz reveladora do verdadeiro caminho do homem em sua dimensão feminina. Andando por entre as tribulações do tempo presente, erguemos os olhos ao céu e rezamos: Salve Maria, vida, doçura e esperança nossa, salve!

4. Que significa a assunção de Maria para Deus?

A assunção de Maria não afeta somente a ela e a nós senão que concerne também a Deus[3]. Ele constitui o polo principal da relação nos acontecimentos e mistérios marianos. Já consideramos as implicações propriamente teológicas da mariologia. Cabe aqui apenas recordá-las. A assunção de Maria permite a Deus uma relação mais profunda com ela. Maria na glória se constitui como o sujeito capaz de acolher a comunicação pessoal e absoluta de Deus. Como se trata de uma relação escatológica, vale dizer, na sua absoluta perfeição, significa que Deus realiza de forma terminal sua união com Maria mediante o Espírito Santo que a partir da anunciação fez dela seu templo vivo. Agora no reino escatológico esta união hipostática encontra a plenitude de sua expressão sem confusão, sem divisão e sem destruição da identidade de Maria. Deus como vida eterna, em permanente processo de autorrealização, encontra no feminino maximamente concretizado em Maria e por Maria, uma expressão nova de sua divina realidade. Ao "realizar-se" no outro diferente (Maria), Deus-Espíri-

---

3. Cf. as obras: BURNS, J.E. *God as Woman, Woman as God*. Nova York: Paramus, 1973. • KRESS, R. *Whither Womankind?* The Humanity of Woman. Abbey St. Meinrad, Ind., 1975. • GREELEY, A.M. *The Mary Myth* – On Feminity of God. Nova York: The Seabury Press, 1977, p. 73-104.

to Santo realiza sumamente também este outro, porquanto ele foi pensado e querido para permitir o advento e a parusia total de Deus na criatura.

Criador e criatura, feminino (que inclui o masculino) e Espírito Santo constituem a partir de agora a história escatológica, a história da síntese suprema, do retorno absoluto e da unidade sem confusão, finalmente, reconquistada e vivida no Reino de Deus pelos séculos eternos em fora. O feminino ganha sua dimensão final de eternidade.

A história nova reclama uma linguagem nova. Mas esta não existe. Silencia, pois, nossa tagarelice com os significantes tirados do velho mundo. Só o puro pensamento, gerado da fé pura, poderá vislumbrar a pureza inefável do mistério da Trindade Santíssima presente no mistério abissal do homem e da mulher. No céu, uma vez mais, Deus se fez carne em Maria e habitou entre os homens salvos. E nós vimos, na fé, a sua glória, a glória do sacrário animado do Espírito Santo, cheia de graça e glorificação no céu.

Capítulo XI
A solidariedade e mediação universal de Maria

Com os temas da ressurreição e assunção de Maria poderíamos ter encerrado nossas reflexões porque aí se disse o máximo que se pode detectar do mistério da mãe de Deus e nossa. Nela, à deriva de Cristo, deciframos o destino último a que somos chamados: permitir que Deus se realize encarnatoriamente no masculino e também no feminino. Estas ponderações, entretanto, nos encaminham a uma outra, a da solidariedade de Maria com o destino de todos os homens e sua mediação universal na consecução deste destino comum[1].

A piedade intuitivamente venera Maria como a medianeira de todas as graças e como advogada nossa. A teologia, nos últimos decênios, empenhou-se seriamente no esclarecimento das ambiguidades que envolvem estas expressões. De modo especial mostrou como se articula a única mediação de Jesus Cristo (1Tm 2,5) com a mediação de Maria e

---

1. Cf. LAURENTIN, R. *Le titre de corédemptrice* – Étude historique. Paris/Roma: [s.e.], 1951. • BARAÚNA, G. *De natura corredemptionis marianae in theologia hodierna* (1921-1958). Roma: [s.e.], 1960. • Id. A Santíssima Virgem a serviço da economia da salvação. In: *A Igreja do Vaticano II*. Petrópolis: Vozes, 1965, p. 1.156-1.176. • MÜLLER, A. Maria e a redenção. In: *Mysterium Salutis,* III/7. Petrópolis: Vozes, 1976, p. 176-181; cf. todo o número de *Ephemerides Mariologicae* de 1976 com cerca de 300 páginas: *The Mediation of Mary Once More.*

dos demais homens. As dificuldades não se situam tanto no nível teológico e ecumênico quanto no nível filosófico. Trata-se de compreender adequadamente o modo de ser próprio dos homens e do tipo de relacionamento que se estabelece entre eles e todos conjuntamente com Deus. Esclarecida esta questão, muitas dificuldades, particularmente vindas da teologia luterana, desvanecem-se. Ver-se-á a legitimidade e o valor das expressões teológicas acerca da solidariedade e mediação universal de Maria. Esta mediação não é exclusiva, mas inclusiva, reforçando e maximalizando uma estrutura que envolve todos os homens.

1. O fundamento antropológico e ontológico da mediação

Nenhum homem apresenta-se, concretamente, como um átomo desenraizado. Seu ser lança raízes na infraestrutura material e corporal, estende-se para dentro da tecedura social, carrega dentro de si a carga histórica do passado. Ele nunca emerge como natural, mas como cultural, vale dizer: surge como já feito e construído e de certa forma como ainda por fazer. Dizemos que o homem nunca é somente um indivíduo, mas uma pessoa. Por pessoa expressamos a especificidade do ser humano enquanto apresenta-se como capacidade para a comunhão ilimitada e para a produção de símbolos pelos quais confere significação ao mundo e à sua ação sobre ele. No nível especificamente humano, o ser-homem é sempre social, um *homo socius*. Em outras palavras: não se pode jamais dissociar o *eu* do *nós*. Podemos fazê-lo, abstratamente, para organizar nossa fala de forma sistemática. Concretamente, entretanto, o *eu* vem sempre imbricado pelo *nós*, porque o eu existe encarnado num corpo, fincado no mundo, dentro da estratificação social, participando do destino da realidade que o circunda. A irredutibilidade da pessoa, como mistério de uma consciência, não pode ser representada como uma instância inatingível, existindo à parte, livre dos enlaces que nos prendem ao real. A irredutibilidade não quer dizer independência de relacionamentos, mas capacidade inesgotável de comunhão de tal forma que nenhuma pessoa pode ser reduzida *a este* ou *àquele* tipo de laços. Ela pode transcendê-los, porque está aberta à produção de outros diferentes. A pessoa encontra-se livre *de* determinadas situações e estruturações, mas não é livre *para* não ter nenhuma relação. É inerente ao seu equipamento humano a capacidade e necessidade de comunhão.

Esta estrutura do homem deixa transparecer a profunda solidariedade que vigora entre todos. Não existem ilhas solitárias. Todas estão ligadas pelas águas. Todos participam do destino de todos. Não só respiramos o mesmo ar, habitamos a mesma terra, somos cobertos pelo mesmo céu, mas principalmente participamos da mesma natureza humana (que não deve ser entendida como um substrato fixo, mas como constantes antropológicas: abertura para o mundo, capacidade de transcender qualquer dado, de produzir ações simbólicas etc.), e afetamos e somos afetados por suas expressões culturais. Esta solidariedade não é voluntarística; não surge porque queremos; ela existe, independentemente, de nossas decisões. É um dado antropológico. A liberdade determina o tipo, o modo e a qualidade das relações, mas não o *fato* das próprias relações.

É neste transfundo que se deve situar a temática da mediação. Por mediação entendemos os vínculos que aproximam e unem as pessoas. No caso do homem, a mediação é um *dado* protoprimário; fundamentalmente não é uma realidade que deve ser criada, mas algo que já preexiste e que deve ser reconhecido. Os homens vivem nas mediações, porque tudo o que cada pessoa faz, deixa de fazer ou intenciona, é realizado na comunhão e solidariedade com todos. Influencia toda a rede de relações e sofre as influências da tecedura que envolve cada ato. Isso não vale somente no âmbito da cultura, da história, do destino coletivo. Vigora também no nível espiritual. Por isso dizemos que todos pecamos em Adão e todos fomos redimidos em Jesus Cristo. Professamos no credo a comunhão dos santos ao reconhecer que todo o bem que se pratica no mundo, toda elevação que se opera nos espíritos, todo crescimento em direção do outro e de Deus não permanece enclausurado nos limites da pessoa, mas circula por todos e atinge o próprio céu.

Neste sentido somos responsáveis uns pelos outros. O que somos, as instituições que criamos, a própria instituição da linguagem e a codificação de nossos hábitos e gestos são mediações pelas quais nos fazemos presentes uns aos outros, comunicamos bênção ou maldição, fecundamos ou esterilizamos a vida. Como transparece, não devemos compreender a mediação como algo que se situa "entre" dois ou mais seres que devem ser unidos. Isto suporia que eles estivessem separados e desvinculados uns dos outros. Na reflexão que desenvolvemos, quisemos deixar claro que sempre existe entre os homens uma urdidura de fios que enlaçam as pessoas. Tal trama constitui a própria essência da pessoa. Destarte os homens, em todos os níveis em que se realiza a existência, desde o corporal até o sobrenatural, encontram-se enredados pelas mediações.

2. O único mistério cristológico e pneumático como base da mediação de Maria

A perspectiva que conquistamos nos fará compreender a mediação de Jesus e de Maria. Quanto mais alguém, por sua qualidade de vida, por seu amor, por sua bondade, pela retidão que vive, desce às raízes autênticas da existência, tanto mais entra em comunhão com os outros, tanto mais é mediador do sentido e de todas as graças. Como dizia com acerto um mestre do espírito: *se estiveres em teu quarto solitário e tiveres um pensamento verdadeiro, serás ouvido a milhares de quilômetros de distância*. Não há barreiras que obstaculizem o bem, não há muros que se interponham à verdade. Uma vez realizados, eles percorrem seu caminho secreto para o coração de todos os homens justos e bons. A melhor forma de estar em comunhão e junto dos homens é colocar-se na reta posição face à vida, face ao irmão e face a Deus.

Jesus Cristo foi aquele que fez somente o bem neste mundo, sem nenhuma sombra e sem nenhuma dobra. Viveu radicalmente a pureza da vida conforme a idealizara Deus. Conseguiu-o, não simplesmente como expressão de sua vontade, mas como expressão da presença encarnada do próprio Deus em sua natureza humana. Simultaneamente Deus e homem, Ele é aquele que realmente se constitui em Mediador absoluto (cf. 1Tm 2,5). Está de tal maneira ligado ao mistério da criação que tudo foi pensado e feito nele, por Ele, com Ele e para Ele (cf. Jo 1,3; Cl 1,16-17). Ele se encontra no substrato de cada ser. Por isto, toda solidariedade e comunhão humanas devem ser compreendidas antologicamente como derivadas da radical solidariedade e comunhão que Ele mantém com todos os seres.

A mediação única de Cristo não dispensa as mediações de seus irmãos; fundamenta-as, interpenetra-as, dá-lhes razão de ser. A mediação de Cristo deve ser pensada em duas direções. Em primeiro lugar, Ele foi constituído por Deus como o princípio de toda a mediação, solidariedade e comunhão. O mistério de Cristo penetra a criação e a humanidade, fazendo que elas sejam, anonimamente, cristificadas em sua ordem real e objetiva (ontológica). Tudo o que emergir de abertura, comunhão e solidariedade é concreção da única solidariedade e comunhão que é o mistério de Cristo. Em segundo lugar, considerando a realidade de baixo para cima, Cristo prolonga, radicaliza e consuma a urdidura de mediações que já existem entre os homens até elevá-las à perfeição terminal em Deus. Em ambas as direções Cristo se apresenta como o Mediador por excelência, o tipo ideal realizado, a partir do qual podemos entender as demais formas de mediações. Elas aparecem como expressões participadas de sua mediação e como orientadas para a sua que emerge como a fontal e terminal.

Em conexão com Jesus Cristo, ninguém mais do que Maria Santíssima esteve unida a toda a humanidade, pela direitura de sua vida e pela isenção de todo pecado.

Maria e Jesus Cristo devem ser pensados como momentos de um mesmo Mistério de autocomunicação salvadora de Deus. Deus nos salvou por seu Espírito enviado a Maria e mediante ela ao feminino e à comunidade santa, na qual Ele inabita até a consumação dos tempos. Salvou-nos também pela mediação de seu Filho que se encarnou no seio de Maria e mediante ele ao masculino universal (presente no varão e na mulher) e a Igreja que é seu corpo. Não há de se estabelecer uma ruptura neste Mistério único, mas importa discernir os momentos de sua realização que engloba a totalidade da realidade humana. Maria é medianeira em união com Jesus; o Espírito (espiritualizado em Maria) é mediador conjuntamente com o Filho (encarnado em Jesus). A liturgia o expressa em todas as orações que terminam unindo sempre a mediação do Filho com aquela do Espírito descansando no Pai (... por N.S. Jesus Cristo, na unidade do Espírito Santo...). Nas liturgias marianas se aplicam a Maria os textos referentes à Sabedoria em sua dimensão eterna: "fui estabelecida desde a eternidade e desde o princípio, antes que a terra fosse criada [...] eu já era concebida" (Pr 9,22-35). Estas passagens atribuídas a Maria só têm sentido se situarmos Maria nos desígnios eternos de Deus como o receptáculo pensado e querido para receber a total autocomunicação do próprio Deus na Pessoa do Espírito Santo. Assim toda a salvação – como já o ressaltamos anteriormente – possui uma dimensão feminina virginal e maternal. A própria mediação de Jesus inclui o feminino como a mediação de Maria encerra o masculino.

A redução da mediação única e exclusivamente a Jesus Cristo encurta a compreensão do Mistério de Deus e do ser humano. A preocupação quase neurótica de excluir Maria, como historicamente tem ocorrido em não poucas confissões cristãs saídas da Reforma, deve ser compreendida dentro das condições culturais do mundo moderno, profundamente marcado pela tendência masculinizante. A Modernidade se definiu a si mesma como logocêntrica; conferindo a primazia à racionalidade e ao poder do conceito, ela, por força da própria opção cultural, marginalizou o feminino e com ele as dimensões da realidade humana ligadas à ternura, ao simbólico e ao patético[2]. Por isso, nossa cultura moderna é rígida, violenta, necrófila e

---

2. Cf. EVDOKIMOV, P. *La femme et le salut du monde*. Paris: Tournai/Casterman, 1958, p. 148-150.

desesperada. É o preço pago ao recalque do feminino. No princípio feminino reside a humanização da vida e a fonte da moral que implica a renúncia da vontade de poder, pureza, sacrifício de si e proteção dos fracos e injustiçados. Os grandes místicos e sábios cristãos que cultivaram uma sensibilidade feminina e a ternura para com a natureza e os homens alimentavam-se no culto da *Theotokos,* na virgem Mãe de Deus. Especialmente notória é a figura de São Francisco apelidado de *Stella matutina* que chamava a todas as criaturas de irmãos e irmãs, que cercava de profundo carinho todos os seres, expressando um humanismo enternecedor como jamais se viu no Ocidente a ponto de cantar a morte como irmã (*mortem* cantando *suscepit*); a fonte de inspiração para esta dimensão tão feminina era a devoção terna à virgem Maria.

A Mãe de Deus e nossa vem representada arquetipicamente como a grande mãe terra, que nos alimenta, aconchega e é fonte de toda vida. O homem não se sente salvo sem reconciliar-se com a terra. Por isso, a alegria terrestre e celeste está ligada a Maria, como tantos textos litúrgicos o atestam. Através do feminino (divinizado) o homem integra suas dimensões de sombra e recupera o aconchego do Mistério que a todos abraça.

O *sim* de Maria à proposta divina de se humanizar a ligou definitivamente a toda a humanidade. Ela possui uma função única na história da salvação: seu *fiat* permitiu que Deus tocasse a natureza humana. A carne de Deus pela qual se fez irmão nosso, é carne que recebeu de Maria. Tais fatos não são fortuitos nem se esfumam no passado. Constituem-se em eventos definitivos para a história dos homens e para a história do próprio Deus. Ganham envergadura de eternidade. O *amém* de Maria ecoa pelos séculos em fora e continuará válido por toda a eternidade. Como ressuscitada e assunta ao céu, Maria continua respondendo a Deus e querendo aquilo que Ele sempre quis e um dia na história o revelou: a salvação mediante a encarnação de seu Filho, nascido da virgem Maria, e a espiritualização de seu Espírito em Maria.

Maria representou toda a humanidade porque estava unida à humanidade. Agora reforça mais profundamente esta sua união. Junto com seu Filho Jesus, nenhuma outra criatura está mais perto e dentro do coração de cada homem do que Maria. Por isso pode ser invocada como a medianeira e advogada nossa. No céu acompanha a trajetória de seus irmãos. Ninguém se considera totalmente feliz se não desejar e ver a felicidade de seus irmãos. Mesmo na situação de absoluta glorificação em Deus, Maria não recebeu – bem como seu Filho Jesus – toda glória e felicidade que ainda lhe está prometida. Esta será somente completa na consumação da história, quando os justos todos chegarem ao Reino. Então fechar-se-á o círculo da solidariedade e da comunhão dos redimidos. Até lá existe ainda futuro e permanece em aberto o destino pessoal de cada homem. Maria intercede junto a Deus, ao seu Filho e ao Espírito com o qual está unida porque participa e se solidariza com nosso destino que, de certa forma, é também o dela, do Espírito e de Cristo. Seu destino glorioso é outrossim nosso próprio destino. Sua situação única de proximidade com Deus trino introduziu já a natureza humana em seu quadro final. Este evento da graça nos consegue graça sobre graça para que o maior número possível de homens chegue ao Reino eterno de Deus, onde ela agora já se encontra.

3. Como Maria concretamente se solidarizou

Consideramos num nível ontológico (que atende à estrutura do ser e da consciência) a solidariedade e mediação de Maria. Importa ver como ela, concretamente, viveu esta realidade em sua história pessoal. Os dados são parcos, mas suficientes para constatar seu serviço e sua solidariedade com homens e situações bem concretas. Primeiramente ressalta seu *sim* dado livremente a Deus, dispondo-se ser Mãe do Messias e Templo do Espírito Santo. Ela se solidariza com toda a humanidade fiel que suspirava por uma libertação. Representa e assume a abertura para o Divino que existe e sempre persistiu na humanidade. Seu *fiat* a liga à forma encarnatória que assume a libertação dos homens que, desde agora e para sempre, terá uma dimensão feminina e marial; nela o feminino é inserido em Deus.

Ao visitar sua prima Isabel revela o quotidiano de uma solidariedade que liga os homens pela infraestrutura de necessidades básicas, mas que pode ser portadora de graça e de uma verdadeira experiência de Deus como o demonstram as palavras de Isabel e o hino de exaltação de Maria (cf. Lc 1,39-56).

O Magnificat mostra a profunda solidariedade de Maria pelos oprimidos da terra. Ela é a mulher forte e libertadora que invoca a justiça de Deus contra os injustos deste mundo e suplica a intervenção divina em favor dos humildes e famintos. Ela sabe de que lado se encontra Deus, pois Ele é sensível à humilhação do pobre (o sentido originário de "Ele olhou a humildade de sua serva": Lc 1,48). É a partir da libertação dos pobres que ela magnifica as maravilhas do Poderoso (Lc 1,49).

Pelo nascimento de Jesus entre animais, numa estrebaria, ela se solidariza concretamente com todos os que vivem e morrem sem teto, vale dizer, com os marginalizados para os quais nunca "há lugar na estalagem" (Lc 2,7). A salvação não ocorre, geralmente, mediante gestos espetaculares nem pela grandiloquência dos discursos, mas mediante as práticas solidárias com o destino humilde e, por vezes, atroz dos homens. Prescindindo da discussão da historicidade ou não das perícopas acerca da fuga ao Egito, cabe ressaltar o conteúdo de solidariedade que aí vem implicado. Em toda fuga há incerteza e medo, insegurança e risco, privações de toda ordem e fome. Maria participa da sorte de todos os fugitivos e perseguidos da história. A fé a sustenta, mas não lhe dá maiores garantias; por isso foge. Se vivesse uma fé alienada que eximisse o homem de fazer tudo o que está a seu alcance, ela não teria fugido. Teria argumentado: Deus deverá proteger o seu Filho. Fico aqui mesmo tranquilamente! Não foi assim que Maria pensou e agiu. Deu-se conta do perigo de morte que ela e seu filho corriam. Fez o que todos fariam: foge e aguarda dias melhores. A fé pervade tudo, mas não substitui o esforço e a inteligência humanas.

Maria expressa sua fé mediante práticas da religiosidade popular daquele tempo: vai em romaria com o esposo, o filho, parentes e amigos ao templo de Jerusalém. O filho se perde. Afligem-se os pais. Como todas as mães, Maria imagina o pior para o filho. "Filho, por que agiste assim conosco? Olha que teu pai e eu, aflitos, te procurávamos" (Lc 2,48). Há aqui um laivo de censura que nasce de um amor preocupado que agora se tranquiliza. Maria não foi poupada das angústias que laceram o coração de tantas mães. Ela teve que crescer no entendimento da missão de seu filho. Preocupada, vai com parentes procurá-lo para falar-lhe (Mc 3,32). Alguns parentes diziam entre si: "Ele está fora de si" (Mc 3,21). Ela participa com todos os que buscam e, na fé e não na ciência, aderem, entre escândalos a serem superados, ao Salvador do mundo.

Em Caná ela participa da alegria de um casamento e do constrangimento da falta de vinho. Preocupada tenta resolver o problema; é solidária com os anfitriões. É por solicitação dela que Jesus faz o seu primeiro milagre (Jo 2,1-11).

A tradição da Igreja de Jerusalém nos conservou o relato do encontro de Maria com Jesus no caminho do calvário. Todos haviam fracassado e fugido. Maria não; acompanha seu filho, sofre junto, inspira-lhe coragem, faz-se a corredentora. Ao pé da cruz assiste, impotente, à crucificação de seu filho e seu coração é atravessado como que por sete espadas.

Maria se oferece juntamente com Jesus em solidariedade com todos os homens à misericórdia divina. É aqui, junto à cruz, no momento mesmo em que somos redimidos, que ela nos gera como seus filhos.

Está presente no ato do nascimento da Igreja apostólica em Pentecostes. É solidária na morte e ressurreição. Encontra-se nos fundamentos do processo da fé que se difundirá pelos séculos em fora constituindo a Igreja que levará a causa de Jesus aos homens até que Ele venha. O Espírito que mora nela fará agora sua morada na Igreja.

Na glória jamais abandonou os homens; fincou-se no coração do povo de Deus pela veneração ininterrupta de sua vida, virtudes, missão e mistério; fez-se a mãe dos cristãos e de todos os homens. As aparições históricas de Maria demonstram sua solicitude maternal para com os homens e suas necessidades. Como assunta na glória intercede permanentemente por seus filhos, atraindo o feminino que se realiza em todos para a divinização escatológica.

Agora na Fonte de toda vida e de toda graça ela atinge a cada um e exerce sua mediação universal, não a partir de fora, mas de dentro do mistério de cada existência humana feminina e masculina.

A solidariedade que vivia entre nós nos mostra que ela se realiza, preferentemente, lá onde se manifesta a necessidade humana, onde o drama do sofrimento ameaça absorver o sentido da vida e onde se tomam decisões que marcam o futuro. Agora, do céu, continua a solidarizar-se e a fazer-se presente nestas circunstâncias com muito maior intensidade até que, finalmente, a criação chegou a Deus. *Et tunc erit finis*!

Capítulo XII
Maria, mulher profética e libertadora

Uma das formas de mediação de Maria, como refletimos no capítulo antecedente, assume especial importância no contexto da fé vivida em condições de opressão como na América Latina. Maria revela-se, nas fontes da fé, como uma mulher solidária com a paixão de seus irmãos. Esta dimensão é de especial relevância para os cristãos comprometidos no processo de libertação.

Sabemos que um dos traços mais característicos e belos da piedade latino-americana provém exatamente de seu cunho mariano. Maria está associada à paixão e à alegria de nosso povo; muitos lugares e um sem-número de Igrejas levam o nome de Maria ou de alguma de suas festas. Nesta piedade predomina a dimensão de veneração e de culto; menos aquela de seguimento e imitação da vida e virtudes de Maria.

Nos últimos anos e de forma cada vez mais extensa se está articulando outro tipo de piedade, fortemente centrada sobre o seguimento de Maria. Nas comunidades de base, nos grupos onde a dimensão política da fé se explicita e se exerce, apreciam-se de modo especial os traços denunciadores, enunciadores, proféticos e libertadores de Maria, presentes em seu hino de louvor, o *Magnificat*[1]. Este

---
1. Cf. a bibliografia especializada sobre o Magnificat: LAGRANGE, M.-J. *Evangile selon Saint Luc*. 4. ed. Paris: [s.e.], 1927, que oferece os comentários

aspecto quase que não fora tematizado na tradição mariana e que pertence também ao feminino. A imagem que a piedade veiculava e a teologia secundava era a da virgem e mãe meiga, doce, piedosa, humilde, totalmente voltada a Jesus e à Sagrada Família.

Numa sociedade de ordem, onde o cristianismo servia de ideologia masculinizante, integradora de todas as forças, poder-se-ia conscientizar a indignação ética de Maria que reza a Deus para dispersar os soberbos, derrubar do trono os poderosos, despachar de mãos vazias os ricos para elevar os humildes e encher de bens os famintos? O campo ideológico cristão, senhor da situação histórica, ou não considerava relevantes tais manifestações proféticas, próprias mais aos varões que às mulheres, ou as espiritualizava num sentido de fortalecer a posição de privilégio dos cristãos ou ainda as reputava válidas somente para os outros, os judeus, os pagãos e os poderosos maus. De todas as maneiras não valiam para a Igreja e para os cristãos.

mais detalhados. • HAMP, V. "Der alttestamentliche Hintergrund des Magnificat". *BK* 2 (1952), p. 17s. • DEHAU, Th. "Magnificat". *VS* 79 (1948), p. 5-16. • GUILLET, J. "Le Magnificat". *MD* 38 (1954), p. 60s. • LAURENTIN, E. *Structure et théologie de Luc I-II*. Paris: [s.e.], 1957. • COPPENS, J. "La mère du Sauveur à la lumière de la théologie vétérotestamentaire". *ETL* 31 (1955), p. 16s. • GELIN, A. "La vocation de Marie d'apres le Nouveau Testament". *VS* 91 (1954), p. 115-123. • HEBERT, A.G. "La Vierge Marie, Filie de Sion". *VS* 85 (1951), p. 127-139. • FORESTELL, G.T. "Old Testament Background of the Magnificat". *Marian Studies* 12 (1961), p. 205-244. • McHUGH, J. *The Mother of Jesus in NT*. Nova York: [s.e.], 1975, p. 73-79. • MOLTMANN, J. Alegria en la revolución de Dios. In: *El lenguaje de la liberación*. Salamanca: Sigueme, 1974, p. 141-151. • VOGELS, V. "Le Magnificat, Marie et Israel". *Eglise et théologie* 6 (1975), p. 279-296. • GRILLMEIER, A. "Maria Prophetin. Eine Studie zur patristischen Mariologie". *Mit ihm und in ihm*. Freiburg i.B.: [s.e.], 1975, p. 198-218. • SCHOTTROFF, L. "Das Magnificat und die älteste Tradition uber Jesus von Nazareth". *EvTh* 38 (1978), p. 298-313. • PIKAZA, J. "El Magnificat, canto de liberación. Dios salva a los pequenos". *Misión Abierta* 69 (1976), p. 230-247. • SCHMIDT, P. "Maria in der Sicht des Magnificat". *GuL* 46 (1973), p. 417-430. • SCHNACKENBURG, R. "Das Magnificat, seine Spiritualität und Théologie". *GuL* 38 (1965), p. 342-357.

Assim por séculos e séculos se esvaziou o conteúdo crítico e libertário manifestamente presente no *Magnificat*. Coube ao nosso tempo elaborar uma imagem de Maria como profetisa, mulher corajosa e forte, comprometida com a libertação messiânica das injustiças histórico-sociais dos pobres. Esta imagem está nascendo no coração de nosso povo sofrido e oprimido e prenhe de anelos de participação e libertação.

1. A situação opressora atual como lugar hermenêutico da libertação

A imagem de Maria profetisa e libertadora emerge da leitura teológica feita no transfundo de nossa situação de catividade e de opressão. Lemos com os olhos de hoje as Escrituras cristãs escritas ontem (há cerca de dois mil anos atrás). Nossos olhos vêm carregados de interrogações, expectativas e interesses que despontam de nossa realidade. Com eles acedemos aos textos marianos que nos falam de Maria. Os textos sagrados, por sua vez, nos lançam sua mensagem que se depreende de sua letra. Mas nossos olhos interessados destacam, da totalidade dos textos escriturísticos, aqueles que se configuram como mais relevantes para nossa situação. Tais textos são sublinhados com tinta vermelha; seus contextos são indicados à margem com a observação: muito importante. Assumimos todos os textos; fazemos o esforço de captar a totalidade da mensagem contida nos textos fundadores de nossa fé. Mas a situação de nosso tempo, com suas urgências e prioridades, privilegia alguns textos e contextos. Neles ouve uma voz que se endereça diretamente aos nossos ouvidos atuais. O sentido de outrora ganha uma atualidade hoje. Acolhemos um sentido que se deriva dos textos e criamos um sentido novo devido à sua ressonância no contexto de nossa história.

O sentido bíblico não pode, como se vê, ser totalmente fixado e congelado no passado; nele há uma virtualidade de sentidos que se explicitam em contato com novas situações sócio-históricas. Estamos, portanto, encerrados dentro de um círculo hermenêutico: lemos os textos sagrados com nossos olhos atuais e por isso sempre interpretamos ao ler; estes mesmos textos sagrados enviam sua mensagem na direção do nosso ouvido histórico e são captados na onda sonora de nosso tempo; recebem, portanto, uma interpretação condizente. Há sempre uma mútua implicação. Destarte a Escritura não emerge como uma cisterna de águas mortas na qual estão recolhidos todos os sentidos possíveis, mas antes como uma fonte de águas vivas da qual emanam sentidos novos consoante as variações temporais nas quais os homens vivem, sofrem e buscam sentido.

O círculo não é vicioso, desnaturando o sentido original da Escritura; é virtuoso revelando a riqueza de sentidos virtuais presentes nos textos, mas resgatados mediante as interrogações que irrompem das situações sócio-históricas. Assim, nossa situação atual diagnosticada como cativeiro e opressão social e política apresenta-se como um lugar hermenêutico privilegiado para lermos o *Magnificat* de Maria e fazermo-nos ouvintes de sua mensagem. O hino da Virgem surgiu num quadro de relações correspondentes às nossas. Por isso ele nos soa tão próximo e tão atual. Evidentemente os termos da situação eram diferentes; mas o tipo de relações entre os termos, o espírito com que a Virgem agiu e reagiu face a eles parecem-nos homólogos. Maria, como por encanto, faz-se nossa contemporânea.

Vivemos na América Latina, numa situação de injustiça afetando a imensa maioria de nossos irmãos. As lamentações de nosso Jó sul-americano se elevam até o coração de nosso Deus, clamando dignidade, direitos fundamentais, relações equitativas na sociedade e mecanismos de participação mais efetivos para todos. Pequenas elites, detentoras do poder, do saber e do ter, confiscaram para si os destinos de povos inteiros. Impõem seus interesses e mantêm seus privilégios com todas as armas. Instrumentalizam o próprio cristianismo, seus símbolos sagrados e seu ideário a serviço de sua causa egoística. O colonialismo interno – assim é que deve ser estigmatizado este processo – nada mais é que a reprodução em miniatura do grande sistema neocolonial sob o qual vivemos no mundo ocidental: nações metropolitanas, situadas no Atlântico Norte, mantêm ao seu derredor um cinturão de nações satélites exploradas e dominadas, sustentando o tipo de progresso acelerado daquelas nações opulentas. É um progresso iníquo porque é assentado sobre o sangue de milhões de irmãos.

É neste transfundo que se faz ouvir o clamor do povo oprimido, clamando por libertação. Os pobres Lázaros de hoje suplicam e batem insistentemente à porta dos ricos epulões modernos pedindo apenas uma coisa: ser gente; de não homens imploram ser homens. As Igrejas compreenderam sua missão messiânica de serem solidárias e porta-vozes dos sem voz nem vez. Sofrem em sua própria carne a paixão dolorosa de seu povo.

A realidade social negativa é lida pelas Igrejas com os olhos da fé; não se fala mais de simples injustiças estruturais, mas de verdadeira situação coletiva de pecado; não dizemos apenas que o diagnóstico social é desolador, senão que denunciamos a situação como contrária ao desígnio histórico de Deus. A libertação não vem visualizada tão somente como um processo social global, mas como forma de se concretizar e antecipar a libertação absoluta de Jesus Cristo.

Nesta caixa de ressonância ouvimos o hino profético da Virgem Maria com todo o conteúdo contestador, profético, subversivo e libertador que ele encerra. Maria não possui os ouvidos somente abertos à mensagem do Alto; ela possui um ouvido todo aberto para Deus e o outro todo aberto aos clamores de seu povo judeu oprimido. Ela é a mulher da verdadeira fidelidade, própria de todos os grandes profetas: no mesmo movimento no qual são fiéis a Deus, são também fiéis às premências do povo. A fidelidade a um implica a fidelidade ao outro, porque quem é surdo aos gemidos do pobre é também mudo diante de Deus. Maria ergue sua voz e fala: louva a Deus e intercede pelo povo; magnifica a misericórdia de Deus e suplica que Ele se manifeste como libertação do humilhado e do faminto.

2. Maria, modelo dos anelos de libertação dos oprimidos

A dimensão libertadora de Maria foi, solenemente, sublinhada pela encíclica de Paulo VI, *O culto à virgem Maria* (1974). Seja-nos permitido transcrever o tópico essencial porque aí se oferece a verdadeira hermenêutica (método de interpretação) que atualiza a mensagem de ontem para o hoje de nossa fé:

"A leitura das divinas Escrituras, feitas sob o influxo do Espírito Santo e tendo presentes as aquisições das ciências humanas e as várias situações do mundo contemporâneo, levará a descobrir que Maria pode bem ser tomada como *modelo naquilo por que anelam os homens do nosso tempo*. Assim para dar alguns exemplos: [...] verificar-se-á, com grata surpresa, que Maria de Nazaré, apesar de absolutamente abandonada à vontade do Senhor, longe de ser uma mulher passivamente submissa ou de uma religiosidade alienante, foi, sim, uma mulher que não duvidou em afirmar que Deus é vingador dos humildes e dos oprimidos e derruba dos seus tronos os poderosos do mundo (cf. Lc 1,51-53); e reconhecerá em Maria, que é a 'primeira entre os humildes e os pobres do Senhor' (LG 55), uma mulher forte, que conheceu de perto a pobreza e o sofrimento, a fuga e o exílio (cf. Mt 2,13-23) – situações estas que não podem escapar à atenção de quem quiser secundar com espírito evangélico as *energias libertadoras* do homem e da sociedade [...] Deste exemplo transparece claramente, no entanto, que a figura da Virgem Santíssima não desilude algumas aspirações profundas dos homens de nosso tempo, e até lhes oferece *o modelo acabado* do discípulo do Senhor: obreiro da cidade terrena e temporal, e, simultaneamente, peregrino solerte também em direção à cidade celeste e eterna; promotor da justiça que liberta o oprimido e da caridade que socorre o necessitado, mas sobretudo testemunha operosa do amor, que edifica Cristo nos corações" (n. 37).

Maior lucidez não se poderia esperar de um texto oficial. Aí Maria se patenteia como a mulher libertadora. Prolonga a linhagem das mulheres heroicas do Antigo Testamento que se haviam comprometido com a justiça de Deus e dos homens, como Débora (Jz 4–5) ou Judite (Jt 13,20; 15,9). Para compreendermos melhor o conteúdo libertador do *Magnificat* precisamos situá-lo em seu contexto histórico-espiritual[2].

a) *Contexto espiritual do* Magnificat

O hino da Virgem encontra-se na mesma atmosfera e é cantado no mesmo espírito em que se encontra a mensagem libertadora do Messias. É um prelúdio do anúncio do Reino de Deus, cerne da proclamação de seu filho Jesus. Significa também a coroação das expectativas do Antigo Testamento[3].

---

2. Circulam atualmente três teorias acerca da origem do *Magnificat*. A primeira, a tradicional, sustenta que Maria mesma compôs o hino por ocasião da visita de sua prima Isabel, assim como se narra em Lc 1,39-56. Hoje esta sentença conta com pouquíssimos representantes. A segunda, mais moderna, afirma que o *Magnificat* é uma composição literária do Evangelista Lucas, colocada nos lábios de Maria por ele para exaltá-la e proclamá-la bem-aventurada. A terceira, mais recente, diz que Lucas trabalhou sobre uma composição anterior. Originalmente o *Magnificat* teria sido um hino judeu-cristão exaltando a obra libertadora de Deus em prol dos humildes e pobres. A comunidade primitiva ou o próprio Evangelista Lucas, vendo Maria como representante privilegiada dos pobres e humildes e admirando as maravilhas que Deus fizera nela, teriam assumido o hino, acrescentando a ele o v. 48 (porque Ele olhou a humildade de sua serva. E eis que desde agora me chamarão bem-aventurada todas as gerações da terra) e atribuindo tudo a Maria. Esta sentença goza da aceitação de muitos mariólogos.
3. G.T. Forestell no estudo acima citado, mostrou minuciosamente como o *Magnificat* se insere dentro da espiritualidade dos pobres de Javé (anawim). Estes não se comprazíam em sua miséria, antes pelo contrário suspiravam pela justiça que os tiraria de sua situação inumana, numa palavra, esperavam a libertação. Os profetas, os salmos e a literatura pós-exílica acentuavam fortemente a convicção de que a ação salvífica de Deus e de seu Messias consistia, sobretudo, na libertação e exaltação dos pobres e injustiçados (op. cit., p. 225-235: The piety of the poor); cf. DUPONT, J. *Le Béautitudes* II. Paris: [s.e.], 1969, p. 19-90. • GEORGE, A. La pobreza en el Antiguo Testamento. In: *La pobreza evangélica hoy*. Bogotá: Clar, 1971, p. 11-26; no mesmo livro p. 27-44: DUPONT, J. *Los pobres y la pobreza en los evangelios y en los hechos*. [s.n.t.].

O Messias virá e instaurará o Reinado (nova ordem) de Deus. Nesta nova ordem sorrirá a justiça do empobrecido, florescerá o direito do debulhado e vigorará a paz definitiva de toda a criação. O Messias iniciará pelos pobres, os injustiçados, os humilhados. A situação deles representa um desafio ao seu poder messiânico. Por isso, felizes são eles porque deles, inicialmente, é o Reino de Deus (cf. Lc 6,20; 4,18-21).

O Deus deste Reino é fundamentalmente *santo*. Santo significa: aquele que está para além de tudo quanto pudermos pensar e imaginar; é o totalmente outro, diante do qual, como Moisés, na aparição da sarça ardente (Ex 3,5), caímos de joelhos, tiramos as sandálias e nos aproximamos com sumo respeito. Com esse Deus assim santo não se brinca. É o absolutamente sério de nossa vida. É o *tremendum*: se Ele não interviesse, morreríamos ao ver a sua glória.

Este Deus santo é também miseri-*cor*-dioso. Não fica indiferente ao drama humano. Ouve o clamor do esmagado. Possui um coração sensível aos míseros (miseri-*cor*-dioso). Toma partido pelos pobres. Faz sua a causa deles. Ama o mundo porque saiu de sua palavra onipotente. Mas protesta contra ele, pela forma histórica de injustiças e opressões que os homens lhe imprimiram. Tudo isto lhe desagrada. Seu Reino porá fim a tudo isto. É o *fascinosum*: sentimos sua proximidade libertadora.

Exemplo desta atitude miseri-*cor*-diosa de Deus, encontramo-lo na história de Ana, mãe do Profeta Samuel (1Sm 1–2). É estéril. Sofre humilhações e zombarias por parte de sua concorrente Fenena. Chora amargamente e não come de tristeza. Entre copiosas lágrimas reza: "Senhor dos exércitos, se vos dignardes olhar para a aflição da vossa serva e vos lembrardes de mim, se não vos esquecerdes de vossa serva e lhe derdes um filho varão, eu o consagrarei ao Senhor durante todos os dias de sua vida [...]" (1,11). E Deus ouviu a súplica da desamparada: nasceu Samuel, e mais três filhos e duas filhas (1Sm 2,21). Ao apresentar o primogênito no templo, Ana prorrompeu num cântico que está na base do cântico de Maria. O paralelismo é tão surpreendente que não nos furtamos a traçar uma sinopse:[4]

Magnificat de Maria (Lc 1,46-55)	*Magnificat de Ana* (1Sm 2,1-10)
Minha alma glorifica ao Senhor e meu espírito exulta de alegria em Deus, meu Salvador, porque Ele fixou os olhos na humildade de sua serva. De hoje em diante todas as gerações me chamarão de bem-aventurada, porque grandes coisas fez em mim o Todo-Poderoso. Santo é seu nome. E sua misericórdia se estende de geração em geração sobre todos os que o temem. Manifestou o poder de seu braço e dissipou os soberbos de coração. Derrubou do trono os poderosos, e elevou os humildes. Encheu de bens os famintos e despediu de mãos vazias os ricos.	Exulta o meu coração de alegria no Senhor nele se eleva a minha fronte; a minha boca desafia os meus adversários, porque me alegro na tua salvação. Ninguém é santo como o Senhor. Não há outro Deus fora de ti. Ninguém é tão forte como o nosso Deus. Não multipliqueis vossas palavras altivas. Não saia de vossa boca a arrogância. Porque o Senhor é um Deus de sabedoria, Só Ele sabe descobrir vossas ações. O arco dos fortes foi quebrado. E os fracos foram revestidos de vigor. Os que estavam fartos

---

4. Cf. uma sinopse mais completa com todos os textos do AT que correspondem ao texto do *Magnificat* em SCHILLEBEECKX, E. *Maria, Mãe da redenção*. Petrópolis: Vozes, 1968, p. 16-17.

Trouxe a salvação a Israel
seu servo lembrado de sua
misericórdia.
Assim como prometera a
nossos pais, em favor de
Abraão e de sua
descendência para sempre!

assalariaram-se por pão.
Os famintos são saciados.
Até a estéril foi mãe de sete
filhos.
E a mulher que os tinha
numerosos enlanguesceu.
O Senhor é que dá a morte e a
vida.
Leva à habitação dos mortos
e tira dela.
O Senhor despoja e enriquece,
Humilha e exalta.
Levanta do pó o mendigo
E do monturo tira o pobre,
Para que se sente com os príncipes,
E ocupe um trono de glória.
Porque são do Senhor as
colunas da terra. Sobre elas estabeleceu o mundo.
Ele dirige os passos de seus santos.
Mas os ímpios perecerão nas trevas.
Porque homem algum
vencerá por sua própria força.
Tremerão diante do Senhor
os seus inimigos.
Trovejará do céu sobre eles.
O Senhor julga os últimos
confins da terra.
Ele dará o império ao seu Rei
E exaltará o poder de seu Messias.

Como se depreende: é o mesmo espírito lá com Ana e aqui com Maria. Por um lado a presença da situação oprimida (serva estéril: Ana; virgindade que equivalia para o judaísmo à esterilidade: Maria), o mando e desmando dos soberbos, dos poderosos e dos ricos, por outro a misericórdia de Deus que intervém e revoluciona as relações iníquas, elevando os humildes e saciando os famintos. O contexto espiritual é aquele do Messias em sua atuação primordial que é de transformar a velha ordem, onde a prepotência e autoafirmação do homem ganham a partida, em nova ordem na qual ocorre a separação dos espíritos e triunfa a justiça para os ofendidos.

b) *A dimensão libertadora do* Magnificat *de Maria*

O transfundo do *Magnificat* constitui a tragicidade deste mundo que, em sua ordem, contradiz o projeto de Deus sobre a sociedade e os homens. Mas Deus resolveu mediante seu Messias intervir e inaugurar o novo relacionamento com todas as coisas. Todo Israel, sim, a humanidade inteira suspirava por este momento salvador. Maria compreende: irrompeu agora, em seu ventre, o princípio de toda sanidade e libertação. É como Jesus quando se dá conta: "O prazo da espera expirou. O Reino foi aproximado. Crede nesta alvissareira notícia. Mudem de vida" (Mc 1,14-15). Percorre, cheio de entusiasmo, os caminhos da Galileia.

Maria se enche de júbilo e entoa seu hino de louvor e de alegria. Sua alegria não é vazia; tem motivos de exaltação messiânica.[5] É que Deus se mostrou salvador (Lc 1,47); olhou a humildade de sua serva (v. 48)[6]. O que fez a ela é proto-

---

5. O convite para o louvor, a alegria e o engrandecimento (Engrandece minha alma o Senhor) do primeiro verso do *Magnificat* evoca o tema, frequente no AT, da salvação dos aflitos e da restauração de Sion. Esta restauração de Sion, entretanto, era considerada como a libertação do resto aflito e humilhado de Israel. Os termos "engrandecer", "alegrar-se" (megalynein) são associados pela Septuaginta aos motivos de libertação pessoal e nacional (Sl 56,10-11; 33,3-4; 68,30-31.36-37; 2Rs 7,22; Sl 9; 30,8). O *Magnificat* de Maria possui este transfundo libertário do AT.
6. O verso 48 (Ele olhou a humildade de sua serva) deve ser corretamente interpretado, resgatando-lhe o sentido libertador e social que possui, contra

típico para o que vai fazer a todos. Como Ana representava todo Israel, assim Maria representa não só Israel, mas toda a humanidade. Por isso pode cantar: de hoje em diante todas as gerações me chamarão bem-aventurada (v. 48b).

Deus é santo, o totalmente outro que habita numa luz inacessível (v. 49). Mas não vive numa soberana distância dos gritos doloridos de seus filhos. Por isso é que a Virgem constata sua misericórdia que se estende de geração em geração (v. 50). Ele saiu de suas trevas luminosas e vem para as luzes tenebrosas dos homens. Entra no conflito. Assume a causa dos vencidos e dos marginalizados contra os poderosos e fazedores da história contada nos livros para seu próprio engrandecimento.

A misericórdia de Deus não se reserva apenas para o final dos tempos. Não tolera que a chaga fique aberta e

---

uma interpretação meramente espiritual e moralizante dada comumente. Cf. para isso: RYAN, E.A. "Historical Notes on Luke 1,48". *MS* 3 (1952), p. 228-235. O verbo "olhar" de Deus significa para o AT a comiseração divina face às atribulações humanas, seja individuais (Sl 12,4; 24,16; 68,17-18; 118,132), seja nacionais (Ex 14,24; Jz 6,14; Lv 26,9; 1Rs 9,16). A expressão "humildade" (em grego tapeinosis), na linguagem do AT, quer expressar, primariamente, a situação oprimida do pobre, o estado de desgraça, aflição e humilhação pessoal (Agar: Gn 16,11; Lia: Gn 29,32; Jacó: Gn 31,42; José: Gn 41,52; Ana: 1Rs 1,11; Davi: 2Rs 16,12; Ester: Est 4,8) ou nacional (aflição nacional no Egito: Dt 26,7; no tempo de Saul: 1Rs 9,16; na sucessão de Jeroboão II em Israel; 2Rs 14,26; Ne 9,9; Jt 6,19; 16,13). A expressão é frequente nos salmos, exatamente em forma de lamentações ou orações dos pobres e oprimidos (Sl 9,14; 21,22.27; 24,18; 30,6-8; 118,50.92.153; 135,23). Esta situação deprimente articula a esperança da libertação, esperada do Messias vindouro. Ao mesmo tempo esta condição positiva e materialmente desfavorável propiciou uma atitude de espírito (infância espiritual, pobreza espiritual) de abertura, entrega a Deus, confiança, disponibilidade à ação divina, abandono confiante na expectação do ato libertador de Deus. Esta atitude significa condição necessária para receber o Reino de Deus e se opõe ao orgulho, à autossegurança, ao fechamento sobre si mesmo e à confiança em suas próprias e exclusivas forças para conseguir a libertação: Cf. GELIN, A. *Les pauvres de Jahvé*. Paris: [s.e.], 1953, p. 80-93. Maria vive a situação de positiva humilhação, e isso faz com que viva também uma atitude de humildade (entrega confiante a Deus), disponível e aberta a acolher a ação libertadora de Deus.

a sangrar indefinidamente. Ela assume formas históricas e se concretiza em gestos transformadores do jogo de forças. Os orgulhosos, os detentores do poder e os ricos não possuem a última palavra como sempre pretendem. Sobre eles já se manifesta, historicamente, a justiça divina. Serão desapeados do poder; serão desmascarados em seu orgulho e serão despedidos de mãos abanando (vv. 51-53). O Reino de Deus não configura a consagração da ordem deste mundo onde os arrivistas tudo decidem. O Reino significa um protesto contra a ordem *deste* mundo. Sua justiça é outra Justiça. Deus prometera a certeza deste novo mundo aos nossos pais. Agora tudo começa a se cumprir (v. 55).

A forma deste cumprimento possui, inegavelmente, um estilo revolucionário. Por mais que tal afirmação choque os ouvidos de uma Igreja que prima pelo equilíbrio e pela prudência política, devemos afirmá-la porque a própria Virgem o afirmou: "Derrubou do trono os poderosos e elevou os humildes; encheu de bens os famintos e despediu de mãos vazias os ricos" (vv. 52-53). Não rezaram diferentemente de Maria as outras mulheres fortes do Antigo Testamento: Míriam canta, ao sair do Egito: "Cantemos ao Senhor que operou maravilhas: precipitou o cavalo e o ginete ao mar" (Ex 15,20-21); Ana, atendida por Deus em sua aflição, reza: "O arco dos fortes foi quebrado e os fracos foram revestidos de vigor" (1Sm 2,4); Judite, após decepar a cabeça de Holofernes, anuncia ao povo: "Louvai o Senhor nosso Deus, que não abandonou os que puseram nele a sua confiança, e cumpriu pelas mãos da sua serva a promessa de misericórdia feita à casa de Israel; esta noite o Senhor matou, pela minha mão, o inimigo do seu povo" (Jt 13,17-18).

O Deus bíblico não é um ídolo que enfeita os templos ou os santuários de nossas casas. É um Deus vivo, cujo nome verdadeiro se chama Justiça, Santidade, Misericórdia para os que, injustamente, são oprimidos. É um Deus que toma o partido do Lázaro da parábola que se encontra no seio de Abraão contra o rico epulão que sofre no inferno (Lc 16,19-31), que chama de bem-aventurados os pobres, os que têm fome e sede de justiça, os perseguidos, os amaldiçoados e mortos e que lamenta com terríveis "ai de vós!" os ricos, os fartos, os gozadores e bajuladores (Lc 6,20-26).

Que Deus é este que toma partido? Não disse Jesus: Deus faz nascer o sol sobre bons e maus e faz chover sobre justos e injustos (Mt 5,45) e ama os ingratos e maus? (Lc 6,35). Não é um Deus sem discriminações? A isso respondemos: Sim, Deus ama a todos e os envolve em seu gesto misericordioso, porque todos são seus filhos. Entretanto, há filhos que são dóceis ou rebeldes, bons ou maus. Num mundo assim contraditório e desumanizado, onde há inegavelmente oprimidos e opressores, *a forma* do amor de Deus é diferente. Jesus não trata da mesma maneira os pobres, os doentes, os fariseus, os publicanos e Herodes. Aos pobres chama de bem-aventurados, aos fariseus de sepulcros caiados, a Herodes de raposa, aos publicanos faz-lhes ver, como a Zaqueu, a iniquidade de sua riqueza, acumulada pela fraude. Portanto, a libertação que quer para todos encontra caminhos diferentes por causa das diferentes formas de opressão. Assim, Deus exalta os humildes e faz justiça aos pobres porque se insurge contra os opressores que por suas práticas gananciosas e egoísticas geram empobrecimento e humilhações. Dissipa os soberbos de coração para, convertidos e livres de sua ridícula autoafirmação, poderem ser filhos livres e obedientes a Deus e irmãos dos outros homens. Só desta forma acedem ao Reino de Deus. Derruba do trono os poderosos para que deixem de usar do poder em função de seus interesses e o façam a serviço do bem comum de todos e assim estejam em condições de receberem a salvação. A forma como Deus lhes oferece a chance da salvação é derrubá-los de seu poder. Despede de mãos vazias os ricos para que, libertos dos mecanismos de acumulação e de ganância, que os fazem desalmados contra os outros homens, possam recuperar sua humanidade e colocar-se no caminho do Reino de Deus.

A libertação de Deus passa pelo caminho da conversão; sem ela, o mundo continua em sua iniquidade e em suas divisões. Esta libertação se realiza em modalidades diferentes consoante as diferenças de situações, mas ela aponta para um mesmo fim: fazer de todos os homens filhos de Deus, irmãos entre si, senhores livres face aos bens deste mundo e membros do Reino de Deus. Não se invertem as relações por espírito revanchista, os dominados se fazendo dominadores e os empobrecidos se tornando enriquecidos e opressores, mas se invertem em função da conversão pela qual não haverá mais ricos e pobres como classes antagonistas, nem oprimidos e opressores, mas serão todos irmãos uns dos outros, morando na mesma casa do Pai.

O Reino de Deus dentro da história se constrói, portanto, contra o Reino deste mundo, assentado sobre a riqueza excludente, as relações sociais de dominação e o privilégio do mais forte. Entre o projeto de Deus e o projeto do pecador não há conciliação possível. Somente a conversão que implica a troca do modo de pensar, de agir e de organizar as relações entre os homens e dos homens com os bens da terra abre caminho para a reconciliação e a paz. Por isso, mediante ela se inaugura o Reino de Deus, cujo advento a Virgem Maria canta e pelo qual se rejubila. Deus manifestou, neste tempo, sua misericórdia, vale dizer, resolveu interferir em favor daqueles que mais precisam da realidade do Reino de Deus.

Atentemos bem para o conteúdo desta misericórdia de Deus: ele é concreto e histórico; nada possui de espiritualizante. Os poderosos são poderosos mesmo; os famintos são famintos de fato; os humildes são humildes na vida real; os termos gregos *tapeinós* (Lc 1,52) e *tapéinosis* (1,48) que ocorrem no hino da Virgem significam a situação daquele que é indigente (Lv 19,10; 23,32; Dt 15,11; 24,12; Is 10,2; Jr 22,16), fruto da exploração por parte dos ricos, condenada por Deus e pela Lei (Ex 22,20-24; Dt 24,12-17; Lv 19,20; 23,22). Esta classe de humilhados será a primeira a ser beneficiada com a instauração do Reino. Por isso é que sua oração, suas expectativas e suas lamúrias são atendidas por Deus, como no-lo mostram, frequentemente, os salmos.

Maria se situa no prolongamento destes pobres como o fora também Ana. Ela vê que em sua vida, pelas grandes coisas que o Todo-Poderoso operou nela (vv. 48-49), Deus ouviu os clamores seus (v. 48) e de todo Israel (54). Deus, finalmente, olhou a pobreza de sua serva e acolheu o seu servo Israel (v. 54). São primícias do Reino definitivo de Deus. Daí a razão da alegria de Maria que irrompe num hino de exultação e magnificação.

A espiritualização que se operou do *Magnificat* dentro dos quadros de uma espiritualidade privatizante e intimista acabou por esvaziar todo o conteúdo libertário e subversivo para a ordem deste mundo decadente, presente de forma inequívoca no hino da Virgem. A dicotomia entre matéria e espírito, que tantos males gerou dentro do cristianismo, é alheia ao espírito bíblico. A salvação vem apresentada sempre como salvação *humana*, vale dizer, integral e completa, abrangendo a matéria e o espírito, as relações do homem para com Deus e as relações para com os outros e as coisas. A ação de Deus não afeta segmentos apenas da realidade. Involucra tudo porque tudo deve ser libertado.

Um homem de grande porte espiritual de nosso tempo, o monge protestante de Taizé, Max Thurian, escreveu em 1963 quando mal e mal se acenava para a densidade libertadora da mensagem cristã tão enfatizada pela teologia da libertação latino-americana, comentando o *Magnificat*: "Justiça política e social, igualdade de direitos e comunidade de bens, são os sinais da misericórdia do Messias-Rei cantados por sua mãe e humilde serva. É assim que o evangelho da salvação se torna também o evangelho da libertação humana. Maria, primeira cristã, é também a primeira revolucionária dentro da ordem nova"[7].

3. Mostra-te como mãe libertadora!

A imagem que se depreende de Maria a partir do *Magnificat* justifica plenamente a afirmação de Paulo VI: Maria não é uma mulher passivamente submissa ou de uma religiosidade alienante. É a mulher forte e corajosa que invoca a justiça de Deus sobre os opressores dos pobres. É uma mulher comprometida e consequentemente toma partido. Deus não luta de ambos os lados. Nem tudo vale neste

---

7. *Marie, mere du Seigneur*. Paris, 1963, p. 153.

mundo. Deus e Maria se colocam do lado daqueles cuja dignidade tem que ser recuperada e cuja justiça tem que ser realizada. Somente assim se antecipa e se historiza o Reino de Deus neste mundo.

Maria, portanto, aceita como inevitável o conflito histórico. A reconciliação para ser verdadeira precisa passar pelo processo de conversão que gera conflitos. Mas a conflitividade histórica não empana os horizontes da esperança nem obscurece a presença da alegria. Não deixa de ser instrutivo o fato de Maria cantar e exultar jubilosamente, apesar das contradições sociais manifestas em seu hino. O conflito não é hipostasiado e ontologizado; é tomado em sua expressão histórica como concretização dos divergentes interesses humanos, uns contradizendo o projeto de Deus sobre o mundo, outros colocando-se ao seu serviço, uns realizando o pecado, outros a graça.

Os cristãos que se colocam no seguimento de Jesus e de Maria não poderão obviar as contradições da sociedade. Não lhes cabe uma pretensa instância neutra porque tal posição não existe e mascararia uma opção em favor dos poderosos deste mundo sobre os quais a Virgem invocou a manifestação do poder do braço divino (v. 51). Não há lugar para um amor platônico e à la Juca-Mulato porque é inoperante; impõe-se um amor solidário com os que sofrem, sofrendo junto, amor inteligente que busca passos concretos de libertação em direção à justiça e a relações menos iníquas entre os homens.

Neste empenho de libertação os cristãos fazemos a amarga experiência da lentidão dos processos e da persistência das opressões. Longe de desanimar, devemos fazer nossas as súplicas da Virgem pedindo que Deus se manifeste e realize sua justiça por mediações que escapam ao nosso poder. Não deverá a comunidade fiel suplicar, no meio das opressões de nosso povo, assim como o fez a Virgem: "Senhor, manifesta o poder de teu braço; dissipa os soberbos de coração; derruba os poderosos de seus tronos; eleva os humildes; enche de bens os famintos e despacha de mãos vazias os ricos"?

Ao término fazemos nossa a oração de D. Helder Camara à virgem da libertação:[8]

> Maria, Mãe de Cristo e Mãe da Igreja
> Ao preparar-nos para a missão evangelizadora
> que nos cabe continuar, alargar e aprimorar,
> pensamos em ti.
> Mas de modo especial pensamos em ti
> pelo modelo perfeito de ação de graças
> que é o hino que cantaste, quando tua prima,
> Santa Isabel, mãe de João Batista,
> te proclamou a mais feliz dentre as mulheres.
> Não paraste em tua felicidade,
> pensaste na humanidade inteira.
> Pensaste em todos.
> Mas assumiste uma clara opção pelos pobres,
> como teu Filho faria depois.
> Que há em ti, em tuas palavras, em tua voz,
> que anuncias no *Magnificat*

---

8. Cf. *Sedoc* 7 (1976), p. 784. • cf. MESTERS, C. *Maria, Mãe de Jesus*. Petrópolis: Vozes, 1977. • AUTRAN, A.M. "Maria, Mãe do Povo de Deus na América Latina". *Convergência* 11 (1978), p. 538-547. • ZEVALLOS, N. "Maria en la Religiosidad Popular Latino-americana". *CLAR* 15 (1977), p. 1-7. • ASIAIN, J. *Maria hoy?* Buenos Aires: [s.e.], 1973, p. 35-52.

a deposição dos poderosos e a elevação dos humildes,

o saciamento dos que têm fome

e o esvaziamento dos ricos,

e ninguém ousa julgar-te subversiva

ou olhar-te com suspeição? [...]

Empresta-nos a tua voz, canta conosco!

Pede a teu Filho que em todos nós

se realizem, plenamente, os planos do Pai!

Parte V
A MITOLOGIA

MARIA, O TEMPLO DO ESPÍRITO, A NOVA EVA

XIII: O mito no conflito das interpretações
XIV: Maria na linguagem dos mitos
XV: O conteúdo simbólico-existencial dos dogmas marianos

Capítulo XIII
O mito no conflito das interpretações

Consideramos já a *história* extremamente parca de Maria de Nazaré. Contemplamos a elaboração *teológica* que se alça para além da facticidade bruta dos dados historiográficos e compreende Maria, nossa Senhora, em sua relação com os grandes mistérios de Deus, com as interrogações do homem e com o desígnio do Mistério. Neste nível somos introduzidos a uma grandeza escondida sob os frágeis véus da historicidade. Não são duas realidades: a teologia quer ser explicitação da história. A imagem *teológica* de Maria, Nossa Senhora, constrói-se sobre a imagem de Maria da *história* e deve iluminá-la. Não para mistificar suas origens humildes e pouco messiânicas, mas para apontar a grandiosidade da pequenez enquanto pequenez e da profundidade da humildade ficando humildade.

A história relata. É quase nada. A teologia compreende. É conceptual. O homem não descansa com isso. Quer mais. A vida exige concreção; postula densidade; deseja celebrar e enaltecer. Para celebrar não basta ouvir um protocolo, nem é suficiente saber e refletir; faz-se mister abrir o coração, extrojetar o entusiasmo e magnificar. O louvor e o entusiasmo se movem dentro da linguagem da grandiloquência, da exaltação e do excesso. Pertence à essência da festa a generosa exuberância. Nesta dimensão emerge a imagem, o símbolo, o mito e o arquétipo. Eles não inventam a realidade. Apenas acrescentam e exaltam. Na história e na teologia fala a razão (*logos*); no símbolo se expressa o coração (*pathos*). Trata-se de acessos diferentes da realidade; a história conta; a razão busca as explicações, o símbolo detecta o sentido. Cada acesso possui a sua lógica e a sua gramática com sua sintaxe própria. Importa não mesclar as línguas com suas regras específicas. Cada língua conta e canta, em seu modo próprio, e nos limites de suas possibilidades, a mesma pessoa, Maria. Faz-se mister ouvir a cantilena destas línguas para captar toda a riqueza desta mulher singular.

1. O símbolo refaz e rediz a realidade

Queremos nos deter agora na mariologia simbólica que é a mais fecunda. O símbolo (o mito, a imagem) refaz e rediz a realidade no nível do imaginário. Neste processo entra em ação a carga arquetípica de nosso inconsciente pessoal e coletivo que povoa a mente humana, no sono e na vigília. Trata-se de expressar a experiência do valor, do sentido para a vida humana, do entusiasmo pela figura de Maria. A linguagem é de idealização e de escatologização. O namorado exalta as qualidades de sua bem-amada; a mãe decanta a inteligência do filho; o filho distante sublima as belezas de sua pátria. Lembremo-nos de Dom Quixote e a sua Dulcineia, ou de Juca Mulato e seu amor impossível, ou de Casimiro de Abreu em Portugal e suas poesias saudosas sobre o rincão materno. Surgem imagens que representam grande apelo para o inconsciente; vêm carregadas de significação existencial. Elas não falsificam a realidade. Traduzem a realidade do sentimento e a experiência do coração. Dentro deste regime simbólico, do refazer e redizer (num outro nível) a realidade histórica é que as formulações devem ser acolhidas e compreendidas. Caso contrário, a razão se escandaliza e a teologia (que opera nos quadros da razão analítica) começa a denunciar impropriedades de expressão, heresias, passando a uma função repressiva.

O símbolo e o mito constituem, portanto, uma maneira legítima de expressar o significado transcendente de Maria. Não é arcaísmo primitivo, válido para cabeças pouco inteligentes que somente nesta forma se deixam atingir e convencer, nem significa decadência da razão que sucumbe às intimidações da fantasia, nem é irracionalidade desordenada do inconsciente. É um outro caminho de abordagem da realidade e do mistério de Maria; possui sua lógica (não é irracional, mas racional de outra maneira), tem seus objetivos e consegue expressar a sua mensagem, quiçá de forma mais densa e abrangente, que outros acessos. Quem mergulhou fundo em realidades, cujo significado não deixa o homem indiferente como o amor, a autorrevelação de uma vida à outra vida, uma decisão determinante, uma doença, a morte de um ente querido, percebe logo: o conceito é insuficiente; o protocolo é frio; precisa do colorido, da imagem e dos símbolos. Só eles expressam adequadamente o definitivamente importante para o homem. Assim é com a mariologia simbólica. Ela constitui o coração da teologia mariana; aí aparece o *teo*-lógico da teologia.

A mariologia simbólica está repleta de analogias, tipos e antítipos, evocações e acenos antecipadores de realidades futuras. É a forma como se estrutura o discurso simbólico e mítico: vendo uma realidade pensa em outra. Assim, por exemplo, fala de Eva, mãe de todos os viventes, e pensa em Maria, mãe de todos os viventes do novo começo da criação purificada. Ouve acerca da arca do dilúvio, da sarça ardente, da tenda de Deus no deserto, da arca da aliança, do templo de Deus, da nuvem de Elias, de Débora, de Judite e já o pensamento é transportado para Maria que realizou em sentido pleno o sentido comum destas realidades referidas.

É neste contexto que emergem das profundezas arqueológicas do inconsciente humano primitivo arquétipos, especialmente aqueles ligados à mãe e à terra fecunda. No advento a liturgia canta: "germine a terra o nosso Deus para que nos abra os altos céus". Um hino antigo rezava: "Maria, tu que és a terra abençoada, a pura, a bela e amável, foste escolhida pelo Eterno para trazer a divina semente em teu seio". Muitas representações pintam Maria num jardim fechado de flores e rosas. Arquetipicamente o jardim é símbolo do corpo da mulher; aqui é símbolo de Maria que gera vida nova, num paraíso do qual ninguém será expulso porque nele tudo é puro e inocente.

Os qualificativos de glorificação de Maria são sem conta. Podemos dizer que tudo o que de grande, belo, suave, bondoso e sublime a mente pôde excogitar foi atribuído a Maria. O processo irrompeu livremente, de modo particular no século IV com o grande poeta sírio Santo Efrém († 373). Mas já antes, na célebre anáfora de Santo Hipólito (por volta de 218), ela vem venerada como mãe e virgem e a antífona famosa *Sub tuum praesidium* (sob tua proteção) é atestada por um papiro copta do século III, passando depois para a liturgia romana e ambrosiana (de Milão). É a oração mais antiga à Virgem Maria. Ao apagar das luzes do

Concílio de Éfeso (431), quando se definiu a maternidade divina de Maria, já se havia elaborado toda uma simbologia marial. Os séculos seguintes apenas caminharam até o fim a senda aberta. Num dos sermões pronunciados no final deste Concílio, um teólogo desconhecido proclamava:

> Nós vos saudamos, Maria, mãe de Deus,
> Tesouro venerável do mundo inteiro, Luz jamais extinta...
> Templo jamais destruído, que abrigais Aquele que não pode ser contido,
> Mãe e Virgem [...]
> Por vós a Trindade é santificada,
> Por vós a cruz é venerada no mundo inteiro,
> [...] Por vós o santo batismo advém aos que creem,
> Por vós o óleo da alegria,
> Por vós as igrejas são fundadas no mundo inteiro,
> Por vós os povos são conduzidos à conversão[1].

Como fizemos com o feminino, cumpre construir melhor a categoria do mito para que possa iluminar os mistérios marianos. Por isso, precisamos dar uns passos prévios, analítico-filosóficos, para por fim vê-lo aplicável para a teologia mariana.

2. Atualidade do mito

O mito tornou-se, no após guerra, o grande tema de discussão atingindo primordialmente a exegese, a teologia e as ciências humanas[2]. A discussão ainda não perdeu

---
1. SCHWARTZ, E. *Acta Oecumenicorum Conciliorum*, t. 1, vol. I, fasc. 8, p. 104.
2. O'MEARA, Thomas Aquinas. "Marian Theology and the Contemporary Problem of Myth". *Marian Studies* 15 (1964), p. 127-156. • LAURENTIN, R. "Foi et mythe en théologie mariale". *Nouvelle Revue Théologique* 89 (1967), p. 281-307. • Id. "Mythe et dogme dans les apocryphes". *De primordiis Cultus*

atualidade e certamente jamais perderá, pois o mito não é apenas algo do passado, frente ao qual precisamos desmitologizar, mas também algo do presente porque nossa faculdade mitógena continuamente produz novos mitos: mitos de publicidade, da criação artística, da ficção científica, da literatura em quadrinhos, dos desenhos animados ou mesmo os mitos científicos da física teórica e da sociologia etc. (O homem e a mulher biônica, Batman, ficção científica em romances e filmes).

Mircea Eliade, grande pesquisador dos mitos, escreveu ainda em 1952: "Estamos hoje aptos a compreender uma coisa que o século XIX não podia sequer pressentir: que o símbolo, o mito, a imagem, pertencem à substância mesma da vida espiritual, que a gente os pode camuflar, mutilar, degradar, mas que a gente não pode jamais extirpá-los [...]. Os mitos se degradam e os simbolismos se secularizam, mas eles jamais desaparecem, mesmo na mais positivista das civilizações, aquela do século XIX. Os símbolos e mitos vêm de longe. Fazem parte do ser humano e é impossível deixar de encontrá-los

---

Mariae (Acta congressus mariologici mariani in Lusitânia, anno 1967 celebrati). Roma, 1970, vol. IV, p. 13-29. • GEISELMANN, J. "Marienmythus und Marienglaube". *Maria im Glaube und Frommigkeit*. Rottenburg, 1954, p. 39-91. • SANTOS, Alice Marques dos. "Maria". *Quaternio* (RJ), janeiro, 1973, p. 49-60. • SILVEIRA, Nise da. "Deus-Mãe". *Quatemio* (1975), p. 87-103. • GUITTON, J. Mythe et mystère de Marie. In: *De primordiis cultus Mariani*. Op. cit., p. 1-12. Todo o número está dedicado ao tema, 494 p. • FALGÁS, J. *Maria, la Mujer* – Un estúdio científico de su personalidad. Madri: [s.e.], 1966. • UNTERSTE, H. Der Archetypus des Weiblichen in der christlichen Kultur. In: *Die Quaternität bei C.G. Jung*. Zurique: [s.e.], 1972. • WEISER, A. "Mythos im N.T. unter Berücksichtigung der Mariologie" e SCHMAUS, M. "Die dogmatische Wertung des Verhältnisses von Mythos und Mariologie", ambos em *Mythos und Glaube* (Hrg. H. Josef Brosch u. H.M. Köster). Hans Driewer: Essen, 1972. • GREELEY, A.M. *Mary Myth* – On Feminity of God. Nova York: [s.e.], 1977. STONE, M. *When God was a woman*. Nova York/Londres: [s.e.], 1976. Na valorização do mito nos apoiamos, principalmente, nos trabalhos de L. Laurentin.

em toda e qualquer situação existencial do homem no cosmos"³.

Nossa época, portanto, não fez outra coisa que mudar de mitos e assim fazer justiça a esta dimensão do conhecimento sem a qual não saberíamos aceder a nenhuma significação humana ou transcendente.

Na tradição teológica, desde os dias da Bíblia, podemos constatar esta dupla tendência: por um lado vigora uma força desmitologizadora como o Javista, os profetas, Duns Scotus e Ockham e os modernos, e por outro, um movimento criador de novos símbolos e mitos, traduzindo o sentido da fé para uma quadra cultural. Mesmo o nosso tempo, tão radical à crítica mitológica da linguagem da teologia baseada no espaço (transcendente-imanente, céu-terra, em cima-embaixo, ascensão, assunção, descida-encarnação etc.), valoriza por outro lado, outras categorias que não são menos mitológicas, as da profundidade, interioridade, presença (*Tiefe und Grund*).

a) *A recuperação do mito*

O mito que o século passado com sua racionalidade exacerbada queria eliminar está ganhando hoje, dia a dia, mais e mais valorização. Ele não é simplesmente primitivo no sentido cronológico, mas primitivo no sentido de atingir as camadas mais profundas do conhecimento humano do homem atual, isso tanto na linguagem quanto na sociedade, e na psique. Hoje afrontam-se, segundo R. Laurentin[4], duas tendências: uma instauradora e outra redutora.

---
3. *Images et symboles*. Paris, 1952, p. 12, 31.
4. LAURENTIN, R. *Foi et mythe en théologie mariale*. Op. cit., p. 283-285.

A *hermenêutica instauradora* do mito afirma: libertado de sua função etiológica (explicadora da origem do mundo e do homem) o mito evoca algo mais que ele mesmo. Ele instaura o sentido da existência em sua relação com um significado transcendente, com a vida e a morte, com Deus etc. O mito é linguagem-testemunho da transcendência e neste sentido é insubstituível.

Levi-Brühl, M. Eliade, C.G. Jung e P. Ricoeur são os nomes mais representativos.

A segunda corrente é constituída pela *hermenêutica* redutora. É representada pelos positivistas do século XIX e pelo positivismo moderno, especialmente em linguística. Para estes, o mito é irrecuperável, é índice de uma mentalidade primitiva de cujas ilusões enganosas nos devemos libertar. O estruturalismo valorizou enormemente o mito e o pensamento selvagem, embora o tenha compreendido de forma redutora. O ideal do estruturalismo é prolongamento das exigências de cientificidade do século XIX: fundar uma ciência do homem e do social o mais objetiva possível, livre de todo o subjetivismo. O estruturalismo tenta reduzir toda a realidade em seus elementos estruturais fundamentais que dão conta das estruturas visíveis. Jacobson aplicou isso à linguagem, Lévi-Strauss à etnologia, Lacan à psicologia, Althusser à sociologia de corte marxista, M. Foucault à filosofia. Tudo o que ocorre ao nível visível e consciente não passa de extrojeção de férreas estruturas invisíveis subjacentes que explicam, articulam e organizam o real. Não há liberdade e é ilusória a ideia do homem criador de si mesmo. Ele é apenas produto de estruturas latentes. Assim também Deus, alma, vida eterna etc. Foucault diz dentro desta concepção: "O homem é uma invenção de cuja arqueologia nosso pensamento mostra felizmente a data recente e talvez o fim próximo"[5]. Após haver-se proclamado a morte de Deus, proclama-se a morte do homem. Em sua última página nos *Tristes tropiques*, Claude Lévi Strauss afirma que o mundo viu o homem nascer; ele existia antes do homem; este surgiu para destruir as estruturas do mundo, mas o mundo verá a desaparição do homem assim como assistiu ao seu surgimento. Esta compreensão redutora do mito agiu de forma profunda na teologia. Tratava-se não mais, como no intento de Bultmann, de instaurar o sentido escondido do mito, mas de salvaguardar a própria possibilidade da fé, da liberdade, da existência de Deus e da própria teologia. A teologia assumiu a hermenêutica instauradora do mito, mas não pode jamais aceitar sua forma redutora como foi formulada pelo estruturalismo. O estruturalismo pode ser útil como método, válido para a exegese e para discurso teológico, mas jamais como filosofia global, definindo as realidades últimas do mundo, do homem e de Deus.

b) *O mito como acesso à realidade*

Subjacente a todas estas tendências está a própria acepção de mito. Que é um mito? Para Bultmann, mito "é um modo de representação segundo o qual aquilo que não é deste mundo aparece como sendo deste mundo [...] a transcendência de Deus como sendo distanciamento espacial, por exemplo"[6]. Para Lévi-Strauss, mito é uma "matriz de significação"[7]. Há acepções positivas, outras negativas. Laurentin renuncia a definições e se contenta com uma

---
5. *Les mots et les choses* – Une archéologie des sciences humaines. Paris, 1966.
6. *Kerygma und Mythos* I, 22.
7. Cf. *Le cru et le cuit*. Paris, 1964, p. 246.

descrição: "O pensamento mítico, à diferença do pensamento racional abstrato, caracteriza-se por representações vitais, dinâmicas, carregadas de imagens, de ações e de pensamentos, pelos quais o homem toma consciência de sua relação para com o mundo e de seu destino"[8].

O mito não é nem um *a priori* nem um *a posteriori*. Segundo um grande antropólogo francês, Gilbert Durand, o mito é fruto "da incessante troca que existe ao nível do imaginário, entre as pulsões subjetivas e assimiladoras (aptidões de assimilar) e as intimidações objetivas do meio cósmico e social. O mito conhece, portanto, duas fontes de origem, uma interior e outra exterior. Em outras palavras, o homem vem dotado de certas matrizes, arquétipos ou representações simbólicas; estas assimilam conteúdos vindos da realidade exterior e dão origem aos mitos e símbolos históricos e concretos"[9]. Por nossa parte pensamos que o problema do mito deve ser colocado não em termos de um tema dentro da dimensão do *logos* ou da racionalidade, porque, desta forma, o mito sempre aparece como uma maneira deficiente e primitiva de conhecer. O mito possui uma base mais vasta. É um modo de pensar, diferente daquele da racionalidade. É um outro acesso à realidade e por isso uma forma própria de totalizar as experiências humanas. Há um acercamento da realidade pela via do *logos* e seu instrumento é o conceito que por meio da abstração da concreção entende captar a essência dos objetos. Há um outro acesso à realidade pela via do *pathos* e seu instrumento é a imagem e o símbolo. Nesta modalidade o homem acede sentindo-se vitalmente inserido dentro da realidade;

---
8. Cf. Op. cit., p. 287.
9. Cf. DURAND, G. *Les structures anthropologiques de l'imaginaire*. Paris: [s.e.], 1963, p. 31, apud LAURENTIN, R. Op. cit., p. 287.

capta por uma simpatia emocional, numa operação que o coloca todo inteiro em presença da realidade viva. Não se distancia, não abstrai, não de-fine, mas se insere, con-sente, con-vive; seu conhecimento é um "conhecimento amoroso", como diriam os místicos (São João da Cruz); é um conhecer que é um amor no sentido joaneu desta palavra. E o amor implica um acercamento que aprofunda mais e mais a ponto que *conhecer*, para os antigos, que experimentavam mais do que nós esta maneira de ser e de compreender, significava um ato interpessoal que fundia, em amorosa entrega, aqueles que até então eram desconhecidos, distantes, incomunicáveis. Isso vale não somente para a esfera interpessoal, mas também se estende para os objetos da natureza. O mito, portanto, emerge de uma atmosfera de simbiose amorosa do homem com seu meio, sem rupturas e divisões, fundindo-se aquilo que no horizonte do *logos* aparece como oposto (sujeito-objeto). Conhecer não é, nesta modalidade, um dominar o mundo, uma forma de estar-sobre ele, mas uma forma de estar mais profundamente com o mundo, de viver uma fraternidade aberta e aconchegadora. As imagens e os símbolos são os veículos de semelhante conhecimento: como tais, os símbolos e as imagens são cambiantes, abertos a uma polissemia de significados includentes mais do que excludentes. O mito é já a organização e tecedura de vários símbolos e imagens, urdindo um sentido.

Na base do mito está, portanto, uma práxis, um modo de ser dentro do mundo, expressando-se por um correspondente modo de sentir e de aceder à realidade e à Suprema Realidade, envolvendo a todas, Deus.

Este modo de ser é ainda realizado hoje na vida humana. Constitui geralmente o âmbito do *vécu*, do vivenciado no quotidiano e dos relacionamentos primários entre as pessoas.

Isso se nota de forma manifesta na criança, pois ela se move totalmente no universo mítico. A criança está brincando. De repente bate com a cabeça na ponta da mesa. Começa a chorar. Sente-se agredida pela mesa. Bate com a mão, surrando, a ponta da mesa. Chama-a de feia e ruim. Não para de chorar até que venha a mãe. Esta dá-se conta, logo, da situação. Vai e bate também ela na mesa. Chama-a de feia, ruim e má, porque agrediu o seu benzinho. A criança de tudo participa e um pouco mais e mais um pouco, está novamente reconciliada. Castigou a mesa.

Aqui topamos com o procedimento mítico: as coisas são animadas e habitam o espaço humano. O discurso também está habitado por vivências e não por conceitos, pelo *pathos* e não pelo *logos*. Não somente a criança é mitógena, porque ainda não domesticou o instrumento conceptual e lógico. Também os grandes e adultos, na forma como vivem a realidade, comovem-se, sentem, julgam. A poesia, a arte e toda a criatividade articulam de forma sistemática a mentalidade mítica. O poeta, o cantor e o artista falam com o mar, o exortam, esbravejam contra ele, como as mães que o achincalham de loba devoradora porque lhes arrebatou os filhos e lhe suplicam os cadáveres de volta. O mar é como um ser vivo que uma pessoa do interior, ao vê-lo pela primeira vez, aproxima-se com todo o respeito, num misto de curiosidade e receio, e o toca com a mão e diz: Parece um bichinho! O aragonês diz, ao ver o mar bravio e revolto pela primeira vez: "Casada te quisiera ver: ya estarías bien mansica!"

Todo o universo profundo da vida humana como a dimensão do amor, da amizade, do relacionamento do sentido derradeiro da vida e da morte, todas aquelas dimensões que nos tocam existencialmente são expressas preferentemente no registro simbólico e mítico e menos no registro da racionalidade analítica e dissecante.

Especialmente as experiências e os conflitos ligados ao pai e à mãe que constituem realidades primárias e estruturantes da vida humana vêm expressos por complexos simbólicos e míticos.

Neste contexto nos apercebemos claramente como já nos aproximamos do tema que atende ao nosso interesse: Maria vem vivenciada pela fé viva dos fiéis mais no universo simbólico-mítico do que no universo lógico e conceptual. A ideia de Maria, virgem, mãe de Deus, esposa do Espírito etc., atrai um grande número de mitos e a coloca bem próxima daquela profundidade humana que encontra seu veículo de expressão no símbolo e nas imagens que emergem dos estratos arqueológicos de nossa psique.

Capítulo XIV
Maria na linguagem dos mitos

Faríamos bem, num primeiro momento, inventariar os símbolos marianos. Laurentin os pesquisou à mão da *Polyanthea mariana*, editada em 1683 por Marracci e novamente em 1862 por J. Bourassé (Tours, Summa aurea). Aí se reúnem todos os títulos imaginados da Virgem Maria.

– Primeiramente aparecem os quatro elementos que para a psique são de fundamental importância como o mostrou Gaston Bachelard em vários de seus escritos (*Psychanalyse du feu*; *La terre et ses reveries* etc.): terra, água, fogo e ar, com sua gama de símbolos combinados. Terra e água são os símbolos mais aplicados a Maria.

– Objetos sagrados: especialmente tirados da nossa tradição judeu-cristã: tabernáculo (tenda da aliança), arca da aliança, templo, altar. Maria realiza o significado definitivo destes objetos. Predominam os símbolos de morada (templo, tabernáculo, arca) assumidos por Lc 1–2 e Ap 12.

– Bestiário e florálias: a pomba, e até o elefante; o florilégio é mais abundante: lírio, flor, jasmim fechado etc.

– Símbolos femininos e maternais: estas duas grandes realizações da mulher são vistas concretizadas por Maria.

Primeiramente é Virgem intacta, sublime, inacessível aos borifos da humana fraqueza, livre do pecado e do mundo. A poesia mariana explorou, entretanto, muito mais o tema da maternidade: *mulier*, *femina*, *mater* e *gemitrix*. O arquétipo subjacente é aquele da mulher cheia de força vital, conatural com toda a vida, eco do cosmos cuja vocação é gerar, proteger, alimentar, aconchegar. É a frutificação interior do mistério da vida, íntimo, terno. O tema da Virgem mãe que protege com seu manto os filhos, cala profundamente na psique e vem ao encontro da experiência, de desamparo e de busca de aconchego, tão ausentes na vida humana.

Os símbolos da maternidade estão estreitamente ligados àqueles da terra (*magna mater*) e da água (princípio vital por excelência)[1].

Quanto às mulheres bíblicas, vistas como tipos de Maria, são frequentemente citadas Sulamita, Judite, Rebeca, Eva.

1. Mitologia pagã e Maria: a história comparada das religiões

Esta titulatura de magnificência, aplicando todos os atributos numinosos do feminino a Maria, nos coloca muito perto da mitologia paga, especialmente aquela por nós mais conhecida, a grega. Aí encontramos igualmente toda uma policrômica paisagem de deusas sob todas as denominações. O cristianismo, encarnando-se dentro de semelhante contexto, deverá naturalmente ter sofrido sua influência. Convertendo-se, os pagãos, veneradores de suas deusas e virgens, substituíram os nomes pagãos por aquele

---

1. Cf. ELIADE, M. *Traité d'histoire des religions*. Paris: [s.e.], 1949, cap. 7: "La terre, la femme et la fécondité", p. 211-231.

de Maria. Não raro conservaram a forma ritual, a figura da deusa ou da virgem, trocando apenas o nome. Assim, por exemplo, sabemos que no século V um santuário dedicado a Ártemis de Éfeso (conhecida por Paulo: At 19,23-40) foi transformado em santuário dedicado a Maria; Chartres, famosa catedral dedicada à Virgem mãe, foi construída sobre o templo da *Virgo paritura* dos celtas que, neste mesmo local, tinham seu lugar de peregrinação. No subsolo da catedral se conserva ainda a estátua. Em Roma, a Igreja de Santa Maria Antiqua foi construída sobre o templo de Vesta Mater; Santa Maria do Capitólio ocupa o lugar antes dedicado a Juno. Na Acrópole, a igreja à Virgem Mãe de Deus substitui o templo de Palas Atena. A Madonna del Granato de Paestum (Campanha italiana) substitui em tudo a antiga veneração da deusa Hera Argiva. Esta deusa trazida para Paestum, provavelmente pelos argonautas (daí Argiva), era representada sentada num trono, tendo no braço esquerdo o menino e na mão direita o símbolo da fertilidade. Hera sempre vem representada com o rosto doce da mãe generosa e fecunda, sem nenhum signo de exuberância sexual, amor profano ou luxurioso. Antes, expressa-se o sentido, o "ierós gamos", do amor e da fecundidade sagrada. Em Samos, onde era bastante venerada, havia o seguinte rito: depois das celebrações dos esponsais míticos com o deus do céu, a imagem era mergulhada e banhada numa água sagrada. Em virtude de tal rito, acreditava-se que Hera reconquistava sua virgindade. Assim dentro de um ano ela era virgem, esposa, mãe e novamente virgem[2].

---

2. Cf. CARDAROPOLI, G. Il culto della B. Vergine in relazione al culto delle dee pagane. *De primordiis cultus Mariani*, IV, p. 99-106.

Na atual imagem da Madonna del Granato em Paestum nota-se uma identificação total, até nas minúcias, com a antiga Hera Argiva, inclusive o melodrama misterioso simbolizando a fecundidade. O que houve foi apenas uma pura e simples substituição. Compreende-se: os pagãos convertidos, venerando de forma tão pura Hera, que apresentava somente atributos positivos, aprendiam a ver em todas as coisas verdadeiras e santas do passado preparações, profecias e antecipações da verdade agora comunicada. Viam em Hera o culto da Virgem mãe incógnita, daquela que nos trouxe o Salvador. A deusa pagã era símbolo da verdadeira realidade de Maria. Não devemos esquecer que não eram os cristãos que se faziam romanos e assumiam a cultura romana: eram os romanos que se faziam cristãos e levavam para dentro da fé toda a sua riqueza devocional.

Apesar disto devemos reter as conclusões a que chegaram os estudiosos do encontro entre mitologia grega e fé cristã (K. Prümm, J. Daniélou).

a) Os Padres sempre foram muito severos face ao culto das deusas-mães. Esta desconfiança constituiu uma das causas por que o culto a Maria se tenha desenvolvido tão tardiamente, depois do culto dos mártires e dos confessores.

b) Não são poucos os Padres que denunciam a contaminação do culto marial pelo culto pagão às deusas, especialmente entre os montanistas e os "coliridianos", conhecidos como grandes veneradores de Cibele (eram frígios). Escreve Santo Epifânio: "Outros, em sua loucura, querendo exaltar a Virgem, colocaram-na no lugar de Deus"[3].

c) Há uma notável diferença entre a mitologia e o que dizemos de Nossa Senhora. A mitologia exalta o simbólico,

---

3. Cf. *Panarion* 78, 23: PG 42,736 B.

o fascinante, o arquetípico, organiza a dimensão do onírico ou imaginário. Cibele nunca existiu; Hera não é uma pobre mulher do povo, anônima e simples, que Deus se dignou convidar para participar da obra da redenção. Nos cultos pagãos se celebram as virgens que se fazem mães mediante uma relação sexual-genital com o deus; há portanto uma verdadeira inseminação no sentido direto desta palavra; com Maria a fé crê ter havido suplência de varão; uma virtude (*dynamis*) divina, o Espírito Santo, atuou nela e a assumiu para fazê-la seu templo vivo e substancial; e ela se descobriu grávida. É o que nos atestam os relatos evangélicos. Há aqui, portanto, uma densidade histórica iniludível.

Apesar destas constatações, que cabe reter, devemos dizer que Maria, com as maravilhas que Deus operou nela, significou um grandioso apelo para forças do inconsciente coletivo. Este inconsciente não é vazio; vem habitado por arquétipos que são modos de re-ação guardados nas profundezas da psique, surgidos nas experiências boas e ruins que a humanidade fez em relação ao pai, à mãe, à autoridade, ao sol, à lua etc., ou seja, a realidades fundamentais e axiais da existência. Estes arquétipos são despertados por realidades históricas que lhes dão conteúdo e assim assomam à consciência. Maria atraiu para si, devido à sua densidade histórica, quase todos os arquétipos luminosos do feminino de nossa arqueologia interior.

2. Maria e a força instauradora do mito: a exegese

A abordagem da história comparada da religião pretendia ver na mariologia uma reprodução e uma versão diferente, mas homóloga dos mitos conhecidos pelo paganismo. O mito é fabulação primitiva e assim a mariologia não conteria nenhum conteúdo a ser salvo. Diferentemente pensa, por exemplo, R. Bultmann[4]. Avaliza positivamente os mitos, pois ele os vê como veículo de uma significação transcendente e instrumento da Palavra de Deus. Introduziu a desmitologização, não para eliminar o mito, mas para captar o logos presente no mito; em outras palavras: trata-se de desentranhar o sentido transcendente que vem revestido pelo discurso mítico. O conteúdo não é mítico, mítico é apenas o instrumentário de comunicação. Bultmann pretende substituir respeitando o conteúdo, o discurso mítico e primitivo por um outro racional e crítico. Por mais pertinente que seja esta questão, em termos gerais, ela deve conhecer seus limites e o seu alcance e não fazer passar por mito aquilo que é realidade e por realidade aquilo que é mito. Na ocorrência, Bultmann julga por exemplo que a concepção virginal de Maria não goza de conteúdo histórico; é puro discurso mítico que quer transmitir o seguinte conteúdo: Jesus de Nazaré possui uma transcendência face à história e à natureza; não pode ser compreendido apenas com categorias humanas; ele possui uma dimensão divina.

Este mito, segundo Bultmann[5], é de procedência helênica e não conta com origens mais antigas. A teologia mais antiga não conhecia ainda Jesus como Deus, portanto, não via sentido em relevar sua transcendência face à história e seu nascimento divino. É produção da mentalidade grega, familiarizada com a mitologia das deusas virgens e mães.

---

4. Cf. *Kerygma und Mythos* I. Hamburgo, 1951, p. 21; *Geschichte der synoptischen Tradition*. Göttingen, 1958, p. 331-332; *Theologie des NT*. Tübingen, 1948, § 7, p. 130; § 15, p. 176.
5. Cf. Ibid., p. 21.

"Temos aqui (na ocorrência o nascimento virginal de Jesus) uma combinação única de história com mito. O Novo Testamento proclama: este Jesus da história, cujo pai e cuja mãe são bem conhecidos por seus contemporâneos (cf. Jo 4,6) é ao mesmo tempo o filho preexistente de Deus. Esta combinação entre mito e história apresenta uma série de dificuldades que podem ser notadas em certas inconsistências no material do Novo Testamento. A doutrina da preexistência de Cristo transmitida por São Paulo e São João dificilmente pode ser reconciliada com a legenda do nascimento virginal em São Mateus e São Lucas"[6].

Ao largo do Novo Testamento estas afirmações do protoevangelho ficam sem qualquer ressonância e são simplesmente esquecidas. E com razão, pois era uma linguagem que visava explicar o que a fé acreditava em Jesus, como um ser que vem do lado de Deus para ser o salvador. O nascimento virginal de Jesus, diz Bultmann, não possui maior relevância hoje na compreensão do fundamento de nossa fé nem para as nossas próprias decisões para a fé[7]. Esta linguagem, continua ele, é dificilmente compreendida por nossos contemporâneos que precisam ser levados à fé em Jesus como salvador, por outras linguagens adaptadas ao nosso registro de compreensão.

O interesse de Bultmann é pastoral: cumpre anunciar o conteúdo do mito, conteúdo esse que não é mitológico: Jesus é Deus presente, visitando de forma salvadora o homem. Entretanto, parece-nos que Bultmann dá por mito aquilo que a comunidade de Lucas e de Mateus e a tradição ininterruptamente considerava uma *magnalia Dei*,

---
6. Cf. *Theologie des NT,* § 15.
7. Cf. *Kerygma und Mythos*, p. 21.

um evento que é um *explicandum* (cujo sentido deve ser explicado, interpretado) e não um *explicatum* (já se encontra explicado pela mitologia do tempo).

3. Maria e os arquétipos: a psicologia do profundo

Mais que a história das religiões, mais que a exegese da desmitologização foi a psicologia das profundezas que mostrou um decidido e profundo interesse pela mariologia. Viu em Maria um polo articulador dos grandes motivos da arqueologia psíquica da humanidade. Antes de entrarmos no estudo do feminino e suas variações mitológicas e históricas, e sua referência possível com Maria, faríamos bem situar o problema do matriarcado[8]. Pois é do matriarcado que se tiram os principais materiais de análise para uma psicologia do feminino.

a) *O matriarcado: o pre-domínio da mulher*

Por matriarcado se entende aquela instituição social na qual a pertença ao grupo, ao nome, à propriedade se define por linha matrilinear e onde a mulher ocupa o lugar de mando na sociedade, na família e na religião. Fala-se de uma verdadeira ginecocracia. O termo foi criado por J.J. Bachofen (1861-1948), que estudou o fenômeno de forma sistemática e criou a teoria do matriarcado, hoje ainda for-

---

8. Cf. BACHOFEN, J.J. *Mutterrecht und Urreligion.* Stuttgart, 1954. • FROMM, E. Die Bedeutung der Mutterrecht für die Gegenwart (1970). In: *Analytische Sozialpsychologie und Gesellschaftstheorie.* Frankfurt, 1970. • JENSEN, A.E. "Gab es eine mutterrechtliche Kultur?" *Studium Generate* 3 (1950), p. 418-433. • VANNICELLI, L. La donna nella luce dell'etnologia. In: *Problema sociale feminile*. Milão: [s.e.], 1945, p. 23-58. • Id. "Matriarcato". *Enciclopédia Cattolica*. Città di Vaticano, 1952, p. 402-407. • HAEKEL, J. "Mutterrecht". *Lexikon f. Theologie u. Kirche* (VIII), 1962, p. 712-714. • VAERTUNG, M.M. *The dominant sex.* Londres: [s.e.], 1923, contra o matriarcado se manifesta, por exemplo, HÉRITIER, F. La femme dans les systèmes de representations. In: *Le Fait Féminin* (org. E. Sullerot). Paris: [s.e.], 1978, p. 398-401. • STONE, M. *When God Was a Woman*. Nova York/Londres: [s.e.], 1976, que é o livro mais completo sobre o assunto, embora não desenvolva nenhuma perspectiva teórica.

temente discutida. Alguns a acham refutada, recusando-se a aceitar a existência de uma era de matriarcado[9]. Outros a reconhecem como irrefutável, não tanto por documentação arqueológica, iconográfica etc., mas principalmente por via da simbólica do inconsciente que se revela nos sonhos, mitos e representações antigos.

Povos com características matriarcais são os seguintes: os iroqueses e horões do oeste dos Estados Unidos, os pueblos Hopi e Zuni, no sudoeste dos Estados Unidos, os Nayar e Khasi na Índia, os Micronésios da Ilha de Palau, os Miang-kabau-Malaios de Sumatra, os Tuareg no Sahara, os Bororos do Brasil, os Chibcha na Colômbia, os Txhambuli de Nova Guiné. Estes são povos que hoje ainda testemunham a persistência da era do matriarcado que, muito provavelmente, tenha antecedido àquela do patriarcado, em toda a cultura mediterrânea.

Características do regime do matriarcado são as seguintes: A mulher é a cabeça da família; o matrimônio é uxorilocal (o marido acompanha a morada da mulher); residência do matrimônio matrilocal (o casal mora com a mãe da esposa ou dentro da família da mulher); parentesco determinado pela linha da mãe e de seus antepassados femininos; a herança segue a linha matriarcal, também nos títulos, precedências, privilégios, funções. O marido face aos filhos é como se fora um estranho; reina o avunculado (o irmão da mulher tem mais poder sobre os filhos dela do que o próprio marido, embora seja respeitado como pai); dominação da mulher em termos de decisões econômicas, políticas, jurídicas e bélicas; reina a poliandria (a mulher pode ter mais de um marido); as sacerdotisas agenciam a

---

[9]. Cf. HAEKEL. *LThK*, VII, p. 712.

religião e as divindades femininas têm a predominância. Mathilde e Mathias Vaertung, estudando a cultura matriarcal dos Cantabros, Iraqueses, Licianos, Kamchadales e a fase matriarcal da cultura do Egito, Esparta e Líbia, concluíram que muitas características ditas femininas eram aí próprias aos varões. Assim as notas masculinas eram: o papel passivo no galanteio, a obediência e submissão, a timidez, a modéstia e a reserva pudorosa, o amor ao lar, a ternura para com as crianças, a inclinação aos adornos, características estas também comprovadas por M. Mead em seu estudo sobre algumas culturas da Nova Guiné[10].

O surgimento do matriarcado se deu no início do neolítico (8.000 a.C.). A humanidade deixa de ser caçadora e nômade; torna-se sedentária e começa a cultivar a terra. A mulher, colhendo os frutos da terra, porque não ia à caça como os varões, observava a natureza e seus ciclos. Começou a cultivar os frutos; fez-se dona deles e da terra cultivável; a agricultura implica estabilidade e assim modifica as relações econômicas, jurídicas e psicológicas. A mulher assume a liderança em tudo[11]. Lafitau, estudioso da tribo matriarcal dos Hurões nos Estados Unidos, escreve: "Nada é mais real do que a superioridade da mulher. Sobre a mulher repousa propriamente a nação, a nobreza de sangue, a sucessão genealógica, a conservação da família. Nela é depositada toda verdadeira autoridade; a cidade, os campos e todas as plantações pertencem a ela. Elas são a alma das reuniões do conselho, o árbitro da guerra e da paz, possuem a superintendência do tesouro público; elas possuem

---

10. *Sexo e temperamento*. São Paulo, 1969; cf. ainda VAERTUNG, M.M. *The dominant sex* – A study in the sociology of sex differences. Londres: [s.e.], 1923.
11. Cf. COLE, S. *The neolitic revolution*. Londres: [s.e.], 1970.

a chave; são elas que fazem o matrimônio; os filhos dependem dela e em seu sangue se define a sucessão; os homens, ao contrário, são completamente isolados e reduzidos a si mesmos; os próprios filhos lhes são estranhos [...]"[12]. Não admira, pois, que os homens se tivessem organizado em sociedades secretas (fratrias) para conservar um mínimo de identidade.

Criou-se a ideologia, resultado da padronização matriarcal, de que cada homem deve tornar-se mulher e todos devem tender ao fim último que é fazer-se mulher. Isso aparece claro na crença indiana dos Sciva-Sciatchi que cultivavam a deusa Tripurasundari. É índice de dominação completa da mulher sobre o varão.

O símbolo mais característico da era matriarcal é a lua (Silene) concebida como mãe de todos os viventes e as formas polivalentes da feminilidade como virgem, mãe, esposa, companheira, protetora ou em sua concreção sinistra, como bruxa, feiticeira, sedutora, devoradora, obsessiva etc. A agricultura, onde a vida, a água, a geração, o nascimento etc., estão ligados indissociavelmente aos mistérios vividos pela mulher, constituiu a última grande revolução mundial que se difundiu até os extremos da terra e se manteve quase inalterável até o século XV com o surgimento da tecnologia. Supondo que a cultura agrícola está associada à mulher, compreende-se que sua influência sobre a humanidade e sua história exterior e interior tenham sido determinantes para a autocompreensão do homem *tout court*. Ao nível sociológico persiste a discussão acerca do matriarcado como uma fase anterior ao patriarcado. Ao nível psicológico, como o mostrou toda a escola psicológica de C.G.

---
12. Apud. VANNICELLI, L. Op. cit., p. 404.

Jung, ela constitui um fato inegável. Erich Fromm podia escrever: "Talvez não se possam sustentar as construções de Bachhofen acerca do matriarcado; entretanto, ele descobriu uma forma de organização social e uma estrutura psicológica que não foram suficientemente consideradas pelos psicólogos e antropólogos, porque, consoante sua orientação patriarcal, a ideia de uma sociedade dirigida por mulheres e não por homens lhes parecia simplesmente absurda [...]. Assim, por exemplo, Freud degradou a mãe a um mero objeto de prazer sexual. Sua figura divina foi transformada em prostituta e o pai elevado à figura central do universo [...]"[13].

b) *O arquétipo do feminino na história*

A relevância do feminino vem melhor documentada pelas perquirições feitas pela psicologia dos complexos (ou psicologia analítica) inaugurada por C.G. Jung e continuada por seus discípulos, especialmente por Erich Neumann. Aí trata-se de se achegar às origens humanas não apenas por um estudo dos restos históricos deixados na cultura, mas principalmente pelo estudo dos restos deixados na psique humana e que estão depositados no inconsciente coletivo da humanidade e presente em cada pessoa. Seguiremos aqui Neumann, cujo livro se tornou um clássico: *Die grosse Mutter. Der Archetyp des grossen Weiblichen*, Zurique 1956.

Antes, porém, conviria conscientizar uma diferença notável que existe entre a abordagem freudiana e aquela junguiana concernente ao papel do feminino no processo de individuação.

---

13. *Der moderne Menseh und seine Zukunft*. Frankfurt: [s.e.], 1967, p. 43.

aa) *O feminino na psicologia de Freud*

Sabemos que, relativamente à sexualidade, a psicologia de Freud não escapa de um *falocentrismo*, vale dizer, nela domina um monismo sexual fálico para os dois sexos. O único órgão feminino, afirma Freud, reconhecido pela criança até os dois anos e em ambos os sexos é o masculino – o pênis para o menino e o clitóris para a menina. Ignoram a vagina. Por volta dos quatro anos, descobrem-se, meninos e meninas, diferentes. A menina, percebendo que algo lhe falta, pensará que foi castrada e o menino, vendo a menina desprovida de pênis, temerá a castração. E assim continuará até a puberdade quando se conscientizam as funções próprias do pênis e da vagina. Freud reduz assim toda a sexualidade àquela do varão, não reconhecendo como outras escolas, especialmente a saxônica (Josine Müller, Karen Horney, Melanie Klein e E. Jones), dois tipos de sexualidade diferentes – masculina e feminina – com processos próprios de vivenciação e integração[14].

Por outra parte, um dos eixos basilares da psicologia de Freud se constrói em torno da figura do pai e do complexo de Édipo. Trata-se de uma psicologia patricentrada. Por complexo de Édipo se entende "o grupo de ideias e sentimentos em grande parte inconsciente, que se centralizam em torno do desejo de possuir o genitor do sexo oposto (o menino a mãe, a menina o pai) e eliminar o do mesmo sexo"[15]. Este complexo se estrutura na fase que vai dos 3-5 anos (desenvolvimento libidinal e do ego). Para Freud, este complexo não se realiza somente no nível do indivíduo,

---

14. Cf. CHASSEGUET-SMIRGEL, J. "As opiniões de Freud sobre a sexualidade feminina". In: *A Sexualidade feminina* – Novas perspectivas psicanalíticas. Petrópolis: Vozes, 1975, p. 11-23.
15. Cf. RYCROFT, C. *Dicionário Crítico de Psicanálise*. Rio de Janeiro: Imago, 1975, p. 56.

mas também ocorre universalmente e, por isso, seria filogeneticamente estabelecido. A horda primitiva, desejando eliminar o pai, efetivamente o eliminou. Os filhos mataram o pai. Libertaram-se do superego físico. Entretanto, interveio o sentimento de culpa. Reconstituem o pai, em nível simbólico, representando-o pelo totem (animal-símbolo do clã). Assim se domestica o sentimento de culpa e se perpetua a instância do superego. Para Freud a ordem jurídica, o poder grupal, estatal, a religião, nasceram como reação ao complexo de Édipo.

A superação do complexo de Édipo, em ambos os sexos, é lograda mediante a identificação com o genitor do mesmo sexo e pela renúncia parcial ao genitor do sexo oposto que é redescoberto no objeto sexual adulto. Freud percebeu o problema de seu esquema teórico ao honestamente perguntar: "O que não nos é possível indicar é o lugar que corresponde nesta evolução às grandes divindades maternas que talvez hajam precedido em toda parte os deuses-pai"[16].

Não se pode negar a importância do pai no processo de afirmação do ego. O que se apresenta questionável é se ele ocupa uma importância tão radical e estruturante como a pretendeu Freud. Hoje, quase toda a literatura analítica se volta para um dado mais originário, para a fase pré-edipiana, centrada sobre o relacionamento com a mãe. Este emerge como mais primário, inicia-se já na fase gestatória, surgindo posteriormente a vinculação com o pai. Cada homem possui dois genitores: é no confronto com ambos, em sucessivas e dialéticas fases, que vai construindo ou vai frustrando a autossustentação de seu eu.

---

16. Cf. *Totem e tabu*. Obras II, p. 500 [s.n.t.].

bb) *O feminino na psicologia de Jung*

C.G. Jung, parece-nos, faz mais justiça do que Freud ao problema fundamental ligado ao complexo materno. Jung elaborou uma compreensão profundamente nuançada da estrutura da psique humana. O problema fundamental não se centra em torno da integração da sexualidade ou da libido e do complexo de Édipo. Estes problemas existem, mas dentro de um quadro mais vasto e abrangente.

O grande problema – base axial da compreensão junguiana da estrutura da psique – é o da conscientização (*Bewusstwerdung*) ou da relação que o eu entretém com a vida consciente e com a vida inconsciente. Por conscientização não se deve entender um processo de tomada de consciência ao nível da vida consciente, uma exacerbação da luz da razão e uma potenciação de seu poder controlador e dominador. Conscientização sublinha a fortificação do *eu* no sentido de poder relacionar-se tanto com a dimensão consciente da vida humana quanto com a dimensão inconsciente, assumindo as energias de ambos os campos, exterior e interior, na construção de um processo de individuação cada vez mais pleno, denso e rico. Neste processo difícil de construção e fortificação do *eu*, surgem os complexos centrados na mãe e no pai, não tanto como figuras físicas, mas como funções e como arquétipos. O eu emerge e se liberta do mundo escuro e misterioso do inconsciente dentro do qual vivia recolhido e latente, numa unidade como aquela do filho com a mãe no seio materno. O inconsciente é como uma mãe, em cujo seio ela aconchega o eu; todo o seio (ventre) tende a dar à luz o que esconde. O consciente nasce, por diferenciação, distinção e ruptura, do inconsciente. É o princípio materno, matriz tépida que dá origem ao processo de conscientização. Desprender-se, liberar-se, ser parido, diferenciar-se, tomar consciência, formular ideias, emergir para o *logos* constituem o princípio paterno.

No processo de individuação produz-se como que uma grande luta entre o inconsciente (mãe), que retém o *eu*, e o consciente (pai), que liberta o eu. Ou inversamente: face às dificuldades do mundo exterior (pai), a frágil consciência tenta mergulhar para dentro de onde emergiu a inconsciência (mãe). Esta, por um impulso compensatório, do próprio inconsciente, impele a titubeante consciência para que se liberte.

Os mitos representam este drama agônico da psique ou do eu em seu afã de integração onerosa do mundo consciente com seus respectivos conteúdos. Trata-se, principalmente, das figuras mitológicas do herói (consciência-pai), lutando contra o dragão ou o monstro (inconsciência-mãe). O herói luta, é devorado pelo dragão ou pela baleia, mas acaba renascendo. Em cada vida humana se realiza semelhante ciclo agônico: o eu mergulha para dentro de suas origens inconscientes (mãe) e emerge novamente para a luz (pai), num processo de vida e morte. Mas "é tão grande o fascínio do inconsciente que as ações heroicas possuem pouca duração. Sem cessar faz-se mister renovar a luta do herói, sempre sob o símbolo da libertação da mãe"[17]. Destarte, mediante mergulhos perigosos ao ventre do monstro (inconsciente, mãe) e emersões libertadoras à luz solar do consciente (pai) se processa o desenvolvimento da psique humana. Assim, nesta representação das forças psíquicas, o inconsciente profundo é habitado por figuras e arquétipos

---

17. Cf. JUNG, C.G. *Symbole der Wandlung*. T. 5, p. 348 [s.n.t.].

femininos em todas as suas variações positivas e negativas de mãe, esposa, virgem, companheira, amante etc. É o que Jung chama de *anima* presente em cada ser humano varão e mulher. Cada qual deverá confrontar-se com o feminino dentro dele, assumi-lo e integrá-lo, e isso pertence ao processo de construção de sua personalidade[18].

A partir desta consideração de C.G. Jung somos introduzidos a compreender e a situar as distintas mitificações do feminino na história e que no espaço cristão foram transferidas para Maria, sendo utilizadas como instrumento para decifrar e comunicar as *magnalia* históricas feitas por Deus em Maria. Para compreender melhor este esquema junguiano conviria acrescentar-lhe ainda um dado a mais, pois facilita compreender as variações da figura feminina ao largo da história consciente e inconsciente.

O inconsciente em si é vivenciado sempre de forma ambivalente. Embora seja representado simbolicamente como o ventre materno do qual nasce o eu, ele o é de maneira diversa caso se trate de varão ou de mulher. O varão projeta e vive seu inconsciente na mulher. A mulher, por sua vez, projeta seu inconsciente no varão. Na terminologia de Jung: a mulher vivencia o *animus* (que possui dentro de si: a imagem do varão) concretizado no varão; este, o varão, descobre a sua *anima* (a imagem da mulher que traz dentro de seu inconsciente) concretizada na mulher. O inconsciente é sempre vivenciado como ameaçador, pois ele pode engolir o frágil *eu* que se havia libertado exatamente do inconsciente. Daí se entende que o eu é levado a recalcar

---

18. Para uma introdução séria a este problema, cf. JACOBI, J. *Die Psychologie von C.G. Jung*. Zurique: [s.e.], 1949, p. 89s. • SILVEIRA, Nise da. "Deus-Mãe". *Quaternio* (1975), p. 87-103, esp. p. 96-98. • GRABER, G.H. *Tiefenpsychologie der Frau*. Munique: [s.e.], 1972, p. 9-17.

o inconsciente, reafirmando o *eu*, a razão, o logos. Numa sociedade como a nossa, que é patriarcal, machista, conduzida por varões, significa que a mulher é recalcada e endemoninhada, porque ela, para o varão, representa e encarna o seu inconsciente. Recalcando o inconsciente, ele recalca a mulher. Ele tem medo de seu próprio inconsciente.

É sintomático observar: em tempos de grandes perseguições às bruxas (recalcamento do inconsciente) se deu também uma grande devoção a Maria. É que o inconsciente possui um caráter compensatório: recalca por um lado, e sublima por outro. A história da arqueologia psíquica mostra, como excelentemente o mostrou Jung (*Psychologie und Alchemie*), a associação diabo-pecador-terra com mulher. Em outras palavras: o inconsciente ameaçador (pecado, diabo) é ligado à mulher ou à terra, representantes para o varão deste inconsciente.

No processo de conscientização da humanidade fez-se necessária uma fase matriarcal. Nesta, na matriarcal, o inconsciente predominava e mantinha em seu seio, aconchegado, o consciente e o eu. É a fase representada pela serpente *uroboros* dos mitos primitivos, serpente que come o próprio rabo. É o símbolo da simbiose e unidade primitiva de consciente e inconsciente. Historifica a fase matriarcal que ainda conserva em seu seio o filho como parte de sua própria realidade. Numa segunda fase, a serpente *uroboros* deixa de morder o próprio rabo; a cabeça se levanta. É a fase patriarcal que se caracteriza pela consciência, pelo eu, pela ideia, pela autonomia. Esta fase é necessária para o desenvolvimento da psique humana, num nível filogenético (de todo o filo humano) e ontogenético (de cada indivíduo). Para se autoafirmar nesta fase o consciente passa a recalcar o inconsciente; mas deverá também superar este recalque e integrar o seu passado escuro e misterioso; o patriarcado deverá assimilar o matriarcado, o varão deverá integrar o feminino dentro de si. Culturalmente estamos hoje assistindo a uma nova constelação da psique humana, pelo estabelecimento de um novo tipo de relações feminino-masculino, ultrapassando o esquema matriarcado patriarcado[19].

Postos tais esclarecimentos, podemos avançar algumas características fundamentais do feminino como se apresentam nos sonhos, nas representações de pessoas sadias e doentes, nas manifestações da arte antiga e moderna e em toda sorte de simbolismos ligados ao feminino. Tudo isso foi estudado, de forma minuciosa e clássica, por E. Neumann em seu ensaio *Die grosse Mutter* (*A grande mãe*).

Os arquétipos femininos, como todos os outros arquétipos, apresentam-se ambivalentes, pois conservam as experiências boas e más que os homens fizeram ao largo de sua história psíquica. Excusado é recordar que, para Jung, arquétipo significa uma potencialidade, uma predisposição, uma forma que se foi formando ao largo do processo de conscientização humana. Não possui nenhum conteúdo; constitui a condição para a formação de conteúdos; estes são históricos e estão ligados às culturas, mas são moldados pelos arquétipos.

Assim, o arquétipo fundamental feminino é vivenciado nas seguintes formas: como proteção material; como estrangulamento; como agressão mortal e como apoio fortalecedor. Os dois primeiros são eminentemente femininos, os dois últimos se caracterizam como elementos masculinos dentro

---

19. Cf., a este propósito, UNTERSTE, H. Das verdrängte Weibliche. In: *Die Quaternität bei C.G. Jung*. Zurique: [s.e.], 1972, p. 104-108. • SILVA, Dora Ferreira da. "Teoria Geral do Feminino". *Cavalo Azul* 3 (s.d.), p. 75-83.

do feminino. O feminino se dá como mãe que aconchega; mas pode se dar também como mãe ou mulher que estrangula; como agressiva ou como inspiradora, sustentadora etc. As mitologias representaram, por exemplo, a mãe bondosa mediante a Sofia; a mãe terrível por Gorgo que estrangula os filhos e a grande mãe que tudo gera por Ísis, originadora do universo, de si mesmo, porque ela é simultaneamente princípio masculino e feminino (*Die grosse Mutter*, p. 19-37).

No feminino o eu vivencia ainda um caráter elementar e um caráter mutacional. O *caráter elementar* é o fundamental do feminino e emerge como "conservar", manter sob sua proteção; tudo o que nasce do feminino pertence-lhe, depende dele, é conservado sob a tutela da mãe. Assim se relativiza qualquer autonomia. É a característica típica da mãe que é conservar, manifestando-se como alimentar, proteger, acalentar, aquecer e negativamente rejeitar, estrangular. O *caráter mutacional* (*Wandlungscharakter*) é o que leva à mudança. Surge quando o feminino se encontra com um tu, fascina, enamora e atrai. A mulher se modifica e modifica o homem. O feminino é vivenciado positivamente como inspirador, é a Beatriz de Dante ou as tantas mulheres amadas e inspiradoras que habitam a fantasia dos artistas. Primeiramente trata-se da própria *anima* do artista e a seguir é sua projeção encarnada numa mulher histórica.

O caráter elementar do feminino é vivenciado nas instituições, nas tradições, na Igreja, enfim em tudo aquilo que propicia aconchego e segurança ao homem. O caráter mutacional é vivido ao nível pessoal, dos relacionamentos que produzem mutações, na história do amor, das amizades, das criatividades, aqui surgem os riscos, os desafios, os medos.

Tanto um quanto o outro caráter – repetimos – possuem uma polivalência negativa e afirmativa. O feminino pode tanto se concretizar como a mãe que gera, libera, protege, defende (como a boa mãe: Ísis, Demeter, Maria com o menino) quanto como mãe que prende, fixa, estrangula, castra a liberdade (a figura da mãe terrível: Gorgo, Hekate, Kali); também pode surgir como virgem, esposa, companheira que fascina, encanta, inspira, apoia (as figuras de Maria e da Sabedoria) ou como virgem, esposa e companheira que prende, absorve, enlouquece o homem (as figuras de Circe, Astarte, Lilith, Vênus ctônica). Evidentemente estas características do feminino encontradas no homem e na mulher não se dão em forma pura. Mesclam-se como o claro-escuro. Junto da luz estão sempre as sombras compondo a realidade humana.

Estas polivalências se tornam mais evidentes compreendidas como fases no processo da individuação e da conscientização.

• Inicialmente vigora a unidade primitiva, representada pelo arquétipo do *uroboros*: aí tudo é um, numa grande *union mystique*; homem e mundo, eu e natureza, Deus e homem, mãe e filho habitam o mesmo espaço e compartem da mesma vida. É o materno em seu caráter de conservar o outro dentro de si como sua própria realidade. Aqui aparece o aconchegante e protetor.

• No segundo momento o filho já nasce. Mas ainda depende da mãe em tudo; ela é a grande e boa mãe. O filho introduziu a dualidade, mas a dependência é ainda fortíssima. A criança morre sem a mãe para as funções vitais.

- No terceiro momento o filho já é grande. É o filho querido ao lado da grande e boa mãe. Ele vive um "incesto" com a mãe. A mãe é mãe. Mas é mãe só para mim. Não pertence a ninguém mais. A mãe, sendo mãe, é vivenciada como virgem, por ninguém tocada, não pertencendo a ninguém, somente a mim. O "incesto" aqui não é nem deve ser pensado no nível sexual-genital. Mas no nível simbólico: o filho está preso ainda aos influxos da mãe e deseja voltar à *union mystique* primitiva. A mãe, por sua vez, embora o proteja e o conserve, o mantém e o quer como filho, como diferente de si e objeto de seu amor.

- Na quarta e última fase verifica-se a luta do herói contra a grande mãe. O filho se independentiza. O eu se tornou suficientemente forte para se autoafirmar. Mas para isso precisa cortar os laços com a casa materna. Só assim será ele mesmo. É o eu, o espírito, o masculino que se reafirmam face ao feminino[20].

Esta libertação do consciente, do eu, do espírito das profundidades do feminino e do inconsciente constitui um caminho de luta e de graves empecilhos para toda a humanidade, tanto para os varões quanto para as mulheres. É a luta entre o inconsciente e o consciente. Aquele gestando a este, mas mantendo-o ainda sob o seu influxo até o ponto em que o consciente finalmente se reafirma vitorioso e já pode se contrapor, fazer sua própria história de realizações. A humanidade guardou marcas desta luta secular ainda não totalmente realizada. Daí se compreende a parte negativa e as sombras ameaçadoras que sobraram desta experiência de nascimento, crescimento e autoafirmação. São como que as

---

20. Cf. NEUMANN, E. *Ursprungsgeschichte des Bewusstseins*. Munique: [s.e.], 1949, p. 18-160.

feridas da guerra que estigmatizam tanto o varão e a mulher, cada qual dentro de sínteses próprias. O consciente, tanto para a mulher quanto para o varão, possui caráter masculino. Ele é o princípio de ordem, de autoafirmação e de autorregulação tanto em um quanto em outro[21].

O símbolo central do feminino vem constituído pelo recipiente (Gefäss). Desde os estádios mais primitivos até os mais desenvolvidos encontramos este símbolo como o articulador do feminino. "A equiparação simbólica Feminino = Corpo = Recipiente corresponde talvez às mais elementares experiências da humanidade acerca do feminino pelas quais o feminino se experimenta a si mesmo e é também experimentado pelo masculino" (NEUMANN, E., p. 51). Todo recipiente possui um para dentro e um para fora. O corpo, com seus sentidos, é especialmente significativo. Eles são vivenciados como numinosos, por isso vêm enfeitados, cuidados, feitos tabu, porque neles e por eles se opera algo de maravilhoso, o próprio mistério da vida; as mudanças se operam pelos sentidos. O corpo é vivenciado como um recipiente, como um interior que guarda e elabora, na obscuridade, todo o mundo do inconsciente. Dele "nascem" as paixões, o ar, a palavra, o pensamento. O interior do corpo é arquetipicamente igualado ao inconsciente. Por isso, ele é compreendido como símbolo do feminino porque dele tudo nasce e se gera para fora. A própria matéria universal, o cosmos como um todo (matéria vem de *mater* = mãe), é simbolizado como feminino porque ele tudo produz e dá. O espírito é vivenciado universalmente como masculino (*nous* = espírito), como princípio de ordem e organização, de separação e distinção.

---
21. Cf. Ibid. *Die grosse Mutter*, p. 147-148.

Tudo o que possui caráter elementar, tudo quanto evoca natureza, vitalidade nasciva é vivenciado como feminino (pelo homem e pela mulher). Tudo o que é vivenciado e expresso como desenvolvimento, ordenação, racionalização, divisão vem expresso pelo masculino (no varão e na mulher). O termo deste desenvolvimento é o surgimento da racionalidade enquanto racionalidade. A mulher concreta historifica principalmente o feminino. Por isso, para ela a racionalidade e o masculino constituem o seu inconsciente. O varão tematiza de modo mais denso o masculino; por isso, seu inconsciente possui caráter feminino. Daí se pode entender que a mulher apresenta não raro profundas intuições: não se movendo, de modo preferencial ao nível consciente, pelos parâmetros da racionalidade fria (isso o faz principalmente o varão), ela entretanto, possui racionalidade em seu inconsciente. Não sabe, mas vê a realidade e a solução dos problemas. O varão, inversamente, dimensionando-se na racionalidade, pode ser tomado de profundas paixões, porque seu inconsciente é feminino. O ideal humano é visualizado na integração do feminino com o masculino, no equilíbrio próprio ao varão e à mulher.

O feminino será sempre o misterioso, o profundo, o escuro desafiador de nossa própria realidade. Será sempre uma interrogação aberta, uma esfinge provocadora de respostas. Sempre haverá a luminosidade, a claridade, a racionalidade, enfim, a masculinidade que apresentará respostas. Mas nenhuma delas decifra a matéria (mater-ia) insondável de nossas raízes mais profundas. O feminino é o mistério abissal e o abismo misterioso de nossa própria realidade de varões e de mulheres.

Todo homem nasce de uma mãe. As relações que entretém com ela, desde a sua gestação, nas várias e decisivas fases de criança, de adolescente e de adulto o marcam de forma profunda e definitiva. Pode-se falar, sem mistificar com isso a realidade, de um eterno feminino, acompanhando o homem ao largo de toda a sua existência, positiva e negativamente. Confrontando-se com esta dimensão, assimilando-a e entregando-a, chega a pessoa humana a sua individualização. Por ser a relação mais fundamental e primigênia em cada existência não nos admiramos com a constatação de que foi ela a primeira a ser articulada no relacionamento com a divindade. Muito antes de surgirem os deuses-pais, emergiram na mente humana as deusas-mães.

Da Índia ao Mediterrâneo, em quase todas as culturas, como o mostrou E. Neumann em seu já citado e famoso livro *A grande mãe*, encontramos estatuetas de deusas-mães. Com seus seios exuberantes revelam ser as geradoras e alimentadoras de todos os seres, também dos deuses. Na Suméria ela se chama Inana e na Babilônia Ischtar, posteriormente identificadas. Ela dirige o céu e a terra, a "altíssima", a "gloriosa" que tudo gera, sendo o zodíaco o seu cinto. No Egito a grande deusa se chama Ísis. Ela era venerada como a grande deusa criadora do céu e da terra, dos deuses e dos homens. Talvez tenha sido Ísis a deusa mais venerada no mundo. Seu reinado perdurou até para dentro da cultura romana e grega e mesmo penetrando na cultura cristã. Sabe-se que, na cultura cristã antiga, muitas estátuas negras de Ísis com Hórus, seu filho, no colo, foram veneradas como sendo a Virgem Maria com o divino Menino. Os vários santuários católicos que cultuam a Virgem negra parecem remontar ao culto transposto de Ísis. Assim a nossa Senhora negra de Einsiedeln na Suíça, a de Montserrat de Barcelona, a de Orleans, a de Marselha, a virgem negra da rosácea norte da Catedral de Chartres, ou na cripta desta mesma catedral onde se venera uma virgem negra junto a um poço profundo, em Racamadour (França), ou a Virgem de Chestokowa da Polônia, ou a Nossa Senhora de Aparecida. Ísis era chamada a "deusa dos dez mil nomes"; poeticamente tudo o que de positivo se podia dizer do feminino foi atribuído a Ísis[22].

Sabemos também que toda a cultura minoica venerava a grande deusa Dictyna e Britomartis. A grande deusa em Creta era representada sob a figura de mulher com indumentária em forma de saia, busto nu, tiara sobre a cabeça, cabelos soltos, com serpentes enroladas nos braços. A árvore sagrada e a coluna são os seus símbolos que querem expressar a união do céu com a terra e com os infernos, pois ela domina sobre todos estes reinos.

Na cultura cananeia venerava-se também a deusa-mãe. O livro dos Reis do Antigo Testamento nos refere as lutas dos judeus contra este culto, especialmente de Astarte e de seu filho Baal (1Rs 11,1-8; 21,4-7).

Todas as deusas-mães ou virgens são representadas como senhoras das plantas, dos animais e de toda a natureza, porque elas encarnam especificamente o princípio vital e gerador[23].

---

22. Cf., quanto a este aspecto, HARDING, E. *Les mystères de la femme* — Interpretations psychologiques de l'âme de la femme d'apres les mythes, les legendes et les rêves. Paris: [s.e.], 1976, p. 180-204. • SANTOS, Alice Marcos dos. "Maria". *Quatemio,* janeiro 1973, p. 49-60, esp. p. 57-58. • STONE, M. *When God was a woman*. Nova York/Londres: [s.e.], 1976, p. 30-62; p. 163-180. • GREELEY, A.M. *Mary Myth* — On the Feminity of god. Nova York: [s.e.], 1977, p. 49-105.
23. Abundante documentário em NEUMANN, E. *Die grosse Mutter*, p. 229-265 [s.n.t.].

Neste contexto é que surgem as afirmações religiosas de "Deus, minha mãe". Esta compreensão é absolutamente normal na religião hindu. Brahma é indiferente, está para além de qualquer determinação; mas é a fonte originária de tudo. A primeira diferenciação aparece com a grande mãe cósmica Kakti que constrói e organiza o universo, contrapondo-se ao outro princípio de divisão e de destruição Kali.

O próprio judaísmo, de resto tão fortemente marcado pelo princípio masculino e patriarcal, não deixou de revelar as características femininas do absoluto mistério. No livro dos Provérbios (8,22-30) fala-se da Sabedoria como sendo Deus mesmo em sua terna simpatia e entretenimento consigo mesmo e com a criação.

Assim o feminino é situado no princípio do princípio. A humanidade representou seu *desde onde* como um primigênio útero, um seio originário do qual tudo sai. O arquétipo das origens significa também o arquétipo do fim: o homem busca insaciavelmente viver a unidade primigênia e não pode se presentear o fim bom senão como recuperação e potencialização da integração inicial.

cc) *A valorização psicológico-cultural dos dogmas marianos por C.G. Jung*

A um espírito tão atento como aquele de C.G. Jung, inaugurador da reflexão psicológica em torno dos arquétipos, não passou despercebida a importância atribuída pelo cristianismo, especialmente de versão católica, ao culto da Virgem Maria e Mãe de Deus. Evidentemente, Jung tem consciência do patriarcalismo e até do machismo herdado pelo cristianismo de suas origens vétero-testamentárias e culturais (cultura greco-romana e germânica) a ponto de se transformar, em grande parte, numa religião de varões. Apesar disto, o inconsciente coletivo da comunidade de fé deixou filtrar a dimensão feminina presente nela constelando-se principalmente em torno de Maria e da Igreja como virgem, esposa e mãe. O cristianismo não integrou a dimensão de sombras do arquétipo *anima*; somente articulou a face numinosa da mãe boa e da virgem toda pura. Isso, como já temos visto em seu devido lugar, antes de ser uma crítica constitui um argumento em favor da consciência cristã que se interpreta não apenas como a convergência de todos os dinamismos do passado, mas principalmente como a irrupção, já dentro da história, do *eschaton*, do quadro definitivo do homem e da mulher em Deus. Daí, neste nível, só aparecer a face reconciliada e enfim recuperada e redimida do feminino.

Jung considera Maria sob quatro ângulos: o primeiro, como imagem do arquétipo *anima*; o segundo, como expressão do arquétipo da mãe; o terceiro em seu relacionamento entre trindade e quaternidade e, finalmente, o quarto, a relevância do dogma da assunção de Maria ao céu em corpo e alma. Detalharemos, brevemente, estes quatro pontos.

• A *anima* constitui um dos arquétipos mais profundos e palpáveis da psique humana. Ele é por excelência a expressão da feminilidade, tanto no varão (*animus*) quanto na mulher (*anima*). Ao largo da história se articulou de tal forma que os homens a experimentaram, segundo Jung, em quatro grandes tipos ideais: como *Eva*, num sentido transpessoal e coletivo, aparecendo como a mulher geradora, ctônica, origem de toda vida; como *Helena* de Troia: o eros sexual aparece sublimado de forma estética ou romântica; expressa a mulher em sua capacidade de relação e comunicação, capaz de fascinar o homem e elevá-lo para uma dimensão para além do meramente sexual-genital; como *Maria*: é a sublimação e espiritualização máxima do eros, alcançando o nível da devoção religiosa, totalmente desvinculada de qualquer referência sexual. O arquétipo se revela sob a forma da virgem ou da mãe que é simultaneamente virgem, imaculada, intocada; como *Sofia* ou *Sabedoria*, que é a forma insuperável e final do arquétipo feminino, integrando dentro de si, não apenas as distintas formas femininas, mas também o próprio masculino e também uma referência a Deus. A tradição cristã atribuiu a Maria os textos sagrados que falam da Sabedoria (Pr 8). Nesta compreensão Maria de Nazaré representa, dentro de nossa cultura e na humanidade, a fulguração máxima do feminino. Este não se satisfaz com apenas concretizações coletivas, senão que busca uma expressão máxima ao nível histórico e pessoal. Maria corporifica tal realização[24].

• Na discussão sobre a Sabedoria (sofia), como expressão de Deus mesmo que se volta simpaticamente para a criação, Jung tem a oportunidade de analisar a relevância de Maria como mãe e como encarnação do arquétipo-mãe. Deus como Sabedoria significa que Deus quer, Ele mesmo, "mudar" e aproximar-se da criação. Possui uma intenção encarnatória. Nascerá o segundo Adão. Não será como o primeiro que irrompe diretamente das mãos do Criador, mas nascerá do seio de uma mulher virgem. Porque será a mãe de Deus, diz Jung, será purificada e situada na condição de antes da queda. Ela não é somente filha de Deus

---

24. Cf. JUNG, C.G. *Obra completa* 16, p. 185-186; 11, p. 499. • UNTERSTE, P. "Das Bild der vergeistigten Frau, in Christentum". *Die Quaternität bei C.G. Jung*, p. 132-137 [s.n.t.].

em eminente sentido, senão que é feita esposa de Deus. Realizar-se-á um *hieros gamos* (casamento sagrado e celeste) e dele nascerá o Filho de Deus. Imaculada, livre das malhas do demônio, Maria goza de um *status* paradisíaco, vivendo uma existência pleromática e divina. Jung chega a dizer que Maria possui um *status* de deusa, tal é sua aproximação com Deus. Como instrumento do nascimento de Deus, Maria e a humanidade que ela representa ficam envolvidas no drama divino. Como mãe de Deus ela pode assumir e representar o símbolo da participação essencial da humanidade na Trindade (cf. t. 11, 176, 491). E assim tocamos no terceiro ponto, que é a relação entre Maria e a Trindade.

• Num famoso texto, Jung estuda a relevância psicológica do dogma cristão da Santíssima Trindade. Primeiramente cabe assinalar que o tema trindade e unidade na trindade constitui um *topos* comum na história das religiões. O cristianismo prolonga uma vertente que vem das mais antigas mitologias e religiões. Para Jung, a trindade possui as características de um arquétipo que emerge exatamente num determinado momento do processo de individuação. É o símbolo por um lado do desdobramento do uno que se torna dois, gerando divisão, conflito, e por outro significa enquanto trindade superação e integração do conflito e da divisão gerados pelos dois. Como tal, o arquétipo trindade numa unidade corresponde a um estado da humanidade com maior carga de reflexão e de consciência (t. 11,150). Querendo situá-lo na história da individuação humana devemos conceder que atende à era do patriarcalismo. A trindade é por excelência arquétipo masculino (t. 11,164) e visa à perfeição. Efetivamente, a trindade simboliza a perfeição (três virtudes cardeais, pai, mãe, filho etc.).

Entretanto, pondera Jung, a perfeição expressa pela trindade não exaure o processo de identidade personalizadora. Falta ainda a integração de um quarto elemento que é o feminino em Deus. É aqui que entra Maria como mãe de Deus, como Esposa do Espírito Santo e como aquela que, pela Assunção corporal ao céu, penetrou na intimidade da Trindade Santíssima. Para Jung a quaternidade representa uma plenitude maior do que a trindade porque, exatamente, ela integra o feminino recalcado. Daí é que nas representações cristãs, nas visões de alguns santos ou nos sonhos e nos materiais de doentes mentais aparece quase sempre, junto à Trindade, um quarto elemento e este feminino, seja a criação, a matéria ou Maria. O dogma da Assunção proclamado por Pio XII em 1950 (pela encíclica *Munificentissimus Deus*) ratifica um dos arquétipos mais fundamentais da psique humana em sua sede de total integração. E assim desembocamos no último ponto, a relevância da Assunção de Maria ao céu.

• A proclamação do dogma mariano da Assunção provocou grave crise no esforço ecumênico de muitos cristãos. Jung, apesar disto, afirma taxativamente que ele constituiu o maior evento religioso após a Reforma. O acesso à compreensão deste dogma não deve ser racional, mas simbólico, não pela via consciente, mas pela via inconsciente. Neste nível ele corresponde perfeitamente a uma exigência de nossa arqueologia interior. Não somente o masculino mediante Cristo é alçado à divindade, mas de certa forma também o feminino por Maria. Evidentemente a fé cristã, diz Jung, jamais divinizou Maria; entretanto, a aproximou de tal forma à divindade que ela pertence, como mãe de Deus, ao círculo trinitário (quaternário). Ela é constituída em Rainha do universo, em Mediadora (à deriva de Cristo e dependente dele) universal, Senhora do céu e da terra. Tais atribuições satisfazem, em essência, às exigências reais da psique. Destarte o feminino logra sua máxima identidade[25].

Por outro lado, este novo dogma responde a um dos mais seculares problemas da humanidade: a integração da matéria com o espírito e o casamento definitivo entre o céu e a terra. Realiza-se o sonho da alquimia, a construção de uma unidade final, reconciliando as contradições. Pela Assunção se afirma que a corporalidade ou a realidade material de Maria foi glorificada em sumo grau. A matéria em sua profunda obscuridade, peso e fugacidade participa de Deus. A matéria ou a terra são representadas pela psique como realidades femininas. Maria assunta ao céu é a magnificação da *magna mater*, unida ao seu divino esposo, o céu. Realiza-se um *hieros gamos* (casamento sagrado). Maria assunta antecipa o sentido do processo universal que é de radical integração dos opostos numa inefável união da matéria com o espírito e da obscuridade da terra com a claridade do céu.

4. Conclusão: O feminino como revelação de Deus

As perspectivas adquiridas pela incursão por nós feita na mitologia feminina certamente nos tem advertido da importância do feminino para a compreensão do ser humano e também do relacionamento para com Deus. As divindades femininas não são menos dignas e vigorosas do que aquelas masculinas. A categoria do feminino mostrou-se útil para articular a experiência humana em contato com

---
25. Cf. tomo 11, p. 498-499.

o absoluto Mistério que não se deixa captar somente pelas categorias do masculino. A consciência deste fato nos deve levar a uma certa relativização de nosso horizonte religioso organizado dentro de marcos preferentemente masculinos. Deus está para além dos sexos e para além das qualificações masculino-feminino. Entretanto, elas têm seu fundamento em Deus e, quando se auto-revela, utiliza estas categorias que se tornam, então, sacramentos de sua presença e atuação. Deus pode aparecer como Pai e como Mãe, embora transcenda a ambos, pois Ele habita numa luz inacessível.

Estas categorias penetraram todo o espaço da religião e, no caso vertente da mariologia, o feminino se prestou como veículo comunicador da realidade transcendente de Maria. Sem embargo, faz-se mister discernir a realidade dos fatos e a realidade dos mitos e dos arquétipos. Em seus termos simples indaga-se: Ou a virgem Maria, mãe de Deus, imaculada e assunta ao céu constitui uma variação das antigas mitologias agrárias, ou representa a historificação de uma ação divina na arena do tempo histórico? Ou o mito forma a realidade principal e então Nossa Senhora emerge como ilustração do mito, ou Maria Santíssima funda uma realidade histórica induzida por Deus e o mito significa então sua preparação e ilustração? Aqui se decide o sentido da mariologia cristã e se traça o limite entre mito e história.

A fé cristã e seu correspondente discurso educado (teologia) afirmam: Maria e as maravilhas operadas nela por Deus constituem eventos históricos aos quais cabe testemunhar. Em Maria as intenções das mais arcaicas mitologias, os anseios mais radicais da nossa arqueologia interior, os sonhos dos mais primitivos arquétipos chegaram a uma concretização histórica e pessoal! Nela o *eschaton*, vale dizer, a realidade definitiva era seu quadro final em Deus, irrompeu uma vez por todas. Em consequência disto, os mitos são antecipadores e indicadores deste evento de graça. Eles não se esvaziam de valor; pelo contrário, chegam a sua verdade e recuperam seu pleno sentido, mas à condição de não serem compreendidos como realidades substantivas e terminais. Eles eram função de algo que estava ainda por vir; antecipavam uma história que, enfim, se realizou. Maria, na interpretação cristã, surge destarte como a escatologização da verdade do mito e dos arquétipos femininos.

A mariologia enquanto se apresenta como reflexão sistemática do mistério de Maria deverá, consequentemente, articular-se em dois níveis: o primeiro sobre o tapete da facticidade histórica (com sua correspondente teologia) e o segundo sobre sua expressão mitológica e arquetípica. No primeiro garantirá a historicidade de suas afirmações: Maria é a imaculada no nível *histórico*, é a virgem-mãe de Deus *de fato* e foi assunta ao céu em corpo e alma *verdadeiramente*. No segundo compreenderá que estes eventos histórico-salvíficos foram antecipados na psique humana ao largo de toda a sua história mediante os mais diferentes mitos e sob as mais estranhas figuras e que hoje continuamos a mitologizar como a linguagem capaz de melhor traduzir estas verdades fáctico-históricas inefáveis.

Capítulo XV
O conteúdo simbólico-existencial dos dogmas marianos

Após estas longas disquisições, faz-se mister considerar, rapidamente, a densidade simbólica contida nas principais afirmações teológicas sobre Maria[1]. Neste campo a fé católica foi extremamente criativa, transbordando por todos os lados.

1. A verdade dos símbolos

O hinário cristão acerca de Maria é sem limites. "Mais formosa que a aurora mais que o sol resplandeceis, do universo, mãe bondosa, o louvor vós mereceis." Aqui não é mais a teologia com a sistemática de seus conceitos criticados que fala, mas a exuberância do coração (*theologia cordis*) que não se contém de entusiasmo religioso pelo sentido humano e divino que se depreende de Maria. É o universo do símbolo e da mitologia que constituem as peças comunicadoras do sentido e dos valores que conferem significado à vida humana.

---

1. VANNUCCI, G. "I simboli religiosi della femminilità". *Servitium* 11 (1977), p. 335-365 [com rica bibliografia]. • LAYWARD, J. *The Virgin Archetype*. Nova York: [s.e.], 1972, p. 254-307 [Dunquin Series 5]. • GREELEY, A.M. *Mary Myth*. Nova York: [s.e.], 1977, p. 105-223.

– Especialmente os grandes mistérios marianos se constituem como pontos de emergência e de intersecção de imagens do inconsciente. Assim, por exemplo a *Conceição Imaculada de Maria*, na experiência simbólica, inclui muito mais do que a afirmação de ser preservada e livre do pecado original. Este fato constitui o suporte real para toda uma constelação de símbolos e para trazer à memória os mitos do paraíso perdido e recuperado. Maria é o botão não bafejado pela serpente, o paraíso concretizado no tempo histórico, a primavera cujas flores e frutos não conhecerão mais o perigo da contaminação e da podridão. A ladainha de Nossa Senhora a proclama como "vaso espiritual, vaso honorífico, vaso insigne de devoção". Como já estudamos anteriormente, o vaso constitui o arquétipo fundamental do feminino. Nele está contida a vida. Em Maria brota um gérmen de vida eterna e de uma nova humanidade. Nela está, simbolicamente, encerrada toda a criação purificada e transparente para Deus, feita receptáculo e templo do próprio Deus. Maria é o antítipo de Eva. Esta gerava uma vida mortal, aquela imortal. Maria imaculada é o símbolo da alma agraciada que gera o Filho de Deus, imagem da Igreja que continuamente gera filhos no Filho. Como gerou a cabeça da nova humanidade, Cristo, continua a gerar o corpo e os membros novos ao largo dos séculos.

– A *virgindade* de Maria, no regime simbólico e na sensibilidade da fé, é muito mais do que um fenômeno miraculoso de biologia humana. Para a nossa arqueologia interior, a virgem constitui o arquétipo do inteiro, do completo, do ainda não tocado, do natural, do saído inteiro das mãos do Criador. Simboliza a vida em sua imortalidade e nascividade ainda não contaminada e lançada no jogo do possuir e do ser possuído. Maria forma esta plenitude recolhida, esta força misteriosa e fascinante, o secreto brilho do novo ainda não ofuscado. Ela emerge como uma promessa e uma possibilidade. Não surge como uma possibilidade impossível, nem como um fechado recluso sobre si mesmo contra os outros. É um oferecimento como um botão prestes a se abrir; como uma semente atilada para germinar; como uma mão disposta a se estender, dar e receber; como um olho capaz de se descerrar e ser ferido pela paisagem; como uma voz pronta para se soltar e anunciar a boa-nova; como o pensamento que se faz conceito e o conceito que se faz palavra. Tudo isso é virgem, mas de uma virgindade fecunda. Ao abrir-se à outra realidade nasce algo de novo. É como o conceito que vem de *conceptum*, concebido da relação entre o pensamento em sua virgindade com a realidade em sua fecundidade. Maria possui esta fecunda virgindade e esta fecundidade virgem. Por isso, ela é a virgem-mãe e não apenas virgem. Maria como noiva e esposa explicita a fecundidade da virgindade. A esposa é o símbolo da espera paciente-impaciente, da abertura feliz e confiante. Não constitui porventura esta atitude a única verdadeira diante de Deus? Maria concretiza o arquétipo da criação santa face ao absoluto Mistério, nosso futuro e sentido.

— A *maternidade virginal* de Maria compõe o eixo articulador de todo um complexo de símbolos, mitos e arquétipos. Já consideramos o arquétipo mais primitivo da vida humana em sua harmonia e unidade primigênia (*uroboros*) que, geralmente, emerge na configuração de feminino, da grande mãe que é simultaneamente virgem, sendo tão perfeita que não necessita do elemento masculino fecundador. O que vale filogeneticamente, vale, *mutatis mutandis*, também ontogeneticamente, vale dizer: estruturalmente o indivíduo reproduz a trajetória da humanidade.

A criança não somente cresce na mãe senão que se desenvolve sempre em referência para com a mãe. Molda seu comportamento pelo comportamento da mãe. A mãe é o primeiro continente que a criança descobre. A proximidade ou o distanciamento maternos orientam a criança em seu enfrentamento com a realidade. As categorias fundamentais de bom, mau, belo, desagradável, grande, estranho etc., são inicialmente qualidades maternas, porquanto a criança pode vivenciar a mãe como bondosa ou obsessiva, como defensora ou ameaçadora etc. Mãe e filho vivem numa situação urobórica de integração. Quando se interpõe algo ou alguém entre ele e sua mãe, emerge o sentimento de desprazer que pode culminar na rejeição do intruso, mesmo que se trate do pai. É neste nível que, segundo a teoria freudiana, pode surgir o complexo de Édipo: desejo inconsciente de afastar o pai para permanecer sozinho junto da mãe, toda para ele e de nenhum outro. É aqui que, inconsciente, surge a imagem da mãe virgem, mãe que não tivesse sido nada para aquele homem (pai), mas somente para mim (filho). A criança quer prolongar o mais que pode a situação aconchegadora da unidade primitiva e urobórica.

Evidentemente a evolução posterior significará, normalmente, a integração do pai e da mãe, do feminino e masculino. Mas a luta inicial para manter por um lado a situação paradisíaca com a mãe e, por outro, desenvolver e fortificar o eu, distanciando-se da mãe, deixou marcas, recordações que emergem nos arquétipos e nos mitos. Assim, por exemplo, a memória lunar de uma felicidade e integração primigênia e de sua posterior perda se converte no mito do paraíso perdido ou da idade de ouro definitivamente passada. A vida intrauterina se reproduz nos mitos do culto da mãe-terra e da *magna mater*, veneradas como as mais arcaicas divindades. A mãe é vivenciada como deusa, toda santa, toda pura, pertencendo ao outro mundo, todo feliz, mas perdido. O tabu do incesto não nasceria de censuras culturais, no sentido de proteger a espécie, mas, ao contrário, da celebração e sublimação, no nível simbólico, do amor à mãe e do desejo de voltar a ser um com ela, como nos nove meses da gestação. É o desejo do paraíso, feito impossível historicamente, mas acessível pelo desejo e expresso pelo símbolo. Da mesma forma, o sexo não seria tabu por uma inculcação de censuras culturais, mas porque estaria ligado ao mistério da própria vida que se converte em mito da criação. Segundo os mitos, o Criador é simultaneamente feminino e masculino ou é mãe ou pai, pois que possui em si o princípio da fecundação, em razão de sua perfeição e unidade plena. Neste contexto, surgem os mitos das partenogêneses, da virgem que concebe do Alto.

Tais conteúdos inconscientes alimentam a consciência humana que busca na mãe a mulher puríssima, jamais violada, perfeita. Evidentemente, a razão analítica mostrará que historicamente tais qualidades não existem. Mas o sentimento (*pathos*) que se move em outro regime viverá sempre destas realidades, simbólicas não raro, mais reais do que a facticidade bruta dos dados, porque são por elas que se articulam os valores e o sentido da vida.

Lendo teologicamente tais textos mitológicos, vemos a pedagogia de Deus que foi orientando a psique humana para o evento histórico realizado por Deus Espírito Santo em Maria. A Demeter e Artemis dos cretenses e gregos, deusas da mãe terra fértil, Juno venerada pelos romanos como a *mater regina*, Ceres chamada de *Terra mater* (posteriormente identificada com Demeter), a *Mater Idaea*, a *Magna mater* dos romanos, venerada sob o nome de Cibeles, a Ísis dos egípcios e geradora de homens e deuses, estas e outras deusas mitológicas, mães fecundadas sem a intervenção masculina, mas pela força divina nelas não eram outra coisa senão o sonho difuso, a prefiguração, a antecipação simbólica da verdadeira mulher virgem e mãe, Maria de Nazaré que o Espírito Santo se dignou fecundar e assim concretizar o início da utopia do paraíso e do Reino. A mitologia pertence à pedagogia divina, à sua condescendência benevolente pela qual Deus vai preparando os homens para as suas maravilhas e fazendo-os no passado participar simbolicamente daquilo que seria realidade historicamente só no futuro. A mitificação que todos fazemos da mulher como virgem e como mãe constitui a forma como Deus nos acerca de sua e nossa mãe, cuja realidade não é mais simbólica, mas histórica e evento escatológico do Reino e da nova humanidade, assumida pelo Espírito Santo e pelo Filho eterno.

– Sobre a significação arquetípica da *Assunção* de Maria em corpo e alma ao céu, C.G. Jung já disse o essencial. Este evento realiza um dos mais arcaicos anelos do homem: da terra alçar-se aos céus, unir o em cima com o embaixo, a matéria com o espírito, o começo com o fim, o homem com Deus. O símbolo mais frequente para expressar esta unidade terminal é o matrimônio. Não é de se admirar que os textos litúrgicos desta festa estejam sob o signo das núpcias entre o Filho e a mãe. Entendidos, historicamente, tais textos podem nos parecer monstruosos; no regime simbólico traduzem no entanto um dos mitos mais primitivos, a recuperação da unidade originária mãe-filho. A criação inteira é em Maria e por Maria introduzida no tálamo sagrado do amor trinitário. É o começo de uma nova história inefável entre a criatura e o Criador sem as sombras e a rebelião que estigmatizaram a primeira e a velha criação.

— O registro simbólico atinge sua expressão acabada ao celebrar Maria como *sabedoria*. A temática do Antigo Testamento acerca da sabedoria é aplicada a Javé em seu relacionamento amoroso para com a criação. O Novo Testamento vê Jesus Cristo como a sabedoria eterna porque descobre nele o Filho unigênito do Pai. A liturgia cristã, em muitas festas marianas, atribui a função de sabedoria à Virgem, porque ela é a Mãe do Filho eterno, sabedoria incriada do Pai e templo vivo do Espírito Santo. Na boca de Maria são colocadas as seguintes expressões: "O Senhor me possuiu desde os começos de seus caminhos, antes de haver criado qualquer coisa. Desde a eternidade fui constituída, desde as origens, antes que a terra fosse criada. Ainda não havia os abismos e eu já tinha sido concebida [...] Quando preparava os céus, eu estava presente [...]" (Pr 8,22-35: missa da Imaculada Conceição). "Eu sou a mãe do puro amor, do temor, da ciência e da santa esperança. Em mim se encontra toda a graça do caminho e da verdade, em mim toda a esperança da vida e da virtude. Vinde a mim todos os que me desejais com ardor, e enchei-vos dos meus frutos, porque pensar em mim é mais doce do que o mel e possuir-me é mais suave que o favo de mel. A memória do meu nome durará por toda a série dos séculos [...]" (Eclo 24,24-28).

Da fonte inesgotável do simbólico – como no caso da sabedoria – extraem-se as melhores expressões para configurar Maria em sua glória dentro da Santíssima Trindade. Trata-se aqui, num nível escatológico, final e trans-histórico, da divinização da criatura, na forma mais excelsa que um ser criado pode suportar. Maria entra no mistério íntimo da Trindade porque ela está definitivamente ligada ao Espírito e ao Filho eterno feito carne. Foi por ela que Eles ganharam carnalidade, visibilidade e tocaram a natureza humana. A linguagem humana se exaure; só o ideário divino, como os textos sapienciais o mostram, é digno de nos traduzir o inefável do mistério mariano.

Todo o universo mariano vem penetrado pelo simbólico. Nossas representações, as pinturas, esculturas, a beletrística marial nos traduzem, pela via da magnificação, o sentido e o valor religioso da figura de Maria. Para entender esta linguagem há que se penetrar no registro mitológico; ele recria a realidade histórica num nível simbólico. Cada geração se orienta por alguns símbolos geradores de sentido. À luz deles se articulou também a simbologia mariana.

2. Símbolo e história

Numa época em que o cristianismo movimentava especialmente as categorias teológicas de pecado, castigo, perdão, redenção de Cristo pelo sangue e pela crucificação, inferno e céu, deixando emergir uma imagem preferentemente judicial de Deus e de Cristo, eis que aparece Nossa Senhora como aquela que, compensatoriamente, representa a misericórdia. A iconografia dos séculos XV-XVIII podia chegar aos excessos de pintar Jesus como um homem, tomado de cólera, armado de raios para fulminar os pecadores, e Maria como a mulher que se interpõe e com seu manto protege o pecador. Às vezes se escrevia a seguinte legenda: "Jesus quer condenar, Maria quer salvar".

Numa sociedade feudal e escravocrata como imperou por séculos na América Latina, se representava Cristo como um grande senhor, monarca absoluto e Maria como a escrava que se sujeitou livremente em favor de Deus e dos homens. Submetida a um patrão celeste servia de inculcação ideológica às mulheres vivendo sob um regime de grande dominação e machismo.

No século XIX quando se destruiu o antigo regime, e as classes sociais ganharam maior mobilidade, passando-se de uma sociedade da ordem para uma sociedade do conflito e da mutação, Deus começou a ser representado com traços mais humanos, como Pai de infinita bondade que ama os ingratos e maus, Maria ganhou uma nova iconografia, aquela da mulher afável, mãe bondosa, doce e aconchegadora.

Hoje somos sensíveis à temática da libertação da mulher e dos que vivem sob o cativeiro de um sistema político e econômico explorador da força de trabalho do homem. Deus nos surge como o libertador dos injustiçados e Maria como aquela mulher "que não duvidou em afirmar que Deus é vingador dos humildes e dos oprimidos e derruba dos seus tronos os poderosos do mundo (cf. Lc 1,51-53); reconhecerá em Maria, que é a primeira entre os humildes e os pobres do Senhor (LG 55), uma mulher forte que conheceu de perto a pobreza e o sofrimento, a fuga e o exílio (cf. Mt 2,13-23) – situações estas que não podem escapar à atenção de quem quiser secundar com espírito evangélico as *energias libertadoras* do homem e da sociedade"².

Como vemos, cada geração se encontra em Maria. Projeta sobre ela seus anelos, seus ideais socioculturais e encontra o caminho revelador dos arquétipos femininos que povoam nossos porões interiores. Com o Papa Paulo VI repetimos: "A Igreja, quando considera a longa história da piedade mariana, alegra-se, ao verificar a continuidade do fato cultual; mas não se liga a esquemas representativos das várias épocas culturais, nem às particulares concepções antropológicas que lhes estão subjacentes; ademais, compreende bem que algumas expressões de tal culto, perfeitamente válidas em si mesmas, são menos adaptadas aos homens que pertencem a épocas e civilizações diversas"³.

Já o asseveramos anteriormente e aqui voltamos a afirmar: o simbólico deve ater-se aos limites de seu regime específico que é recriar e redizer a realidade histórica com o fato de explicitar e decantar o sentido latente e o valor secreto que ela contém. Não pode substituir a história, nem apartar-se dela. Deve antes, continuamente, referir-se à história concreta de Maria, a aldeã, a esposa de José e a virgem – mãe do carpinteiro Jesus. Ela se parecia com outras tantas mulheres galileias, como seu filho parecia como os demais homens de seu lugar; mas ambos se distinguiam deles porque não tinham pecado nenhum (um era o Deus encarnado e outra a Mãe de Deus, templo do Espírito Santo).

Quando consideramos Maria no registro simbólico, mal e mal entrevemos esta humilde situação histórica; mal

---

2. PAULO VI. *O culto à Virgem Maria*, 1974, n. 37.
3. Ibid., n. 36.

sabemos das mãos calosas pelo trabalho, do rosto marcado pelos sinais dignificantes da vida sofrida, dos pés grossos por ficar longamente de pé. O que vemos no símbolo é a formosa donzela, coroada de joias e de ouro, vestida com brocados e sedas, as mãos delicadas, a pele cultivada, o rosto transfigurado. O que a grandiloquência simbólica deve exaltar é o grande desta opacidade e não ocultá-lo. Caso contrário mistificamos Maria e somos vítimas da confusão das dimensões, daquela histórica e da outra simbólica. Os fiéis que se prostram diante de suas estátuas devem poder ver para além do símbolo e atingir a história desta mulher singular de nosso mundo que participou da vida de toda mulher. Esperou o marido à porta, preparou-lhe a comida e, de vez em quando, o prato predileto, lavou-lhe e passou-lhe a roupa, assistiu-o em suas canseiras e enfermidades; que cozinhou, controlou a economia da casa, as entradas e os gastos; que limpou, varreu, arrumou, costurou; que tirou longas conversas com ele à noite e juntos se punham de joelhos e rezavam a Deus que tanto amavam e se perguntavam, perplexos, pelo sentido dos mistérios que estavam ocorrendo em suas vidas e no ventre de Maria; que visitavam os vizinhos, tinham palavras de conforto, sabiam suportar os chatos e se alegravam com os joviais; que passou pelo drama de ser viúva e teve que assistir, angustiada, com o coração partido e atravessado como por sete espadas, a execução de seu único filho. Se os fiéis descobrirem esse quotidiano em Maria, começarão a compreender o grande, o sublime, o santo que se esconde atrás destas banalidades caseiras que finalmente compõem suas próprias vidas. É que Deus escondeu dentro desta simplicidade a riqueza de sua e nossa glória. Então não haverá mais eufemismos, mistificações e falsas projeções quando falarmos das glórias de Maria e contemplarmos os símbolos que os expressam.

Somente nesta tensão entre o histórico, o teológico e o simbólico é que conseguimos articular toda a grandeza pequena e a pequenez grande, a humilde soberania e a soberana humildade, a glória obscura e a obscuridade gloriosa de Maria.

CONCLUSÃO
O RADICAL FEMININO

Chegamos ao termo de nosso ensaio. Cremos que a categoria antropológica do feminino, por causa de sua dimensão radical e ontológica, nos ajudou a dilucidar o mistério de Maria. Por outro lado, a vida de Maria e as maravilhas que Deus operou nela nos auxiliaram a entender mais concretamente o feminino em sua expressão histórica e também escatológica.

A realidade do feminino que interrogamos a partir de várias pertinências (achegas analítica, filosófica e teológica) nos propiciou, certamente, uma apreensão mais fecunda do ser humano e não apenas da mulher. Mas também se nos revelou como um mistério. O que podemos saber sobre o feminino é quase nada em comparação com aquilo que dele ignoramos e que se nos oculta. Suas raízes se perdem para dentro de Deus. Por isso, o discurso que fala do feminino em Deus e de Deus, minha Mãe, possui sua justeza.

O mistério do feminino não é um mistério aterrador, mas aconchegador e cheio de ternura. Trata-se, verdadeiramente, antes de um mistério do que de um problema. Os problemas têm solução. Uma vez solucionados, eles acabam. O mistério não tem solução. Quanto mais penetramos nele, mais ele se abre como desafio para o entendimento. Ele não é tenebroso, mas luminoso. É luz que chama a luz. Por isso, sempre podemos pensar e repensar o mistério do feminino. E cada geração trará o seu aporte na sua di-lucidação. Em razão disto é que falamos no *Radical Feminino*. Ele possui a estrutura de uma raiz e de uma fonte, vinculada à Raiz última e à Fonte suprema. Em Maria ganhou visibilidade histórica e encontrou uma antecipação escatológica, símbolo daquilo que irá ocorrer com todo o feminino que se realiza, a seu modo próprio, em todos os seres humanos.

O feminino nos faz ver uma outra forma de ser humano e civilizado. Os últimos milênios vêm marcados pelo predomínio do masculino. Ele dá origem a uma outra maneira de ser humano e de relacionar-se com a realidade. Esta maneira se caracteriza, principalmente, pelo *logos*, a racionalidade e o conceito. Pelo *logos* se introduz uma ruptura entre homem e natureza; fazemo-nos senhores da terra, subjugamos suas forças, quebramos os vários equilíbrios que ela mantém[1]. Esta modalidade de ser civilizado produziu seus frutos, mas também seus impasses, cuja gravidade hoje é profundamente sentida.

Neste contexto emerge o feminino como possibilidade de um caminho alternativo; não se trata de regredirmos aos modelos da civilização agrária feminina, mas de conferirmos maior espaço à dimensão do feminino em nossa cultura. Mediante o feminino nos capacitamos a um outro tipo de relação, mais fraterna, mais terna e mais solidária com nossas raízes cósmicas e telúricas. Todos os grandes espíritos nos quais se gerou uma profunda integração humana foram espíritos sensíveis à ternura e às expressões da *anima*.

---

1. Cf. JUNG, C.G. *Der archaische Mensch*. In: Obra Completa vol. 10, p. 90 [s.n.t.].

Nesta perspectiva tentamos refundir a reflexão teológica sobre Maria, chamada por Gertrud von le Fort de *Mulher Eterna*[2] e por Paul Claudel de "sacramento da ternura maternal de Deus". Na nossa meditação deverá ter ficado claro que o significado de Maria alcança para além de Maria, para além da mulher, atingindo o mistério do ser humano, masculino e feminino, e o mistério religioso da criação. "Maria, representante da criação inteira, representa simultaneamente o homem e a mulher"[3]. Não é sem razão que as ladainhas marianas encerram qualidades atribuídas a Maria que são por nossa cultura adjudicadas a um dos sexos. Assim, Maria é a mãe puríssima, a mãe amável, a rosa mística, a estrela da manhã, qualidades eminentemente (mas não exclusivamente) femininas e, ao mesmo tempo, canta-se a Virgem poderosa, a torre davídica, o espelho da justiça, atribuições antes masculinas (mas não exclusivamente). Ela se constitui em ideal humano e não apenas em ideal para a mulher.

A linguagem mais adequada para um ideal tão global não é o conceito, mas o símbolo, não o discurso, mas a narrativa mítica. A linguagem simbólica e mítica comunica uma mensagem escrita em hieróglifos e não em um alfabeto convencional para a nossa racionalidade. Como todo alfabeto, é portadora de um sentido que pode ser decifrado. Temos dedicado longas páginas acerca da legitimidade do discurso mítico para transmitir a profundidade do feminino, especialmente em sua concreção suprema que é seu inserimento no mistério divino. Aqui no registro mítico se percebe que a estrutura básica do ser humano não é o *sum* (eu sou), mas o *sursum* (o para cima)[4].

---
2. VON LE FORT, G. *A mulher eterna*. Rio de Janeiro: Agir, 1953.
3. Id., p.10; cf. 158.
4. Cf. MARCEL, G. *Homo viator*. [s.l.]: Aubier, 1944, p. 32.

Sem embargo, importa distinguir bem mistério e mito. O mito é uma linguagem, o mistério uma realidade radical. O mito é uma hermenêutica do histórico. Por isso, insistimos em nosso ensaio sobre os mistérios de Maria que se expressam mais adequadamente pelos símbolos e mitos do que pela racionalidade teológica. A realidade de Maria é tão fecunda e axial que atrai para si quase todos os mitos luminosos de nossa arqueologia interior. Como dizia Jean Guitton com propriedade:

> "A Virgem é o *lugar* privilegiado dos mitos mais puros. A Virgem é o *laço* dos mistérios mais altos. É preciso dizê-lo de forma ainda mais profunda: a Virgem é um foco original, privilegiado, único talvez, mediante o qual se realiza "a assunção" sublimante que faz passar as zonas inferiores da existência a um estádio mais perfeito onde elas reencontram sua essência enobrecida, abandonando somente seus acidentes. Esta sublimação, esta "assunção", não é porventura o mistério metafísico do cosmos, da vida, do pensamento, do progresso espiritual, da vida temporal elevada à vida eterna? Na ideia da Virgem, os mitos se sublimam em um mistério. No ser da Virgem se opera já a "assunção", que não é a aniquilação do corpo, mas sua sublimação. Não queremos, diz Paulo, ser desvestidos, mas ser sobrevestidos, a fim de que o mortal em nós seja absorvido pela vida. Tal é por certo a lei suprema"[5].

Esta lei suprema tem de ser sempre visualizada e permanentemente redita. Por isso, há de se compreender, em

---

5. GUITTON, J. "Mythe et Mystère de Marie". *De Primordiis Cultus Mariani*. Vol. IV. Roma, 1970, p. 1-11, aqui p. 9.

sua gramática própria, a linguagem dos símbolos e dos mitos. Aqui temos que nos precaver dos espíritos muito geométricos nos quais há uma falta sentida e sofrida de *finesse* e ternura. Para salvaguardar os mistérios, estes os purificam de todo o revestimento simbólico. O preço desta catársis teórica é a dissecação do mistério numa ideia abstrata. Esta jamais anima a vida espiritual e nunca convoca para o mergulho às raízes da realidade ou aos píncaros da experiência religiosa. É importante saber distinguir o que é mito e o que é mistério; mas não nos é permitido, sem impunidade, dissociarmos aquilo que a psique uniu e associou. Outros, querendo concretizar o mistério, o sepultam dentro de tal profusão de símbolos e mitos que não é mais identificável. O resultado é a dissolução da experiência cristã e mariana. O mistério não tem origem no mito, mas em Deus. Mas ele atrai o mito que é do homem. A regra do bom uso da linguagem simbólica é a historicidade que impõe. Assim, a linguagem simbólica da fé acerca de Maria, com toda a sua magnificência, nos deverá sempre evocar a figura histórica da mulher simples do povo, que participou da humildade de nossas vidas e andou o caminho estreito dos anônimos. Ninguém se enamora por uma mulher-fantasma, mas pela mulher real cuja grandeza histórica a linguagem do símbolo quer sublinhar. Quando Dom Quixote recobrou o juízo, ele esqueceu sua Dulcineia[6].

Importa, portanto, manter unidos espírito e letra. Somente assim a Míriam histórica de Nazaré pode ser identificada com a Maria Santíssima de nossa fé. A grandeza de Maria, como o tentamos mostrar em nosso ensaio, vem

---

6. Cf. FALGÁS, J. *Maria, la mujer* – Un estudio científico de su personalidad. Madri: [s.e.], 1966, p. 226.

da dupla relação que ela entretém: com o Espírito Santo e com o Verbo. Pelo Espírito ela se vê assumida hipostaticamente, para eternizar o feminino, conferindo caráter escatológico e antecipatório à existência humana em sua modalidade feminina e, ao mesmo tempo, abrir-se à plenitude da feminilidade, como virgem-mãe de Deus, ao dizer seu *fiat* e propiciar nela a encarnação do Verbo eterno. Pela encarnação ela se vê envolvida também pelo Verbo eterno, cuja consistência histórica lhe é dada por Maria. O elemento pneumático e cristológico, associado àquele escatológico, no horizonte de uma antropologia do feminino, nos permitiu refundir a reflexão sistemática sobre Maria. Cremos que, destarte, ela ganha a sua verdadeira posição na história da salvação que é a história da progressiva assimilação do homem por Deus e de Deus pelo homem.

Com Teilhard de Chardin cremos que "o feminino autêntico e puro é, por excelência, uma energia luminosa e casta, portadora de ideal, de bondade: a bem-aventurada Virgem Maria"[7].

Nela, como em Jesus, Deus é tudo em tudo (cf. 1Cor 15,28).

---

[7]. Carta de 2 de setembro de 1916; cf. *L'éternel féminin*. In: *Écrits du temps de la guerre* (1916-1919). Paris: [s.e.], 1965, p. 249-262. Veja as seguintes sentenças: "Eu seduzo sempre, mas para a luz; eu continuo atraindo, para a liberdade [...] A Virgem continua sendo a mulher e a mãe: eis o sinal dos tempos novos [...] Quem escuta o chamado de Jesus não tem que rejeitar o amor para fora de seu coração. Ele deve, ao contrário, continuar essencialmente humano. Cristo me deixou todas as minhas joias; somente fez descer sobre mim, do céu, um raio que me idealizou sem limites. Eu sou a beleza imarcescível dos tempos que virão – o ideal feminino. Assim, quanto mais eu me torno mulher, tanto mais imaterial e celeste se fará minha figura" (258-259).

LIVROS DE LEONARDO BOFF

1 – *O Evangelho do Cristo Cósmico*. Petrópolis: Vozes, 1971 [Esgotado – Reeditado pela Record (Rio de Janeiro), 2008].

2 – *Jesus Cristo libertador*. 21. ed. Petrópolis: Vozes, 2011.

3 – *Die Kirche als Sakrament im Horizont der Welterfahrung*. Paderborn: Verlag Bonifacius-Druckerei, 1972 [Esgotado].

4 – *A nossa ressurreição na morte*. 11. ed. Petrópolis: Vozes, 2011.

5 – *Vida para além da morte*. 25. ed. Petrópolis: Vozes, 2009.

6 – *O destino do homem e do mundo*. 12. ed. Petrópolis: Vozes, 2011.

7 – *Experimentar Deus*. Petrópolis: Vozes, 2010 [Publicado em 1974 pela Vozes com o título *Atualidade da experiência de Deus* e em 2002 pela Verus com o título atual].

8 – *Os sacramentos da vida e a vida dos sacramentos*. 28. ed. Petrópolis: Vozes, 2011.

9 – *A vida religiosa e a Igreja no processo de libertação*. 2. ed. Petrópolis: Vozes/CNBB, 1975 [Esgotado].

10 – *Graça e experiência humana*. 7. ed. Petrópolis: Vozes, 2011.

11 – *Teologia do cativeiro e da libertação*. Lisboa: Multinova, 1976 [Reeditado pela Vozes, 1998 (6. ed.)].

12 – *Natal*: a humanidade e a jovialidade de nosso Deus. 8. ed. Petrópolis: Vozes, 2009.

13 – *Eclesiogênese* – As comunidades reinventam a Igreja. 3. ed. Petrópolis: Vozes, 1977 [Reeditado pela Record (Rio de Janeiro), 2008].

14 – *Paixão de Cristo, paixão do mundo*. 7. ed. Petrópolis: Vozes, 2011.

15 – *A fé na periferia do mundo*. 5. ed. Petrópolis: Vozes, 1991 [Esgotado].

16 – *Via-sacra da justiça*. 4. ed. Petrópolis: Vozes, 1978 [Esgotado].

17 – *O rosto materno de Deus*. 11. ed. Petrópolis: Vozes, 2011.

18 – *O Pai-nosso* – A oração da libertação integral. 12. ed. Petrópolis: Vozes, 2009.

19 – *Da libertação* – O teológico das libertações sócio-históricas. 4. ed. Petrópolis: Vozes, 1976 [Esgotado].

20 – *O caminhar da Igreja com os oprimidos*. Rio de Janeiro: Codecri, 1980 [Esgotado – Reeditado pela Vozes (Petrópolis), 1998 (2. ed.)].

21 – *A Ave-Maria* – O feminino e o Espírito Santo. 9. ed. Petrópolis: Vozes, 2009.

22 – *Libertar para a comunhão e participação*. Rio de Janeiro: CRB, 1980 [Esgotado].

23 – *Igreja: carisma e poder*. Petrópolis: Vozes, 1981 [Reedição ampliada pela Ática (Rio de Janeiro), 1994, e pela Record (Rio de Janeiro), 2005].

24 – *Crise, oportunidade de crescimento*. Petrópolis: Vozes, 2010 [Publicado em 1981 pela Vozes com o título *Vida segundo o Espírito* e em 2002 pela Verus com o título atual].

25 – *Francisco de Assis*: ternura e vigor. 12. ed. Petrópolis: Vozes, 2009.

26 – *Via-sacra para quem quer viver*. Petrópolis: Vozes, 2011 [Publicado em 1982 pela Vozes com o título *Via-sacra da ressurreição* e em 2003 pela Verus com o título atual].

27 – *Mestre Eckhart*: a mística do ser e do não ter. Petrópolis: Vozes, 1983 [Reedição sob o título de *O livro da Divina Consolação*. Petrópolis: Vozes, 2006 (6. ed.)].

28 – *Ética e ecoespiritualidade*. Petrópolis: Vozes, 2010 [Publicado em 1984 pela Vozes com o título *Do lugar do pobre* e em 2003 pela

Verus com o título atual e com o título *Novas formas da Igreja*: o futuro de um povo a caminho].

29 – *Teologia à escuta do povo*. Petrópolis: Vozes, 1984 [Esgotado].

30 – *A cruz nossa de cada dia*. Petrópolis: Vozes, 2011 [Publicado em 1984 pela Vozes com o título *Como pregar a cruz hoje numa sociedade de crucificados* e em 2004 pela Verus com o título atual].

31 – *Teologia da Libertação no debate atual*. Petrópolis: Vozes, 1985 [Esgotado].

32 – *Francisco de Assis* – homem do paraíso. 4. ed. Petrópolis: Vozes, 1999.

33 – *A Trindade, a sociedade e a libertação*. 5. ed. Petrópolis: Vozes, 1999.

34 – *E a Igreja se fez povo*. Petrópolis: Vozes, 1986 [Reedição pela Verus (Campinas), 2004, sob o título de *Ética e ecoespiritualidade* (2. ed.), e Novas formas da Igreja: o futuro de um povo a caminho (2. ed.)].

35 – *Como fazer Teologia da Libertação?* 10. ed. Petrópolis: Vozes, 2010.

36 – *Die befreiende Botschaft*. Friburgo: Herder, 1987.

37 – *A Santíssima Trindade é a melhor comunidade*. 11. ed. Petrópolis: Vozes, 2009.

38 – *Nova evangelização*: a perspectiva dos pobres. 4. ed. Petrópolis: Vozes, 1991 [Esgotado].

39 – *La misión del teólogo en la Iglesia*. Estella: Verbo Divino, 1991.

40 – *Seleção de textos espirituais*. Petrópolis: Vozes, 1991 [Esgotado].

41 – *Seleção de textos militantes*. Petrópolis: Vozes, 1991 [Esgotado].

42 – *Con la libertad del Evangelio*. Madri: Nueva Utopia, 1991.

43 – *América Latina*: da conquista à nova evangelização. São Paulo: Ática, 1992.

44 – *Ecologia, mundialização e espiritualidade*. 2. ed. São Paulo: Ática, 1993 [Reedição pela Record (Rio de Janeiro), 2008].

45 – *Mística e espiritualidade* (com Frei Betto). 4. ed. Rio de Janeiro: Rocco, 1994 [Reedição revista e ampliada pela Garamond (Rio de Janeiro), 2005 (6. ed.) e reedição pela Vozes (Petrópolis), 2010].

46 – *Nova era*: a emergência da consciência planetária. 2. ed. São Paulo: Ática, 1994 [Reedição pela Sextante (Rio de Janeiro), 2003, sob o título de *Civilização planetária*: desafios à sociedade e ao cristianismo].

47 – *Je m'explique*. Paris: Desclée de Brouwer, 1994.

48 – *Ecologia* – Grito da terra, grito dos pobres. 3. ed. São Paulo: Ática, 1995 [Reedição pela Sextante (Rio de Janeiro), 2004].

49 – *Princípio Terra* – A volta à Terra como pátria comum. São Paulo: Ática, 1995 [Esgotado].

50 – (org.) *Igreja*: entre norte e sul. São Paulo: Ática, 1995 [Esgotado].

51 – *A Teologia da Libertação*: balanços e perspectivas (com José Ramos Regidor e Clodovis Boff). São Paulo: Ática, 1996 [Esgotado].

52 – *Brasa sob cinzas*. 5. ed. Rio de Janeiro: Record, 1996.

53 – *A águia e a galinha*: uma metáfora da condição humana. 48. ed. Petrópolis: Vozes, 2010.

54 – *Espírito na saúde* (com Jean-Yves Leloup, Pierre Weil, Roberto Crema). 7. ed. Petrópolis: Vozes, 2008.

55 – *Os terapeutas do deserto* – De Fílon de Alexandria e Francisco de Assis a Graf Dürckheim (com Jean-Yves Leloup). 13. ed. Petrópolis: Vozes, 2010.

56 – *O despertar da águia*: o dia-bólico e o sim-bólico na construção da realidade. 22. ed. Petrópolis: Vozes, 2010.

57 – *Das Prinzip Mitgefühl* – Texte für eine bessere Zukunft. Friburgo: Herder, 1998.

58 – *Saber cuidar* – Ética do humano, compaixão pela terra. 17. ed. Petrópolis: Vozes, 2011.

59 – *Ética da vida*. 3. ed. Brasília: Letraviva, 1999 [Reedição pela Sextante (Rio de Janeiro), 2005, e pela Record (Rio de Janeiro), 2009].

60 – *A oração de São Francisco*: uma mensagem de paz para o mundo atual. 9. ed. Rio de Janeiro: Sextante, 1999 [Reedição pela Vozes (Petrópolis), 2009].

61 – *Depois de 500 anos*: que Brasil queremos? 3. ed. Petrópolis: Vozes, 2003 [Esgotado].

62 – *Voz do arco-íris*. 2. ed. Brasília: Letraviva, 2000 [Reedição pela Sextante (Rio de Janeiro), 2004].

63 – *Tempo de transcendência* – O ser humano como um projeto infinito. 4. ed. Rio de Janeiro: Sextante, 2000 [Reedição pela Vozes (Petrópolis), 2009].

64 – *Ethos mundial* – Consenso mínimo entre os humanos. 2. ed. Brasília: Letraviva, 2000 [Reedição pela Sextante (Rio de Janeiro), 2003 (2. ed.)].

65 – *Espiritualidade* – Um caminho de transformação. 3. ed. Rio de Janeiro: Sextante, 2001.

66 – *Princípio de compaixão e cuidado* (em colaboração com Werner Müller). 4. ed. Petrópolis: Vozes, 2009.

67 – *Globalização*: desafios socioeconômicos, éticos e educativos. 3. ed. Petrópolis: Vozes, 2002 [Esgotado].

68 – *O casamento entre o céu e a terra* – Contos dos povos indígenas do Brasil. Rio de Janeiro: Salamandra, 2001.

69 – *Fundamentalismo*: a globalização e o futuro da humanidade. Rio de Janeiro: Sextante, 2002 [Esgotado].

70 – (com Rose Marie Muraro) *Feminino e masculino*: uma nova consciência para o encontro das diferenças. 5. ed. Rio de Janeiro: Sextante, 2002 [Reedição pela Record (Rio de Janeiro), 2010].

71 – *Do iceberg à arca de Noé*: o nascimento de uma ética planetária. 2. ed. Rio de Janeiro: Garamond, 2002 [Reedição pela Mar de Ideias (Rio de Janeiro), 2010].

72 – (com Marco Antônio Miranda) *Terra América*: imagens. Rio de Janeiro: Sextante, 2003 [Esgotado].

73 – *Ética e moral*: a busca dos fundamentos. 6. ed. Petrópolis: Vozes, 2010.

74 – *O Senhor é meu Pastor*: consolo divino para o desamparo humano. 3. ed. Rio de Janeiro: Sextante, 2004 [Reedição pela Vozes (Petrópolis), 2010 (2. ed.)].

75 – *Responder florindo*. Rio de Janeiro: Garamond, 2004 [Reedição pela Mar de Ideias (Rio de Janeiro), 2012].

76 – *São José*: a personificação do Pai. 2. ed. Campinas: Verus, 2005 [Reedição pela Vozes (Petrópolis), 2011].

77 – *Virtudes para um outro mundo possível* – Vol. I: Hospitalidade: direito e dever de todos. Petrópolis: Vozes, 2005.

78 – *Virtudes para um outro mundo possível* – Vol. II: Convivência, respeito e tolerância. Petrópolis: Vozes, 2006.

79 – *Virtudes para um outro mundo possível* – Vol. III: Comer e beber juntos e viver em paz. Petrópolis: Vozes, 2006.

80 – *A força da ternura* – Pensamentos para um mundo igualitário, solidário, pleno e amoroso. 3. ed. Rio de Janeiro: Sextante, 2006.

81 – *Ovo da esperança*: o sentido da Festa da Páscoa. Rio de Janeiro: Mar de Ideias, 2007.

82 – (com Lúcia Ribeiro) *Masculino, feminino*: experiências vividas. Rio de Janeiro: Record, 2007.

83 – *Sol da esperança* – Natal: histórias, poesias e símbolos. Rio de Janeiro: Mar de Ideias, 2007.

84 – *Homem*: satã ou anjo bom. Rio de Janeiro: Record, 2008.

85 – (com José Roberto Scolforo) *Mundo eucalipto*. Rio de Janeiro: Mar de Ideias, 2008.

86 – *Opção Terra*. Rio de Janeiro: Record, 2009.

87 – *Fundamentalismo, terrorismo, religião e paz*. Petrópolis: Vozes, 2009.

88 – *Meditação da luz*. 2. ed. Petrópolis: Vozes, 2010.

89 – *Cuidar da Terra, proteger a vida*. Rio de Janeiro: Record, 2010.

90 – *Cristianismo: o mínimo do mínimo*. Petrópolis: Vozes, 2011.

91 – *El planeta Tierra: crisis, falsas soluciones, alternativas*. Madri: Nueva Utopia, 2011.

92 – (com Marie Hathaway). *O Tao da Libertação* – Explorando a ecologia da transformação. Petrópolis: Vozes, 2011.

93 – *Sustentabilidade: O que é – O que não é*. Petrópolis: Vozes, 2012.

CULTURAL

Administração
Antropologia
Biografias
Comunicação
Dinâmicas e Jogos
Ecologia e Meio Ambiente
Educação e Pedagogia
Filosofia
História
Letras e Literatura
Obras de referência
Política
Psicologia
Saúde e Nutrição
Serviço Social e Trabalho
Sociologia

CATEQUÉTICO PASTORAL

Catequese
  Geral
  Crisma
  Primeira Eucaristia

Pastoral
  Geral
  Sacramental
  Familiar
  Social
  Ensino Religioso Escolar

TEOLÓGICO ESPIRITUAL

Biografias
Devocionários
Espiritualidade e Mística
Espiritualidade Mariana
Franciscanismo
Autoconhecimento
Liturgia
Obras de referência
Sagrada Escritura e Livros Apócrifos

Teologia
  Bíblica
  Histórica
  Prática
  Sistemática

REVISTAS

Concilium
Estudos Bíblicos
Grande Sinal
REB (Revista Eclesiástica Brasileira)
SEDOC (Serviço de Documentação)

VOZES NOBILIS

Uma linha editorial especial, com importantes autores, alto valor agregado e qualidade superior.

VOZES DE BOLSO

Obras clássicas de Ciências Humanas em formato de bolso.

PRODUTOS SAZONAIS

Folhinha do Sagrado Coração de Jesus
Calendário de Mesa do Sagrado Coração de Jesus
Agenda do Sagrado Coração de Jesus
Almanaque Santo Antônio
Agendinha
Diário Vozes
Meditações para o dia a dia
Encontro diário com Deus
Dia a dia com Deus
Guia Litúrgico

CADASTRE-SE
www.vozes.com.br

EDITORA VOZES LTDA.
Rua Frei Luís, 100 – Centro – Cep 25689-900 – Petrópolis, RJ
Tel.: (24) 2233-9000 – Fax: (24) 2231-4676 – E-mail: vendas@vozes.com.br

UNIDADES NO BRASIL: Belo Horizonte, MG – Brasília, DF – Campinas, SP – Cuiabá, MT
Curitiba, PR – Florianópolis, SC – Fortaleza, CE – Goiânia, GO – Juiz de Fora, MG
Manaus, AM – Petrópolis, RJ – Porto Alegre, RS – Recife, PE – Rio de Janeiro, RJ
Salvador, BA – São Paulo, SP